그림책으로 마음을 건너다

그림책으로 마음을 건너다

발행일   2025년 10월 31일

지은이   유은숙, 이동현, 이선아, 이재향, 허미정   감수   하주은
펴낸이   손형국
펴낸곳   (주)북랩

출판등록   2004. 12. 1(제2012-000051호)
주소   서울특별시 금천구 가산디지털 1로 168, 우림라이온스밸리 B동 B111호, B113~115호
홈페이지   www.book.co.kr
전화번호   (02)2026-5777   팩스   (02)3159-9637

ISBN   979-11-7224-889-5 03810 (종이책)   979-11-7224-890-1 05810 (전자책)

잘못된 책은 구입한 곳에서 교환해드립니다.
이 책은 저작권법에 따라 보호받는 저작물이므로 무단 전재와 복제를 금합니다.
이 책은 (주)북랩이 보유한 리코 인쇄 장비 등 자체 생산 인프라를 통해 제작되었습니다.

작가 연락처 문의 ▶ ask.book.co.kr
작가 연락처는 개인정보이므로 북랩에서 알려드릴 수 없습니다.

(주)북랩 성공출판의 파트너
북랩 홈페이지와 SNS에서 다양한 출판 솔루션을 만나 보세요!
홈페이지 book.co.kr   •   블로그 blog.naver.com/essaybook   •   출판문의 text@book.co.kr
카톡채널 북랩

슬픔에서 불안까지 나를 단단하게 만드는 감정 여행

그림책으로
마음을
건너다

유은숙
이동현
이선아
이재향
허미정
지 음

하주은
감 수

추천사 1

그림책심리성장연구소 대표 김영아 소장

풍경이 있습니다. 그 풍경이 모여 모여 따스함을 전합니다. 이 책을 받아 들고 스쳐 지나가는 풍경에 넋을 잃고 보았습니다. 어느 대목에서 머물러 한참을 들여다보며, 지난 시절의 '나'를 불러오기도 하고, 잊었던 누군가를 만나기도 하고, 그러면서 응원도 격려도 받고 또 화해도 합니다. 그러는 사이 무엇보다 애써 감춰두었던 감정과도 만납니다. 이렇게 외면했던 감정을 마주하며 자신과의 또 다른 여정을 준비한 글을 보며 웃어도 봅니다.

삶을 마주한 사람들이 용기 내어 꺼내놓은 진짜 이야기를 접하고 참 마음이 따뜻했습니다. 세상 앞에 자신의 이야기를 내놓는다는 건 두렵고 떨리는 일입니다. 하지만 그 두려움을 넘어선 진심은 누군가의 마음을 깊게 울립니다. 여기 모인 한 편 한 편의 이야기에는 그림책을 향한 사랑과 삶을 나누고자 하는 기꺼운 마음이 담겨 있습니다. 책장을 넘기며 만난 그 오래된 각자의 일들과 마음이 숨죽여 읽는 손 끝을 타고 전해집니다.

그러면서 깊은 울림으로 깨달아지는 게 있습니다. 그림책을 좋아해 모였지만, 결국 책을 통해 나눈 깊은 교감은 서로의 존재와 가치를 연결해 주는 또 하나의 수놓음이라는 것을요.

각자의 이야기는 하나하나 멍울진 상처였겠지만, 또 하나하나 모여 울울창창 숲이 되고 또 저 하늘의 견고한 별이 되어 빛을 발할 것이라는 사실을요. 나아가 그 빛은 힘든 누군가에게 등불이 되어 주겠지요.

세상에 한 발을 내딛고, 마음 깊은 이야기를 풀어내신 한 사람 한 사람의 용기에 깊이 감사드립니다. 그리고 이렇게 말하고 싶습니다. "당신들의 이야기가 누군가를 살립니다. 그리고 오늘, 그 누군가는 바로 나입니다."

응원하는 맘 담아 공덕 친정에서 씁니다

추천사 2

천천히, 마음을 건너는 시간

그림책심리성장연구소 김지현 부산지부장

어릴 적, 누군가 품에서 읽어주던 그림책은 오랫동안 가슴속에 남습니다. 그 장면의 따뜻한 색감, 등장인물의 표정, 마지막 장을 덮을 때의 잔잔한 울림까지. 또한 우리는 알고 있습니다. 이제 그림책은 단지 어린이를 위한 책이 아니라 전 세대를 아우르는 치유와 성장의 디딤돌이 된다는 것을. 그림책은 그것을 펼쳐 드는 모든 이들에게 말로 표현하기 어려운 미세한 감정의 반향을 일으킨다는 사실을 말이지요.

『그림책으로 마음을 건너다』는 바로 그런 책입니다. 다섯 명의 저자가 삶의 무늬를 따라 마음을 들여다보고, 그림책을 징검다리 삼아 조심스럽게 감정을 건너갑니다. 책은 슬픔, 미움, 외로움, 두려움, 부끄러움, 분노, 좌절, 질투, 죄책감, 불안이라는 열 가지 감정을 중심으로 구성되어 있고, 각 감정마다 다섯 명의 저자가 각자의 시선으로 선택한 그림책과 이야기를 풀어냅니다.

같은 감정이라도 누군가에게는 "가슴이 찢어지는" 경험일 수 있고, 또 다른 이에게는 "건너가야 할 강"일 수 있습니다. 그래서 이 책은 단 하나의 정답을 말하지 않습니다. 대신 "나도 이런 감정을 느낀 적 있어"라고 조용히 말을 건넵니다. 그리고 그것이 어쩌면 가장 깊은 위로가 됩니다.

무엇보다 이 책은 감정을 머리로 분석하기보다 몸과 마음으로 경험하게 합니다. 그림책의 장면과 단어, 여백과 색감 하나하나를 천천히 들여다보며, 감정을 '설명' 하는 것이 아니라 '느끼게' 합니다. 억누르고 참아야 할 것으로 여겨지던 감정들이, 이 책을 통해 비로소 이름을 얻고, 자리를 얻고, 마침내는 통과의 문이 됩니다.

삶을 살다 보면 누구나 예상하지 못한 풍랑을 만납니다. 원하지 않았던 방향으로 흘러가는 사건들, 나의 의지와 상관없이 뒤틀려 버린 시간들 앞에서 우리는 종종 무력해지고 맙니다. 그럴 때 필요한 것은 거창한 해결책이 아닙니다. 오히려 '내가 느끼는 감정이 무엇인지'를 차분히 들여다볼 수 있는 시간이 필요합니다. 이 책은 바로 그 시간을 만들어줍니다.

슬픔을 안아주고, 두려움에 인사하고, 분노를 열어내고, 불안에 숨을 고르며, 다시 삶의 중심으로 걸어갈 수 있게 합니다. 그것은 빠르게 달리는 것이 아니라, 천천히라도 끝내 강을 건너는 일입니다.

특히 이 책은 그림책심리성장연구소 부산지부에서 그림책심리지도사와 그림책심리큐레이션 과정으로 만난 선생님들이 그림책과 삶에 대한 깊은 열망으로 함께 만들어 더 의미가 있습니다. 아픔도 슬픔도 내 삶이었으므로 끌어안고 사랑하고 곱씹어낸 흔적들이 선생님들의 글에서 깊이 읽혀 뭉클함과 감동이 가득합니다.

　이 책은 누구보다도 감정 앞에서 서툴고 조심스러운 사람들에게 권하고 싶습니다. 자신의 감정이 잘 이해되지 않는 성인들에게, 마음의 문제로 상담실에 앉은 내담자에게, 정서적으로 민감한 아이들을 바라보는 부모에게, 그리고 감정을 언어로 표현하는 것이 아직은 익숙하지 않은 모든 이들에게. 이 책은 조용히 손을 내밀어, "함께 건너보자"고 이야기합니다.

　때로 삶은 우리를 낯선 강가에 데려다 놓습니다. 당장 건널 수도 없고, 그렇다고 돌아갈 수도 없는 그곳에서.『그림책으로 마음을 건너다』는 그 강을 건너는 데 필요한 작고도 단단한 배 한 척이 되어줄 것입니다.

　우리 모두는 저마다의 마음을 건너는 중입니다. 그곳에 그림책 한 권, 문장 하나, 장면 하나가 다리처럼 놓여 있기를 바랍니다. 그리고 그 다리를 천천히 건너며, 각자의 삶을 다시 살아낼 수 있기를 소망합니다.

감수를 마치며

"그림책 한 권이 마음을 건널 때"

『엄마표 그림책 수업』, 『책이 필요한 시간』 저자,
그림책심리성장연구소 수석연구원 하주은

감정은 물과 닮아 있습니다. 때로는 고여 있고, 차오르면 넘쳐 흐르기도 하고, 흔적 없이 스며들기도 합니다. 큰 바위를 만나 돌아가기도 하고, 오랜 시간 동안 바위를 뚫기도 합니다.

감정도 물처럼 흐르지 못하고 가두어 두면 썩게 마련입니다. 오랫동안 이끼 끼고 부패한 감정을 이제 흘려보냅니다. 그런 놀라운 카타르시스의 글쓰기 시간을 함께한 다섯 분께 감사드립니다.

긴 시간 동안 미해결로 남아 있던 우리의 부정 감정들을 하나씩 들여다보고, 꺼내보고, 조물조물 만져도 보고, 가지고 놀아보며 이제야 비로소 그 모두를 건강한 '배경'의 자리로 보냅니다.

이 책은 다섯 사람이 함께 열 가지 감정의 물길을 따라 그림책이라는 작은 배를 띄운 행복한 여정의 흔적입니다.

슬픔을 찢고, 분노를 열고, 불안을 숨 고르며 건너는 동안 우리는 말보다 느리게, 그러나 확실히 서로의 마음과 마음이 닿음을 느꼈습니다. 글쓰기가 우리를 얼마나 일으켜 세울 수 있나를 발견하는 놀라운 시간이었습니다.

열 가지의 감정을 따라 세상이 만들어 놓은 단어를 나만의 색채를 입혀 또 다른 단어로 창조해내는 다섯 분의 시간을 보며, 저 또한 고호한 마음으로 아껴 글을 읽고, 옹골찬 삶의 여정을 응원하게 되었습니다.

세 달 동안 함께 나눈 이야기, 흘러간 문장과 고민, 그 모든 것들이 이 책 속에 잔잔히 남아 있습니다.

이 책이 누군가의 마음에 조용히 노를 젓는 한 권이 되기를, 감정이라는 강을 함께 건너는 다리가 되기를 바랍니다.

다섯 분의 작가들과 함께 보낸 세 달이 저에게도 행복한 성장의 시간이었습니다. 부디 이 책이 더 많은 사람들의 가슴에 가 닿기를 바랍니다.

차례

추천사 1   5
추천사 2   7
감수를 마치며   10

1장 마음이 머물다 간 자리 _ 유은숙

슬픔- 가슴이 찢어지다   17
미움- 안아주다   23
외로움- 연주하다   29
두려움- 소리나다   35
부끄러움- 숨고 싶다   41
분노- 손사래치다   48
좌절- 금을 긋다   54
질투- 고백하다   61
죄책감- 놓아주다   67
불안- 숨고르다   74
그림책 리스트   80

2장 마음의 문턱 _ 이동현

슬픔- 마음이 타다	85
미움- 밉다	91
외로움- 멀어지다	96
두려움- 불 끄다	102
부끄러움- 선을 넘다	108
분노- 남다	115
좌절- 괜찮다	121
질투- 알아간다	127
죄책감- 들키다	132
불안- 다시 손을 내민다	137
그림책 리스트	142

3장 내 안의 바람길 _ 이선아

슬픔- 먹먹하다	147
미움- 충전하다	154
외로움- 찾아내다	160
두려움- 빛나다	166
부끄러움- 밝히다	172
분노- 열어내다	178
좌절- 키우다	184
질투- 손질하다	190
죄책감- 부치다	196
불안- 먹이다	202
그림책 리스트	208

4장 나를 만나는 시간 _ 이재향

슬픔- 미어지다   213
미움- 확대하다   219
외로움- 맞춰가다   226
두려움- 걱정하다   231
부끄러움- 모르다   237
분노- 끊어내다   242
좌절- 버티다   246
질투- 깨우다   251
죄책감- 자라다   255
불안- 움직이다   260
그림책 리스트   265

5장 내게로 흐르는 길 _ 허미정

슬픔- 건너가다   271
미움- 사라지다   277
외로움- 흔들다   282
두려움- 인사하다   286
부끄러움- 토닥이다   290
분노- 열다   296
좌절- 나아가다   302
질투- 마주하다   307
죄책감- 쓸어내리다   312
불안- 돌보다   317
그림책 리스트   323

맺음글   326

1장

마음이 머물다 간 자리

유은숙

소개글

제주의 바닷가 마을에서 태어나 짠내와 강렬한 햇살 속에서 살았습니다. 철모를 때 섬에서 벗어나길 간절히 바랐던 적이 있었습니다. 바람대로 섬에서 나와 지금까지 쭉 육지에서 살고 있지만, 언제나 마음은 제주 바다에 가 있습니다. 거의 스무 해 동안 아이들과 함께 책을 읽고 마음을 나누며 살아왔습니다. 할머니가 되어도 이 일을 계속하며 책할머니로 늙고 싶습니다. 그림책과 아이들을 사랑하고 서툰 솜씨지만 글 쓰는 것도 좋아합니다.

슬픔

가슴이 찢어지다

조카가 세상을 떠난 날은 유난히도 꽃잎의 춤사위가 흐드러졌다. 마지막 남은 꽃숭어리에서 나린 벚꽃잎이 꽃보라를 이루며 춤을 추고 있었다. 낙화하기에는 아직도 고운 꽃잎이 눈처럼 내려 사르르 사라져 버렸다. 마치 조카처럼.

조카가 떠난 이후에도 봄은 속절없이 다시 찾아왔다. 간질간질 봄 기운에 꽃망울을 준비하는 계절이 다가오자, 조카와 나누었던 이야기들이 아지랑이처럼 피어오른다. 휴대 전화에서 조카의 이름을 검색하자 아직도 화면 속에 박제되어 있는 대화들이 펼쳐진다. 차마 지울 수가 없어 그냥 두었던 대화들. 자디잔 이야기들이 폐포 속으로 들어와 가슴을 후벼 저민다.

"사랑하는 조카, 꽃이 활짝 펴서 웃는다. 네 마음도 봄처럼 웃었으면 좋겠다."

"이모도 봄같이 환하고 따뜻한 하루하루가 되길 바랄게요."

조카와 나눈 마지막 문자였다. 그 안부를 끝으로 조카는 그 다음날 세상을 떠났다. 꽃처럼 아름답던 조카가 세상과 영원히 이별하고 말았다.

조카는 나에게는 특별한 존재였다. 대학을 졸업한 해부터 언니 내외와 함께 살게 되었는데, 맞벌이를 하는 언니 내외가 바쁠 때면 조카를 돌보는 것은 나의 몫이 되었다. 갓난아기 때부터 업어 주고 재워 주며 돌봐 주었고, 그런 나를 조카는 어미 새를 쫓는 아기 새처럼 잘 따라다녔다. 노란 주둥이를 벌려 먹이를 보채던 조카가 자라서 초등학교에 들어가고, 여드름 벅적거리는 중·고등학생으로 성장했을 때는 얼마나 대견했는지 모른다. 이소를 준비하는 조카의 날갯짓이 너무 자랑스러워 소리 내어 웃었다. 어엿한 성인이 되어 탄탄하고 윤기 나는 날개로 비행하는 조카를 보며 그 세월에 감사해했다.

그런 생때같은 조카가 세상을 떠났다. 그 어떤 날보다 아름답고 화사한 날에, 죽음의 사자가 내려와 어여쁜 망자의 사정도 봐주지 않고 매몰차게 데려가 버렸다. 우리는 하늘이 무너지라 오열했고, 저는 환한 웃음만을 남긴 채 우리 곁에서 사라져 버렸다.

박완서의 작품 『한 말씀만 하소서』에서 작가는 자신보다 먼저 떠난 아들에 대한 기억의 가닥을 끊어 낼 수 있는 수술이 있다면, 고통에서 벗어날 수 있을 것이라고 썼다. 아들을 잃은 슬픔이 얼마나 깊었기에 기억을 끊어 내고 싶어 했을지 감히 짐작도 가지 않았었다. 그러나 조카를 잃고 나서는 그 고통의 깊이를 짐작하게 되었다.

자식을 잃은 언니는 참척의 고통 앞에 바짝바짝 말라 갔다. 숨을 쉬는 것도, 밥을 먹는 것도, 잠을 자는 것도 고통스러워했다. 자식을 지켜 주지 못했다는 회한이 서려 마치 유배를 온 사람처럼 무력해 보였다. 폭풍 속에 조각배처럼 흔들흔들 위태로운 언니의 모습에 주변 사람들은 애가 탔고, 이따금 찾아가 위로의 말을 건넸다.
"좋은 데 갔을 거예요."
"그래요. 남은 가족을 생각해야죠."
"시간 지나면 다 괜찮아질 거예요."
하지만 그 어떤 말도 언니 안에 스며들지 못했고, 마음 한쪽이 통째로 무너져 내린 상실감은 깊은 우물처럼 보였다. 점점 텅 비어 가는 언니의 초점 없는 동공이 말해 주는 듯했다.

쓰러질 것만 같은 언니를 위해 내가 해 줄 수 있는 것은 아무것도 없었다. 그저 전화로 안부를 물어 주는 게 고작이었다. 얼마나 아프고 힘들지를 생각하면 가슴이 미어지지만, 같은 경험을 하지 않은 나로서는 감히 그 감정의 깊이를 헤아릴 수도 없고, 언니만큼 슬플 수도 없을 것이라고 생각했다.

그런데 며칠 전, 책장 정리를 하다가 책 한 권을 발견했다. 조카가 우리 집에 들렀다가 깜빡 잊어버리고 간 것이었는데, 꽤 오랫동안 나의 책장을 차지하고 있었다. 이청준의 『선생님의 밥그릇』이라는 단편집이었는데, 조카의 독서 취향을 짐작하려고 읽었다가 나 또한 깊은 감동을 받은 책이었다. 책은 주인이 찾아가 주기를 기다렸을 텐데 영영 나타나지 않자 상심한 표정을 짓고 있었다.

책을 꺼내 쓸어내리는 순간, 갑자기 거센 물결이 일었다. 여태 기다렸다는 듯 거스를 수 없는 파동이 일어나 분수처럼 눈물이 쏟아졌다. 언니를 위로하느라 나는 슬픔에 한계를 두었었다. 한계를 넘을까 봐 감정의 항아리를 마음에 두었다가 넘치지 않을 만큼만 눈물을 쏟아부었다. 내가 너무 슬퍼하면 언니에게 도리가 아니라고 생각했다. 슬픔의 크기는 내가 아니라 언니가 정할 수 있는 것이라고 여겼다. 그런데 오늘은 목구멍까지 차올랐던 눈물이 솟구쳤다.

눈물이 조카와의 추억들을 데려와 물빛으로 번졌다. 어린 시절 개다리춤으로 우리 모두의 배꼽을 잡게 했던 일, 사춘기 땐 말수가 줄어 살금살금 눈치를 보게 했던 일, 좋아하는 일을 찾고 싶은데 지도를 잃어버린 것 같다며 고민을 털어놓던 일. 이런저런 기억들이 머릿속을 떠돌다 영정 사진 속 환히 웃고 있는 녀석의 미소와 겹쳐 가슴이 터질 것만 같았다.

머릿속 다섯 감정들의 이야기를 그린 애니메이션 〈인사이드 아웃〉의 '슬픔이'가 말했던 "울음은 나를 진정시켜 주고, 삶 속의 고민으로부터 벗어나게 해 줘."라는 대사가 맴돈다. 주인공 라일리의 감정을 통제하는 것은 '기쁨이'였지만, 결국 무너졌던 라일리를 다시 일으켜 세워 준 것은 '기쁨이'가 아닌 '슬픔이'였다. 과거의 기억이 그리움으로 번져 슬픔의 감정이 되는 것은 당연한 일이었고, 그 감정을 솔직하게 인정해 줘야만 감정은 치유되고 행복해질 수 있는 것이었다.

나는 이제 슬픔을 마음껏 누리려고 한다. 마음껏 소리 내어 울려고 한다. 그런 나에게 『슬픔을 꽉 안아줘』라는 그림책은 눈물을 닦아줄 손수건이 되어 주었다.

소녀는 어느 날 아침 침대 아래에서 회색빛 슬픔을 발견했다. 악몽일 거라고 생각하며 눈을 감았다가 뜨지만, 슬픔은 그대로였다. 아무리 무시하려고 해도 슬픔은 계속 나타났고, 멀리 달아나려고 해도 계속 따라붙었다. 소녀는 슬픔을 쓰레기 봉지 안에 가두면 더 이상 자신을 괴롭히지 못할 거라고 생각했지만, 끈을 풀고 빠져나와 제멋대로 행동했다. 소녀는 결국 슬픔을 피하지 말고 그대로 받아들여야 한다는 것을 깨달았다. 매일매일 슬픔을 돌봐 주면 점점 작아져서 아무것도 남지 않게 된다는 것도 알게 되었다. 슬픔을 거둬 내고 가벼운 마음이 된 엘자는 친구들과 신나게 춤추며 놀 수 있게 되었다.

한때는 나도 슬픔은 참아야 한다고 생각했다. 슬픔을 꽁꽁 묻어 두려고만 했다. 무시하면 사그라들 줄 알았다. 처음에 엘자가 했던 것처럼 말이다.

엘자가 제멋대로 구는 슬픔에게 왜 자기에게 왔는지 물은 적이 있다. 나도 그랬다. 왜 나에게 이만큼 큰 슬픔을 안겨 주었는지 물었다. 엘자는 아무도 기다리지 않지만, 슬픔에 걸리는 것이라고 답해 주었다. 그리고 슬픔에는 약도 없다고 말했다. 엘자의 말이 야속한 듯했지만 결국 슬픔을 치유할 수 있는 것은 슬픔과 친해지는 것이었다.

오늘은 나도 엘자처럼 펑펑 울려고 한다. 마침 봄을 재촉하는 비가 내려 하늘도 눈물을 흘린다. 이런 내 마음을 알고 하늘이 함께 울어 준다고 한다.

빛깔이 변한 슬픔을 마주하며 조카와 나눴던 대화창에 되돌아오지 않을 안부 인사를 건넨다.

"부디 오늘도 행복하게."

벌써부터 맵싸한 기운이 눈가로부터 번져 가슴께를 먹먹하게 한다. 목이 메어 온다.

미움

안아주다

갈색 테두리 초상화 속에 아버지가 있다. 수십 개의 조각으로 이루어진 퍼즐판에 아버지의 얼굴 한 조각 한 조각이 자리를 찾아 박혔다.

이마엔 세 줄 나란히 깊게 패인 주름살. 주름살 아래 하얗게 바랜 눈썹은 서리를 맞았다. 회갈색 눈동자는 흐릿하니 힘이 없고, 앙상하게 드러난 광대뼈는 노색이 짙다. 저작을 못하는 치아는 구실을 잃고 합죽이가 되어버린 턱이 초라하게 받쳐져 있다.

아버지는 어머니가 돌아가신 지 꼭 1년만에 세상을 떠나셨다. 심장마비로 갑작스레 돌아가신 어머니의 죽음 앞에 무너지듯 지내시다 돌아가셨다. 날마다 어머니의 사진을 붙들고 울부짖으며, 당신도 곧 따라가겠다고 하셨다. 살아생전 어머니에게 단 한 번도 살갑게 굴어본 적이 없던 아버지의 그런 모습이 역설적이기는 했지만, 자식인 나로서는 오히려 더 마음 아픈 일이 아닐 수 없었다.

아버지는 정말 어머니를 따라, 아무도 부르지 않은 채 홀로 사자를 따라 떠나가셨다.

얼마 전에 아버지의 첫 기제사를 맞아 삼형제가 모두 모였다. 기제사는 목포에 있는 오빠네 집에서 지냈기 때문에, 언니는 제주에서 비행기를 타고 올라왔고, 나는 서울에서 기차를 타고 내려갔다. 먼 길을 달려 오랜만에 만난 삼형제는 향을 피워 아버지를 모셨고, 음복을 하면서 아버지를 추억했다. 나 또한 향에 이끌려 아버지의 체취를 떠올려 보았다.

나에게 아버지는 안온한 기억 속에 살고 있지 않았다. 어린 시절을 떨어져 사느라 온전하게 함께 했던 시간도 없었고, 같이 살게 된 열여섯 살 이후의 아버지는 그저 원망의 대상이었다.

아버지는 객지에서 돌아와 고향에 정착했지만, 오랜 타향살이 때문이었는지 이방인 같은 모습으로 삶의 가장자리를 떠돌았다. 가장으로서 집안 살림에 무능했고 아버지로서 따뜻한 말 한마디 건네는 법이 없는 무정한 사람이었다.

어머니는 손 놓고 있을 수만은 없어서 어렵게 끌어모은 돈으로 점포를 하나 차렸는데, 아버지는 그 점포에 가벼이 힘 한 번 보태지 않았다. 어머니가 행여 아버지 손이라도 빌리려고 하면 어깃장을 놓으며 행패를 부렸다. 그것뿐만이 아니었다. 하루를 팔아 번 돈을 아껴서 쟁여놓으면, 어찌 알고 찾아내 술판을 벌였다. 참다못한 어머니가 핏대를 세우며 조목조목 따져 물으면, 아버지는 물건을 때려 부수며 고래고래 소리를 질렀다.

"어디, 여자가 서방 무서운 줄 모르고 큰 소리를 쳐!"

아버지의 목소리가 폭탄처럼 사방으로 터지고 주변에 있는 살림 집기들이 덩달아 날아갔다.

밥상 위에 있던 그릇들이 깨져 사금파리로 흩어져 있을 때, 나는 그 사금파리가 되어 원망의 눈물을 흘렸다. 아버지는 갑이었고 나는 완전한 을이었다. 한마디 대들었다가는 그 시퍼런 눈동자가 나를 찔러 버릴 것만 같아 숨죽여 있어야 했다. 나는 무서웠고 공포스러웠다. 뛰쳐나갈 수도 없는 밤에는 긴 밤을 떨며, 갑에게서 멀어지는 연습을 수십 번 아니, 수백 번을 하기도 했다.

어느 날이었다. 또다시 아버지의 고성이 들려오고 술병 작살나는 소리가 났다. 가슴이 두근거리고 심장이 조여왔다. 그때 나는 찬장 구석에 있던 '구심'이라는 작은 갈색 병 속의 알약이 떠올랐다. 어머니가 심장이 떨릴 때마다 드신다고 했던 말이 떠올랐기 때문이었다.

나는 조심조심 찬장을 열어 알약 몇 방울을 꺼내 삼켰고, 내 심장이 조용히 가라앉기를 기다렸다. 병사들의 총알이 바닥나 총성이 그만 멈추기를 바라는 마음으로 숨죽여 있었다. 알약 덕분인지 사방이 고요해지는 듯했고 가슴의 격동도 머뭇거리기 시작했다.

그때부터 나는 몰래 그 알약을 먹으면서 아버지를 경멸했고, 어머니의 거친 한숨 소리로부터 냉정해지려고 애를 썼다. 그렇게 나는 어른이 되었지만 거친 남자 목소리만 들어도, 그 시절 그 장면이 깨어나 가슴이 일렁거려 호흡이 차오를 때도 있었다.

아버지에 대한 나의 원망은 증오가 되어 계속됐다. 하지만 시간이 지나면서 증오를 불러일으키는 아버지의 삶을, 단 한 번도 이해하려고 했던 적이 없다는 것을 알게 되었다.

얼마 전에 읽었던 양귀자의 소설 『모순』 속 주인공의 아버지도 나의 아버지처럼 폭력적이었다. 하지만 그녀는 아버지에 대해 이렇게 말했다.

"아버지의 그 망나니짓에는 일종의 '품위'가 있었다. (…) 아버지는 상스러운 욕설을 하더라도 입술을 깨물며, 이마에 푸른 힘줄을 돋우면서, 온 힘을 다해 자신도 지금 죽을 듯이 괴롭다는 것을 상대방에게 알려주었다."

— 양귀자, 『모순』, 쓰다, 1998, p. 90

이 글을 읽고 나는 나의 아버지도 상대방에게 자신이 얼마나 고통스러운지를 보여주려고 했던 것은 아닌지 생각해보게 되었다.

스물여섯에 청상과부가 된 어머니를 모시고 찢어지게 가난한 집 장남으로 살아가기가 얼마나 고단하셨을지, 밑천 한 푼 없이 식구들 먹여 살릴 궁리하느라 얼마나 발버둥을 치셨을지.

어느 날은 아버지가 술 냄새를 잔뜩 풍기며 내 방에 들어오셨다. 그때 나는 잠이 들락 말락 했었는데 까끌까끌한 손길로 내 얼굴을 쓸며 울먹이셨다.

"내가 밉지? 못난 아비가 미안하다."

나는 아버지의 손이 닿는 것도 싫었고, 미안하다는 말이 변명처럼 느껴져서 더 싫었다. 하지만 지금 생각해보면 나에게, 우리에게 자신이 힘들다고 아프다고 말하려고 손을 내밀었던 것은 아니었나 싶다.

아버지가 돌아가시고 시신을 염습할 때, 세상에서 가장 아름다운 옷을 입고 깨끗하게 단장한 아버지의 얼굴을 보았다. 어린 시절 나를 어두운 공포 속에 떨게 했던 아버지의 모습은 없었다. 고질적인 폭력에 원망을 샀던 아버지의 그림자는 떨어져 나가고 없었다. 고요한 숲속의 명상가처럼 평온하게 숨을 고르는 듯했다.

염습사는 아버지가 망자는 되었지만, 아직 귀가 열려 있다며 마지막 인사를 건네라고 했다. 나는 아버지의 가슴께를 안아 드리며 인사했다.

"아버지, 아버지를 이제야 안아 드립니다. 용서하세요. 그리고 미안합니다."

아버지에 대한 미움이 미안함으로 바뀌었을 때 『미움아, 안녕!』이라는 그림책이 떠올랐다. 불쑥 나타난 미움 때문에 아이들은 불편해졌다. 서로를 자극하는 말과 행동을 하자, 미움은 점점 더 커졌다. 미움은 꼭대기까지 가게 되었고, 아이들은 과격하게 서로를 밀쳤다. 그때 눈물이 쏟아지면서 아픔과 고통의 마음까지 흘러나왔다. 마음 깊이 정화가 일어나면서 아이들은 서로 미안하다고 말했다. 그러자 미움은 점점 작아졌다가 사라졌다. 아이들은 그동안 쌓였던 미움의 감정을 풀고 꼭 안아주었다. 그리고 깨달았다. '미안'이라는 작은 말 한마디가 미움을 물리친다는 것을.

아이들이 나쁜 감정을 담아두기 힘들어졌을 때, 서로에게 건넨 '미안'이라는 말. 그 말은 미움을 사그라지게 하고 미움이 어떤 모습이었는지, 왜 생겼는지를 다 잊게 해주었다. 그리고 서로를 안아줄 수 있게 되었다.

아이들을 보면서 미워하는 마음은 누구에게나 스며나와 자랄 수 있다고 생각했다. 중요한 것은 잠겨 있던 감정의 자물쇠를 풀 열쇠였다.

그림책 속 아이들은 그 열쇠를 찾았고 나도 알게 되었다. '미안해'라는 말은 빗장 걸린 감정의 문을 열어 주고, 마음에 난 금을 메워주는 진심이 되어준다는 것을. 신기하게도 미안하다는 말을 하고 난 후에는 아버지에 대한 미움이 어디서 어떻게 비롯됐는지 희미해졌다. 왜 진작 아버지를 이해한다는 말 한마디 건네지 못했을까? 왜 아버지가 애써 다가오려고 했을 때, 앙칼지게 거부했을까?

아버지의 기제사를 마치고 다음 날 기차를 타고 올라오는 길에는 하늬바람이 나부꼈다. 상크름한 날씨가 텁텁함을 날려 버렸다. 아버지의 유골함을 어머니 곁에 나란히 묻어드리고 돌아오는 길 하늘에도 하늬바람이 사부작 사부작 나를 따라왔었는데…….

외로움

연주하다

 이 겨울, 모든 것을 떨궈버린 채 조용히 봄을 기약하는 나목들을 본 적 있니? 고집 없는 회색 하늘 아래 섬세하게 잔 나뭇가지들을 가진 겨울나무들을 말이야.
 나는 매일 매일 달리는 길목 차 안에서 길가에 늘어선 겨울나무들과 마주치지. 이 길목은 출근길 차들이 몰려들어 상습적으로 막혀 있어. 깜빡이를 켜고 다른 차선으로 비집고 들어가는 차도 있고, 아예 차를 돌려 반대 방향을 선택하는 차들이 있지. 신호등이 서너 차례 바뀌는 동안 나는 이런저런 차들을 보면서 매너 점수 매기기 놀이도 해.
 나름대로 나만의 놀이를 하다 보면, 차량들이 그 길목을 빠져나가게 되지. 사실 나는 그 길목 정체 구간이 싫지가 않아. 차가 꼼짝달싹 못하고 겨우 거북이 주행을 하는 동안, 창밖을 바라보면 답진 마음이 사라지니까.

　양옆으로 나란히 늘어선 겨울나무를 바라보고 있노라면 알 수 없는 감정이 일어나. 마치 용액 속에 고요히 가라앉았던 침전물이 부유하는 듯한 느낌이야. 겨울나무의 바짝 마른 잔가지들이 유리막대가 되어 조금씩 침전물을 섞어내는 기분이 들지.

　겨울나무의 마른 가지들은 나의 머리카락을 떠올리게 해. 윤기를 잃은 데다 거칠고 가늘어진 머리칼. 한때는 내 머리카락에도 윤슬이 일었는데, 한때는 찰랑거리는 까만 머리칼을 자랑스레 쓸어 넘겼는데, 지금은 만지면 바스러질 것 같은 잔나뭇가지가 되어 버렸어.

　날마다 동동거린 나의 하루가 달을 바꾸고 계절을 바꾸고 해를 바꾸며, 그렇게 시간은 나의 얼굴과 머리카락에도 지도를 옮겨 그렸겠지.

　그 시간들이 좌르르 필름처럼 펼쳐지면서 가슴 아린 기억의 편린들이 떠올라. 겨울나무는 나를 기억의 열차에 태워 어린 시절의 기억들을 소환시켜 주지.

　일곱 살, 나는 바닷가 모래밭에 앉아 '두껍아, 두껍아, 헌 집 줄게 새집 다오'를 부르면서 놀고 있어. 옆엔 아무도 없고 혼자야. 한참을 그렇게 두꺼비집을 쌓고 허물기를 반복하다 보니, 어느덧 수평선 너머로 해가 지려고 해. 엉덩이에 묻은 모래를 털고 집으로 돌아가는 길에 우리 집 초가지붕 위로 연기가 뭉게뭉게 솟아 나. 저녁밥 때가 되어 할머니가 밥을 끓이는 모양이야. 부뚜막 솥단지에서 풍기는 보리밥 물 냄새가 아직도 코끝에 머무는 것만 같아. 그런데 그 냄새가 나를 알 수 없는 그리움 속에 가둬 놓았다가 굴뚝 연기가 되어 마냥 피어오르게 해.

　나는 할머니랑 살았고, 부모님은 집안 형편이 어려워 객지로 나가 살았지. 돌이 갓 지난 나는 젖도 다 떼지 못한 채 엄마 품과 이별을 해야 했어. 할머니는 젖에 주린 내가 빡빡 울어대면, 이웃집에 젖동냥 마실을 다니기도 했대. 배가 고파 그랬는지 아니면 엄마 젖 내음이 그리워서 그랬는지 만날 악을 쓰며 우는 나를 달래다, 할머니도 함께 울곤 했대.

　철이 들면서부터 나는 할머니에게 자주 캐물었지. 엄마 아빠의 존재에 대해서 말이야. 할머니는 그저 돈 많이 벌어서 올 거라는 말씀만 하셨어. 기억도 나지 않는 엄마 아빠의 얼굴과 목소리를 그려보다가 혼자 슬픔에 젖기도 했어. 떠오르지 않는 부모님과 매일 이별하면서 북받쳐 오는 서러움에 목이 메이기도 했지.

　정신분석학자 설리번은 외로움을 '관계로부터 격리된 부정적인 혼자 됨'이라고 했대. 아무리 할머니가 지극 정성을 들여 잘해주어도 어쩔 수 없었어. 나는 부모님과의 관계가 절실했기 때문에 외로웠던 거야.

　아마 내가 열두엇쯤 되었을 거야. 스멀스멀 더위가 기승을 부리기 시작할 즈음이었는데, 교실에 앉아 있는 나를 담임 선생님이 부르셨지. 선생님은 나를 찬찬히 훑어보시더니 잠시 머뭇거리다가 입을 여셨어.

　"날이 더운데 왜 아직도 옷을 그렇게 입고 있니? 여름옷 없니?"

　그때 나는 두께감이 있는 긴팔 소매 셔츠를 입고 있었는데, 한여름에 왜 그런 복장을 했는지 기억이 나지는 않아. 하지만 분명한 것은 나에게 철이 바뀌었으니 철에 맞는 옷을 입으라고 관심을 주었던 사람은 없었어. 그즈음 나는 작은 아버지 댁에서 살았는데, 군식구였던 나에게 세세한 손길이 돌아오지는 않았지.

담임 선생님이 어른들께 말씀드려 반소매로 갈아입고 다니라고 말씀하셨을 때, 나의 심정은 부끄럽기보다는 외로웠어. 곁에 말씀드릴 어른이 없다고 느껴졌어. 친척 집을 번갈아 가며 지냈던 그때의 상황이 나를 의기소침하게 만들었고, 나는 주변에 아무런 소리를 내지 못했어. 어떻게 해서 옷을 바꿔입고 등교는 했지만, 그 이후로 나는 찬바람 부는 황량한 숲에서 꽁꽁 언 땅을 버티는 겨울나무 같았어.

그렇게 나는 성인이 되었고, 대학생활을 하면서도 길들여지지 않은 외로움은 늘 내 주변에서 포효했어. 어느 시간에 어느 누구를 만나 무엇을 해도 채워지지 않는 헛헛함이 나를 방황하게 했어.

언제 어디서나 내 곁에 머무는 상념들이 있었지. 나는 왜 마음에 난 생채기에서 늘 외로움이 덧나지? 나는 왜 꽃들이 아름다운 이야기를 전할 때도, 별들이 불꽃놀이로 세상을 밝힐 때도 가슴이 이토록 허전하지?

하지만 그냥 두기로 했어. 어쩔 수 없는 감정이라는 것에 고개를 끄덕거려야 했어. 정신분석학자 오토 랑크는 말했대. 엄마의 자궁을 떠나 세상 밖으로 나오는 일은 모든 태아에게 근원적 불안을 유발하는 '상실'이라고. 그래서 엄마 자궁을 떠나온 우리들은 모두 외로운 것이라고 생각했어. 외로움은 누구나 느끼는 것이라고 스스로 위로하곤 했지. 그렇게 살다 보니, 삶은 외로움만으로 점철되지는 않았어.

지금 내 곁에 있는 가족, 그리고 내가 가르치는 아이들. 이들이 나의 슬픔과 외로움이 덧나지 않도록 기댈 수 있는 버팀목이 되어주었어. 그래서 이들과 함께 울고 웃는 나의 하루하루는 더없이 소중해.

나는 하루하루를 잘 보내기 위해 내 병에 담긴 오늘을 마시지. 나의 오늘은 그림책『오늘 상회』에 등장해. 이 그림책에 나오는 할머니는 내 모습과 많이 닮았어. 오늘을 더 달라고 고집을 부렸던 어린 시절이 있었고, 오늘을 얼른 마셔버려 금방 잊혀졌던 때도 있었지. 결혼을 하고 아기를 낳아 오늘이 천천히 지나가기를 바랐던 적도 있었고 말이야. 그리고 수많은 시간이 흘러 할머니처럼 내 눈가와 이마에도 오늘의 흔적이 생겼지. 골짜기가 되어 얼굴의 일부로 자리 잡은 주름들.

그런데 할머니는 함께 했던 사람의 오늘이 사라지자, 오늘을 포기하고 싶어졌어. 하지만 강아지 꼬리처럼 살랑대는 바람, 창 틈새로 들어오는 맑은 햇살, 아이들이 건네는 천진한 인사 등 작은 일들이 얼마나 소중한지 깨달았어. 그래서 다시 오늘을 살아가기로 마음 먹었지.

나도 마찬가지야. 하루를 채워주는 소소한 일들이 얼마나 위로가 되는지, 그 일을 함께 할 사람이 곁에 있어 얼마나 행복한지 몰라. 앞으로도 많은 오늘을 함께 하며 서로를 지켜주겠지.

오늘 상회 주인은 할머니에게 "여전히 소중한 오늘이 당신을 기다리고 있답니다"라고 말했어. 마치 나에게도 똑같은 말을 전해주고 있는 것 같아. 주인의 따뜻한 위로를 가슴에 안고 할머니도, 나도 매일 새로운 오늘을 맞이하겠지.

한때는 내 곁을 지켜주지 못한 부모님을 공책에 그려놓고 연필로 까맣게 지워 버릴 때도 있었고, 때때로 찾아오는 외로움이라는 손님 때문에 채워지지 않는 구멍 속으로 빨려 들어갈 때도 있었지. 하지만 괜찮아. 나에게는 소중한 오늘이 있기에.

오늘 나는 기억의 열차를 타고 나의 '오늘들'을 마주했어. 가슴 아린 순간도 많았지만, 햇살 좋은 봄날의 시간들도 많았어. 나는 소중한 오늘을 잘 지켜준 나를 위해 아름다운 노래를 선사하려고 해. 세상에 단 하나밖에 없는 선율을 들려주려고 해. 지금 이대로의 모습을 악보에 담아서 말이야.

이 겨울, 그 거리에 가면 거친 수피를 뚫고 겨울나무들이 아름다운 곡을 들려줄 거야. 수피 속 연한 속살처럼 부드럽고 감미로운 노래가 되어 응원해줄 거야. 나의 세레나데가 되어.

두려움

소리나다

    그런 노을빛을 본 적은 단 한 번도 없었다. 전에도 노을을 보았을 테지만, 그런 황홀한 빛깔은 아니었다. 노을은 분홍색, 주홍색 물감을 속속 빨아들인 면포처럼 번지고 있었고, 그 색에 동화된 구름은 시간을 알아챈 듯 흘러가고 있었다.
    노을을 볼 일이 없었다. 노을이 흐르는 시간에 하늘을 쳐다볼 일이 없었다. 쫓기고 부대끼는 삶을 사느라 어둠과의 경계에 선 노을을 만날 수 없었다.
    토요일 늦은 오후, 남은 일정을 밀쳐버리고 일찍 집으로 가는 길에 만난 노을이었다. 그것은 낮 동안의 복닥거림을 아스라하게 덮으며 조용하고 은은한 빛을 발하고 있었다. 이 시각, 이곳에 있었기에 저 황홀하면서도 안온한 노을을 만날 수 있었다는 생각이 들자, 번뜩 '나와 시간'에 대한 행간들이 떠올랐다.

나의 시간은 '미드나잇 블루'. 아스라이 고요함을 간직한 어둠의 빛깔이다. 일과 후 널브러진 집물들을 치워놓고 소등을 하면, 스물스물 다가오는 검은 빛에 가까운 푸른색. 오묘하면서도 알 수 없는 긴장감을 안겨주는 시간의 색이다.

회귀 본능으로 모두들 안식처를 향해 돌아갔을 시각, 나 홀로 어둠 속에 섰다는 생각에 가슴이 내려앉는다. 어둠의 빛깔에 딸려 온 냄새가 알싸한 과거의 시공 속으로 나를 던져 놓고 달아난다.

몇 해 전부터 나를 찾아온 불청객은 불안과 우울이었다. 이유를 알 수 없는 통증과 함께 마음이 무너져 내렸다. 날마다 찾아오는 두통은 관자놀이를 들쑤셨고, 심장은 마구 날뛰었다. 제발 그만 놓아달라고 소리쳤지만, 그럴수록 더 끌고 다녔다. 통증은 나를 외면했고 때로는 고압의 자세로 두려움에 떨게 했다.

모든 사물이 나를 향해 달려들었고, 그것들은 괴성을 지르며 고막을 흔들어 놓았다. 그때부터 나는 알 수 없는 소리들의 공격으로 시간을 죽여야 했다. 처절하게, 이 소리들로부터 벗어나기 위해 몸부림을 쳐야 했다. 그것들과 사투를 벌이는 동안, 나는 넋이 나간 사람이 되어 사람들로부터 멀어져갔다. 그렇게 나는 혼자가 되었다. 텅 빈 공간 속에 덩그러니 놓이게 된 나는 끝을 알 수 없는 회오리 속으로 빨려 들어갈 듯한 두려움에 사로잡혔다.

낮보다 밤은 더 두려운 시간이었다. '미드나잇 블루'의 시간이 되면, 검푸른색에 더해지는 냄새가 나를 짓눌렀다. 짧은 호흡이 뇌를 청색으로 바꾸어 놓았고 전신의 기운마저 앗아가 버렸다. 그렇게 시작된 불면은 나를 더욱 두렵게 만들었고, 어둑어둑 해가 지고 노을이 번지는 시각이 찾아오면, 내 육신은 마른 장작처럼 뻣뻣한 채 떨기 시작했다.

매일 매일 차오르는 숨을 고르며 스스로에게 '왜? 왜?'라고 다그칠 때 로고테라피의 창시자 빅터 프랭클의 말이 떠올랐다.

"갈증을 느낀다는 것이 바로 세상에 물이 있다는 강력한 증거이다."

나는 아직 물을 찾지 못했지만, 분명 물이 있을 것이라고 생각했다. 나의 심한 갈증은 물을 찾으라는 방증일 것이라는 생각을 하게 됐다. 내 마음 바닥에 있는 공허함과 그것이 주는 두려움의 실체에 대해 궁금해지기 시작했다.

마흔 살 언저리부터 다시 시작한 일과 가사의 중첩된 무게가 버거웠고, 힘겨운 일상 속에서 나는 사라져가고 있었다. 메트로놈은 지정한 속도대로 움직이라 요구했고, 힘에 부친 나는 나를 돌볼 틈이 없었다. 아무도 몰라주는 것 같아 분노가 일었다. 분노가 차올라 핏발이 섰다가 사그라져 우울감이 되었다. 우울감은 불안을 낳았고, 무너질 것 같은 두려움에 사로잡혔다.

나는 간절했기에 나를 알아야만 했다. 어떻게 하면 뿌리 깊은 나의 두려움에 대해 터득할 수 있을지 찾아야 했다. 나의 의식 속으로 들어가 아래층에서부터 위층까지 차례차례 올라가 봐야 했다.

프로이드는 '심리결정론'에서 과거의 어떤 경험이 내 잠재의식이 되고, 그것이 현재 나의 행동과 말과 감정에 영향을 준다고 했다. 과거가 현재에 영향을 주고, 또 미래에도 영향을 줄 수 있다는 것이었다.

나는 과거에 난 상처들을 보듬어 주기 위해 노력했다. 억눌린 나를 꺼내어 마주 보았고, 함께 울면서 맞장구를 쳐주었다. 그러자 생채기에서 새순처럼 보드라운 살이 돋아났고, 새득새득했던 잎새에 윤기가 돌기 시작했다.

좋아하는 그림이 있다. 최병진 작가의 초상화이다. 얼굴 전체를 기하학적인 구조물로 감싼 모습을 그린 작품이다. 그 작품을 볼 때마다 '그는 왜 갑옷에 갇혀있을까?' '무엇이 두려운 것일까?'라고 묻곤 했었다. 하지만 이제는 작품 속 남자의 갑옷에 공감하게 되었다. 나에게도 그런 갑옷이 있었으니까. 그것보다 더 단단하고 두터운 갑옷이 있어 나를 꽁꽁 감쌌었으니까.

작가는 작업을 계속하면서 내면의 치유가 일어났고, 그림 속 얼굴의 모양이 점점 드러나게 되었다고 했다. 하지만 나는 아직도 텅 빈 공간과 '미드나잇 블루'의 시간이 만들어 내는 소리에서 자유롭지는 않다. 온몸의 세포에 저장되었던 두려움의 기억이 되살아날 때면, 하얗게 주저앉아 버릴 때가 있다.

깊은 고요감에 전율이 느껴질 때면 관성대로 TV 전원을 켜야 하고, 온갖 소리가 내 귓전을 두드리기 전에 소음을 일으켜야 한다. 그럴 때 나를 조용히 달랜다.

"모든 사물은 자기의 쓸모를 위해 소리를 내는 거야."

그림책 『혼자 집 보는 날』에서 아이는 엄마가 할머니의 전화를 받고 나가는 바람에 집에 혼자 남게 되었다. 갑자기 조용해진 집에서 놀던 아이는 사방이 어두워지자 불을 켰고, 물을 마시러 주방으로

갔다. 그런데 어둡고 썰렁한 주방에서 '딸그락', '삐걱', '똑'하는 소리
가 들렸다. 아무도 없는 고요한 집안에서 들려오는 온갖 소리들은
아이를 얼어붙게 만들었고, 소름돋게 했다. 소리뿐 아니라 주방 도
구와 채소들이 일제히 눈을 뜨고 아이에게 달려들었다. 다행히도 인
형들이, 주방 도구는 녹슬지 않으려고, 채소들은 더 맛있어지려고
체조를 하는 것이라고 말해주었다. 아이의 두려움은 차츰 사라지고
그것들을 바로 쳐다보게 되었다. 아이는 춤추는 주방 도구들과 채소
들을 두려움 없이 보게 되었고, 함께 노래 부르며 춤을 추었다.
 아이는 혼자의 시간을 견뎌낸 끝에 두려움이 사라지는 비밀을 경
험하게 되었다. 어둠 속에서 자신을 향해 달려올 것만 같은 사물들
의 소리가 별 게 아니라는 것을 알게 된 것이다.
 나 또한 나를 괴롭히는 소리들을 어떤 마음으로 수용하느냐에 따
라, 색깔과 크기가 달라진다는 것을 알게 되었다. 아이가 혼자만의
시간을 보내면서 두렵게 다가왔던 소리의 본질을 알게 되었고, 그건
두려움의 대상이 아니라는 것을 깨달은 것처럼.

 이 그림책을 읽으면서 나는 아이와 하나가 되었다. 어둠 속에서 아
이가 두려워할 때 나도 두려워했고, 집안에서 온갖 소리가 들려 아
이가 탁자 밑으로 들어갔을 때 나도 무서움에 몸을 숨겨야 했다. 하
지만 아이는 두려움의 원인에 대해 깨달았고, 나에게 그 비밀을 속
닥거려 주었다.
 "두려움은 숨을수록 커져. 숨지 말고 나처럼 바로 쳐다봐. 그러면
분명 새로운 네가 보일 거야.

아이가 전해준 화답이 하늘 가득 피어올랐던 주홍빛 노을처럼 가슴에 번져온다. 그 빛은 닥종이에 떨어진 한 방울의 물감이 서서히 퍼져 꽃이 되듯 말없이 나의 상처들을 어여쁘게 피워주었다.

이제, 새롭게 다가올 '미드나잇 블루'가 기다려진다. 어둡지만 별이 있어 환하고, 비어있지만 평온한 '미드나잇 블루'는 어떤 빛깔로 나를 맞이해 줄지…….

부끄러움

숨고 싶다

오일장이 열리는 날이었습니다. 떠돌이 약장수의 목소리가 장터를 쩌렁쩌렁하게 울리고 있었습니다.

"자~ 잡숴봐. 잡숴봐. 만날 만날 오는 기회가 아니야. 딱 한 번만 잡숴봐. 온갖 병이 다 사라져."

'뿜빠뿜빠' 요란한 악기 소리를 내세운 약장수가 장꾼들을 불러 모으고 있었습니다. 볼거리가 궁했던 사람들은 약장수의 익살에 하나둘 모여들고, 장마당은 일시에 공연장이 되었습니다. 구경꾼 중에는 약장수에게 홀려 약을 사는 사람도 있었지만, 저는 만병통치약에는 전혀 관심 없는 어린 관람객이었습니다. 그저 팥죽 장수 할머니를 따라 장터에 나왔다가 약장수 패거리의 화려한 불쇼와 줄광대의 아슬아슬한 몸짓, 무희들의 춤사위에 홀딱 반해버린 구경꾼이었습니다.

한창 약장수 일행의 화려한 연기가 무르익어 갈 즈음, 저만치에서 귀에 거슬리는 소리가 들렸습니다.

"저 멍청이, 저거 팥죽 할머니 아들 아니야?"

"여기저기 기웃거리며 또 거렁뱅이짓을 하고 있네."

"사람 구실도 못하는 거, 애미 속을 알는지 몰라."

이따금씩 사람들에게 조롱거리가 되는 사람이 있었습니다. 그 사람은 말을 더듬을 뿐만 아니라 지능이 낮아 셈을 할 줄 몰랐고, 다른 사람의 말을 잘 알아듣지 못했습니다. 그 사람은 어린아이들에게도 '바보'라는 소리를 들었고, 가끔 아이들의 돌팔매질에 머리가 깨지기도 했습니다. 그래도 그 사람은 해죽해죽 웃기만 했습니다.

그 사람, 오일장에서 팥죽을 팔던 할머니의 아들은 바로 제 삼촌입니다. 삼촌은 평생 할머니의 아픈 손가락이었고, 할머니의 '한숨'이었습니다. 가끔 장터에서 사람들에게 손가락질을 당할 때면, 할머니의 '웬수'가 되었습니다. 그런 삼촌과 저는 한집에서 살았습니다. 할머니는 삼촌의 수족이 되어야 했기에 힘겨웠고, 그런 모습을 볼 때마다 삼촌이 미웠습니다. 무엇보다 바보 삼촌이 부끄러웠습니다.

제가 초등학교에 다닐 때였으니까 삼촌은 아마 서른 살쯤 되었을 것으로 짐작됩니다. 그때 삼촌은 할머니의 간곡한 부탁으로 어렵사리 초등학교 급사로 일하게 되었습니다. 할머니는 삼촌이 급사가 되어 한시름 놓게 되었다며 주름이 퍼질 만큼 함박 웃으셨습니다. 하지만 저는 삼촌이 급사가 된 것이 너무 창피했습니다. 삼촌은 제가 다니던 학교의 급사였기 때문이었습니다. 삼촌은 주로 청소나 선생님들의 잔심부름을 하며 소일을 했는데, 가끔 제가 공부하는 교실에 와서 손짓을 하며 더듬거릴 때가 있었습니다.

"은숙아, 학교 끝나고 집에 갈 때 이거 가져가."

저는 삼촌의 어눌한 말과 어정쩡한 몸짓이 너무 부끄럽고 창피했습니다. 급우들이 알아챌까 봐 끝까지 말을 듣지도 않고, 책상 위에 엎드려 삼촌의 말을 뭉개버렸습니다. 집에 돌아와 보면 까만 비닐봉지 안에 눈깔사탕이며 센베이과자가 들어있곤 했습니다. 봉지를 열어 사탕을 빨며 달콤함을 만끽하긴 했지만, 그 달콤함이 삼촌이 교실에 찾아왔을 때의 부끄러움을 달래주지는 못했습니다.

"벙어리 장갑, 다시는 교실에 오지 마!"

날카롭게 찌르는 말로 삼촌의 가슴을 후벼팠지만, 삼촌은 어린 조카의 말에 바보같이 '헤헤' 웃기만 했습니다.

그날 삼촌에게 성을 내며 교실에 절대 오지 말라는 말을 여러 차례 했지만, 며칠 후 또 삼촌이 교실로 찾아왔습니다. 그날은 '스승의 날'이었는데 선생님들이 받은 선물을 삼촌에게 더러 나눠주었던 모양입니다. 삼촌은 그 선물을 주려고 찾아왔던 것입니다.

수업 끝 종을 기다렸다는 듯 삼촌이 창문가에서 저를 불렀고 아이들이 쳐다봤습니다.

"유은숙, 바보 삼촌 왔다. 얼레리 꼴레리!"

얼굴이 빨갛게 달아올랐고, 그 순간에서 빨리 벗어나고 싶었습니다. 쏜살같이 창가로 달려가 삼촌이 들고 온 선물 꾸러미를 홱 낚아채고는 쓰레기통에 버리고 말았습니다.

수업을 하는 내내 가슴에서 '씩씩' 소리가 났습니다. 마음이 보글보

글 끓었습니다.

  이 일을 어찌 알았는지 선생님께서 수업이 다 끝날 무렵 저를 불러 야단을 치셨습니다. 삼촌의 마음을 몰라준 저의 행동을 한참 나무라셨습니다. 집으로 돌아오는 길에 저는 반성은커녕 삼촌 때문에 부끄럽고 창피했던 순간이 선연히 떠올라 몸을 부르르 떨었습니다.

  그 이후에 삼촌이 교실에 찾아오는 일은 잦아들었고, 저는 삼촌과 마주치지 않으려고 무던 애를 썼습니다. 하지만 얼마 안 가서 그럴 필요도 없게 되었습니다.

  학교에서 실수가 잦아 늘 책을 잡히던 삼촌은 어느 날 그만두라는 통지를 받게 되었고, 할머니의 작은 위안은 별똥별처럼 사라지고 말았습니다. 급사일을 잃은 삼촌은 풀이 죽은 채 어슬렁거렸고, 동네 사람들은 이러쿵저러쿵 입을 놀려댔습니다. 학교에서 삼촌을 맞닥뜨릴 일이 없어져 제 행동거지가 수월해지긴 했지만, 사람들이 수군거리는 소리를 들을 때마다 삼촌이 부끄러워서 숨고 싶었습니다. 나의 삼촌이라는 사실을 지우고 싶었습니다.

  삼촌은 몇 년 동안 할 일 없이 멍하니 하늘만 쳐다보았습니다. 그런 삼촌을 하늘이 내려다보고 있었는지 동아줄 하나를 내려주었습니다. 삼촌은 그 줄을 타고 재주를 맘껏 부릴 수 있는 환경미화원이 되었습니다. 삼촌은 세상을 다 가진 것처럼 기뻐했지만, 저는 쓰레기 더미 속 삼촌이 부끄러웠습니다. 삼촌의 몸에서는 아무리 닦아도 지워지지 않는 거리의 쓰레기 냄새가 배어 있었고, 어딜 가도 따라다니는 '청소부'라는 꼬리표가 싫었습니다.

삼촌은 새벽마다 할머니를 알람 시계 삼아 20여 년을 꼬박 환경미화원으로 일했습니다. 저는 어른이 되어서도 살아생전 새벽 거리에 일꾼이 된 삼촌을 외면했습니다.

언젠가 비행기 탑승에 맞춰 이른 시각에 나가야 할 일이 있었습니다. 푸르스름한 새벽 하늘에는 이지러진 달이 박혀 도도한 빛을 내려주고 있었고, 도르륵 살갗에 소름이 끼치는 쌀쌀한 공기가 옷가지를 여미게 했습니다. 택시를 기다리며 붉은 가로등 앞에 섰는데 마침 청소차가 와서 멈췄습니다. 형광색 조끼를 입은 환경미화원 두 분이 내려 쓰레기들을 차에 실었습니다. 순간 훅 끼치는 쓰레기 냄새와 함께 떨쳐버리려고, 잊어버리려고 애썼던 삼촌의 기억이 떠올랐습니다. 새벽 일터에서 청소 일을 숭고하게 여기며 매일을 소중하게 일구셨을 삼촌. 삼촌을 부끄러워했던 수많은 날들이 부메랑이 되어 제 가슴에 꽂혔습니다.

왜 저는 그토록 삼촌을 부끄러워했을까요? 장애는 나쁜 것이라는 나만의 기준으로 삼촌을 바라봤습니다. 장애는 모자람이 아니라 다양한 삶의 한 축이라는 것을 모르고 있었습니다.

그림책 『우리 가족입니다』에서 엄마와 아빠는 중국음식점을 하고 있습니다. 나와 동생까지 모두 넷이서 식당에 딸린 방에서 살고 있습니다. 시골에서 혼자 사시던 할머니까지 함께 살게 되었는데, 나는 할머니랑 살기가 싫습니다. 치매에 걸려 온전치 못한 할머니는 가족을 힘들게 하니까요. 그래도 아빠는 할머니께 온 정성을 다합니다. 내가 할머니를 다시 시골로 보내자고 했을 때 아빠는 "엄마니까 안돼"라고 말합니다. 엄마랑 헤어져 살면서 사랑을 받아본 적이 없는 아빠인데도 말입니다.

그림책 속 아빠를 보면서 저는 느꼈습니다. 같은 공간에 산다고 모두 가족이 되는 것은 아니라는 것을요. 허물이 있다면 감싸주고, 아픔이 있다면 치유해주고, 고통이 있다면 함께 나누는 게 가족이라는 것을요. 저는 어땠나요? 장애라는 그늘에 가려진 채 그림자만 밟으며 살아야 했던 삼촌의 삶을 조금이라도 이해하려고 했나요? 저는 삼촌을 부끄러워하며 외면했던 제 자신을 냉정하게 바라보았습니다.

그림책 속 아빠는 할머니에 대한 기억이 고통스럽고 아팠지만 엄마이기에, 가족이기에 이겨냈습니다. 아빠가 자신에게 아픔을 주었던 할머니를 온전히 받아들이는 것은 진정한 사랑이었습니다. 아이도 아빠의 사랑을 고스란히 배우게 되지 않았을까요? 마지막 장면에 아이가 아빠를 업어주는 장면에서 알게 되었습니다. 사랑은 할머니와 아빠를 거쳐 아이에게 고리처럼 이어졌다는 것을요.

마더 테레사는 "사랑은 가장 가까운 사람, 가족을 돌보는 것에서부터 시작된다"고 했습니다. 삼촌은 이제 부끄러운 사람이 아닙니다. 가장 가까운 사람입니다. 있는 모습 그대로 존중받아야 할 사람입니다. 뒤늦은 고백이지만 삼촌의 아픈 마음을 조금이나마 품어드리려고 합니다. 부디 철없던 조카를 용서해 주실 수 있을는지요?

삼촌, 곧 찾아뵙겠습니다. 삼촌이 누워있는 따뜻한 땅에, 생전 할머니 몰래 꿍쳐 빠끔대셨던 담배 한 개비 올려드리겠습니다. 그때까지 부디 기다려 주시길 바랍니다. 담배 향이 피어오르면 오일장에서 팥죽을 팔던 할머니와 장터에서 놀던 저를 추억해 주시길 바랍니다. 그때로 돌아가 삼촌을 온전히 사랑하겠습니다.

분노

손사래치다

 사방을 뒤덮어버린 희뿌연 먼지가 시계를 가렸다. 회색 장막이 세상의 숨결을 무겁게 가라앉혔고, 먹성 좋은 먼지 무리는 초봄 풍경마저 입속으로 밀어 넣어 버렸다. 봄바람마저 덩달아 들까불며 먼지 무리를 쫓아 이리저리 몰려다녔다.
 무얼 해도 마뜩잖을 것만 같은 날씨. 현관문을 열고 몇 걸음 옮겼을 뿐인데, 벌써부터 목이 칼칼하고 피부에 붉은 반점이 벌레처럼 스멀스멀 올라올 것만 같았다. 날씨가 작정하고 고약하게 구는 것도 아닌데 괜스레 군소리를 하며 주차장을 향해 걸었다.
 주차장엔 희뿌옇게 먼지 테러를 당한 자동차들이 신음하고 있었다. 제 빛깔을 잃고 먼지와 동색의 외투를 입은 자동차 보닛 위에는 바람에 불려 떨어진 꽃잎들이 선명하게 널려 있었다. 애처롭게도 울타리 둘레에 금실로 노랗게 빛나고 있는 산수유꽃은 오늘따라 화사했다.

산수유꽃 안개 무리에게 눈인사를 건넨 후 운전대를 잡았다. 잿빛 베일에 덮인 하늘에다 차까지 굼뜬 행렬이라 마음이 더 갑갑해졌다. 평소보다 30분이나 더 걸려 일터에 도착했다.

한숨과 함께 책상에 앉았다. 노트북을 열어 일정을 확인하고 막, 차 한잔을 마시려는 순간 전화벨 소리가 울렸다. 화면 위로 '현진이 어머님'이 떴다. 이 시각에 웬일로 전화를 했을지 가슴이 콩 내려앉았다.

"여보세요. 어머님, 안녕하세요?"

"예. 선생님, 잠깐 통화 괜찮으세요?"

전화기 밖으로 그녀의 쨍한 목소리가 흘렀다. 스틱으로 빈 유리잔을 쳤을 때 나는 또렷한 음색의 목소리였다. 그녀는 주변에 영향력이 지대한 사람이다. 공부와 관련된 정보가 빠삭해 다른 엄마와 아이들을 이리저리 많이 몰고 다닌다.

그런 그녀가 이 시각에 전화라니! 불길했다. 그 불길함에 시한폭탄의 초시계가 째깍거렸다.

"선생님, 정원이라는 아이요! 우리 현진이랑 같은 모둠인 거 맞죠?"

"아! 예……."

"현진이가 정원이랑 계속 수업을 해야한다면, 그만 두겠습니다."

"어머님. 무슨 이유라도 있나요? 제가 경험한 정원이는 수업 자세도 바르고 심성이 착했습니다만."

"선생님, 우리 현진이랑은 결이 맞지 않아서요."

결이 맞지 않다는 애매한 답이 석연치 않아 그녀에게 좀 더 묻자 정원이가 밤늦게까지 놀이터에서 논다는 등, 친구들 사이에 평이 안 좋다는 등의 몇 가지 이유를 들었다.

그녀에게 아이들 모둠이 구성됐던 과정들을 설명했지만, 귀 기울여 듣고 싶어 하지 않는 눈치였다. 그녀가 마지막으로 남긴 말은 정원이가 다니는 학원은 소문이 좋지 않게 날 수 있으니 주의하라는 것이었다. 나는 황당했지만 최선의 방법을 찾겠노라고 응답했다.

전화기를 내려놓는데 손이 파르르 떨렸다. 화가 치밀어 올랐다. 무례하게 느껴지는 그녀의 태도에도 속이 끓었지만 정원이를 문제 아로 찍어 내리는 그녀의 말투에 더 화가 났다. 아이에 대해 섣부르게 판단하지 말라고 소리치고 싶었다. 소리를 크게 외치고 싶었던 이유는 수년 전 내 딸아이도 똑같은 경우를 당했었기 때문이었다.

지지대 없이도 스스로 쑥쑥 커 줄 거라는 과신 때문에, 시간과 숨바꼭질하듯 바쁘게 일한다는 핑계 때문에 딸아이를 살뜰하게 잘 챙기지는 못했다. 마침 딸아이는 감정의 롤러코스터를 타며 혹독한 사춘기를 맞이했다. 공부는 뒷전이고 매일 복장 불량으로 학교 선생님들에게 지적의 대상이 되었다. 주변 엄마들은 자신의 아이들과 함께 어울려선 안 될 인물로 내 딸아이를 지목했다.

어느 날은 반갑게도 딸아이가 학원을 다니고 싶다고 해서 알아보러 갔는데, 그곳에서 같은 반 친구와 마주치게 되었다. 그 친구는 딸아이를 보더니 반가운 기색 대신 찌푸린 얼굴로 물었다.

"너, 이 학원 다닐 거야?"

"응, 왜?"

"너랑 같은 학원에 다니면 우리 엄마도 싫어하고 친구들에게 찍힐 것 같아."

그날 딸아이는 학원에 등록하지 않았고, 집에 돌아와서 사방에 애꿎은 화풀이만 해대다가 결국은 울음주머니를 짰다. 딸아이를 보면서 끓어오르는 화를 주체할 수가 없었다. 내가 가장 소중하게 여기는 꽃밭이 짓밟혀 진흙탕이 되어 버린 듯한 느낌이었다.

미국 정신분석학자 하인즈 코헛에 의하면 "분노는 '자기(self)'가 상처 입었을 때 나오는 감정"이라고 했다. 인간은 누구나 온전한 자기감을 누리고 싶은데, 그것을 부정당하면 분노가 폭발한다는 것이다.

딸아이는 나의 일부이기에 딸이 입은 상처는 나의 상처가 되었고, 마치 내가 무시당하고 거절당한 느낌이 들었다.

딸아이는 정녕 '문제아'가 아니었다. 한때 질풍노도의 시기에 성장통을 겪으며 방황했고, 그 고비를 잘 넘겼다. 나 또한 노력했다. 아이와 함께 울었고 함께 길을 건넜다. 사람들은 그때 우리가 걸었던 길을 알지 못했다. 그저 보이는 대로 생각했고, 그것이 우리를 울컥하게 하고 분노하게 만든다는 사실을 몰랐다.

현진이 엄마의 전화를 끊고 나서 처음엔 머리가 지끈거렸다. 두 아이가 차례로 머리 속을 훑고 지나갔다. 정원이를 모둠에서 뺀다면 나는 수년 전 딸아이를 경계했던 주변인들과 다를 바가 없을 것이고, 현진이 엄마의 말을 무시하면 여러모로 힘들 것이라는 생각이 들었다. 그러나 나는 참된 어른이 되고 싶었다. 아이를 바로 볼 줄 아는 혜안을 가진 어른이 되고 싶었다.

일과 후에 현진이 엄마에게 전화를 걸어 "저를 믿고 맡겨주신다면 아이들 관계도, 수업도 다 괜찮을 거라며 기다려달라"고 말했다. 그러나 그녀는 잠시 생각에 잠기더니 생각을 바꿀 마음이 없다고 대답했다.

그녀의 대답에 무안했고 허탈했다. 그런 나를 괜찮다고 달래준 그림책이 『저는 늑대입니다만』이었다. 이 그림책은 '늑대를 상상하면 어떤 모습이 떠오르는지 묻는 것'으로부터 시작된다. 모두가 늑대는 날카로운 이빨과 번득이는 눈을 가졌다고 생각한다. 하지만 그림책 속 늑대는 이빨로 털실을 고정하고, 번득이는 눈으로 아름다운 색깔을 감상한다. 커다란 귀로는 멀리서 도와달라는 소리를 듣고 달려 나갈 준비를 하는 친절하고 마음씨 따뜻한 늑대다. 늑대는 자신의 모습 그대로 더불어 살아가고 싶지만, 모두가 달아나기에 바쁘다. 마지막 장면에 저자는 다시 눈을 감고 늑대를 상상해 보라고 주문한다. 독자들에게 늑대의 진정한 모습을 떠올리기를 기대하면서.

이 그림책을 읽으면서 늑대와 아이들의 모습이 겹쳐 떠올랐다. 늑대가 색색의 털실로 스웨터를 떠서 친구들에게 나눠주려고 했지만, 아무도 그런 마음을 알아주지 않았듯이 아이들도 자신들의 속내를 이해해주는 사람이 없어 원망했을 것이다. 또 늑대가 다른 이들과 자연스레 어울리고 싶어도 모두 소리 지르며 도망치는 바람에 무춤해졌듯이, 아이들도 자신을 피해버리는 사람들을 보며 무기력해졌을 것이다.

사람들은 한없이 선량한 표정으로 뜨개질하는 늑대를, 있는 그대로의 모습으로 보아주지 않았다. 그저 살을 찢고 뼈를 부러뜨리기에 충분히 위협적인 이빨과, 야성의 불꽃이 튀기는 매서운 눈에만 집중했다. 만약 어른들이 아이들 존재 자체를 그대로 인정해준다면, 늑대가 떠준 스웨터를 입고 보들보들해진 양들처럼 아이들도 그렇게 행복해지리라 믿는다.

현진이 엄마의 말에 왜 화가 일었는지 알게 되었다. 아이를 대하는 어른의 사랑과 시선이 왜곡되었고, 그로 인해 손사래 치듯 부정당한 아이의 상처가 곧 나의 것이 되었기 때문이었다. 하지만 분노의 감정을 인정하면서도, 그녀와의 관계가 파괴되는 것을 원하지는 않는다. 감정은 감정이고 행동은 내가 선택할 수 있기 때문이다.

그녀와의 일을 마무리하고 나자, 누름돌처럼 가슴을 짓눌렀던 분노가 천천히 풀리고 가슴 밑바닥까지 서늘한 바람이 불어왔다.

내일은 맑은 햇살이 길게 온 세상에 스며들었으면 좋겠다. 희뿌연 먼지에 가려져 있는 풍경들이 하나하나 고개를 내밀어 인사해 주면 좋겠다. 그럼 나는 바람이 되어 모두를 환대하려고 한다. 정현종의 시 '방문객'에서처럼 부서진 마음을 더듬어 볼 줄 아는 바람의 마음. 필경 환대가 될 바람의 마음이 되려고 한다.

좌절

금을 긋다

  문을 열면 꽃의 정원이었다. 바람은 음악처럼 흐르며 노란 유채꽃을 춤추게 했고, 연분홍 진달래는 여리여리 수줍게 몸을 흔들었다. 하이얀 벚꽃은 하롱하롱 나풀거렸고, 에메랄드빛 바다 위로는 청보리가 물결을 쳤다. '호이 호이' 들려오는 숨비소리는 나지막한 오름들 위로 메아리를 쳤다.
  이맘때쯤 내 고향 제주가 품고 있는 색과 향기, 소리를 다 안다. 봄빛깔이 짙어지기 시작하면 그리움도 짙어져 향수에 촉촉하게 빠져든다.

  제주를 떠나 객지 생활을 한 지도 스무 해가 넘었다. 남편이 직장을 옮기고 서울에 터를 잡게 되면서 객지살이가 시작되었다. 꼭 이맘때로 기억된다. 서울에 살 집을 구하러 왔던 때가. 집을 얻으려고 무작정 걸었던 그 동네 가로수 벚꽃 향이, 처음 뽀얗게 분칠을 한 소녀의 수줍음처럼 은은했었다.

서울이라는 도시는 섬에서 갓 나온 촌사람에게 생경했고, 나에게선 누구나 알아챌 듯한 외지인의 이질감이 느껴졌다. 가진 돈이 넉넉하지 않아 수중의 돈으로 마음에 드는 집을 구하는 게 쉬운 일은 아니었다. 하루 종일 발이 불어 터지게 걸어야만 했다. '이 집도 안 돼, 저 집도 안 돼' 절망감에 빠졌을 때, 기적처럼 딱 한 집이 나타났다. 해도 지쳤는지 뉘엇뉘엿 느린 걸음으로 스러져 가려고 할 때쯤이었다.

골목 비탈길 안쪽에 숨어 있던 붉은 벽돌집. 우리의 서울살이가 시작된 다가구 주택의 방 두 칸짜리 둥지였다. 남편 직장과 멀지는 않았지만 그렇다고 가깝지도 않았다. 지하철을 타려면 마을버스로 20여 분을 가야 했고, 버스마저 드문드문 다녔다. 동네에 들어서려면 오르막길을 올라야 했고, 집으로 들어가려면 내리막길을 내려가야 했다. 그래도 좋았다. 집 바로 앞에 비디오 가게도 있고 전파사도 있고 떡집도 있었다. 단독주택, 연립주택, 다가구주택들이 옹기종기 붙어있고 사람 냄새가 솔솔 나는 곳이었다.

언덕길을 내려가면 큰 도로를 끼고 대단지 아파트 단지가 있었는데 그 아파트를 보면서 감탄을 하기도 했다. 막 상경한 시골뜨기가 서울역 시계탑 앞에 펼쳐진 도시 전경에 입을 떡 벌렸던 것처럼. 하지만 부럽지는 않았다.

큰아이가 자라 초등학교에 입학할 때까지 그 동네를 떠나지 못했다. 뻔한 월급쟁이가 살림을 불리는 게 쉬운 일은 아니었고, 앞집 뒷집이 비오는 날 부침개라도 부치면 꼭 나눠 먹는 정이 있어 떠날 생각을 하지 않았다. 하지만 동네에 아이들이 안전하게 놀 곳이 없는 건 못내 아쉬웠다. 가끔씩 언덕 아래 아파트 단지 놀이터에 가곤 했는데, 경비아저씨가 나와서 아파트 주민이 아니라는 이유로 잘 놀고 있는 아이들을 내쫓았다.

"주택가 아이들이 놀러 와서 시끄럽게 한다고 주민들의 민원이 많아요."

아이들은 한창 미끄럼틀을 타다가 입을 실룩거리며 눈물을 떨구기도 했고, 눈치 없이 더 놀겠다고 발버둥을 치기도 했다. 그러면 나는 도리어 역정을 내며 아이들의 엉덩이를 투닥거리기도 했다.

그때 나는 아이들의 놀잇감에 묻은 모래를 털며 처음으로 사는 동네가 다르다는 이유로 좌절감을 맛보았다. '세상이 뭐 이래?'라는 울분도 있었지만, 구태여 따지고 싶은 마음은 없었다. 비굴해질 것만 같았다.

그 이후로 아이들은 아파트 놀이터에 가지 못했고 동네 공터에서 아슬아슬하게 자전거를 타거나 공놀이를 했다. 아이들은 저들끼리 놀 곳을 잘도 찾았다. 공터도, 좁은 골목도 아이들의 왁자지껄한 놀이터가 되어 와글와글한 소리가 떠나지 않았다.

그렇게 아이들은 자동차와 사람, 강아지가 함께 누비는 골목에서 웃고 떠들며 자랐고, 큰아이는 초등학교에 입학하게 되었다. 아이가 다니게 된 학교는 언덕 아래 아파트 단지 내에 있었는데, 먼저 아이를 초등학교에 보낸 이웃집 아주머니가 가만히 말을 건넸다.

"그 학교에 가면 아이들 무리에 들어가는 게 어려울 수도 있어요."
"주택가에 사는 아이들하고 어울리는 걸 꺼려하는 엄마들이 더러 있대요."

그럴 리가 없을 거라며, 지레짐작일 뿐이라며 부정하긴 했지만 머릿속이 복잡해졌다.

아이가 학교생활을 하면서, 만나고 싶지 않지만 만나게 되는 엄마들이 있었다. 그들이 저마다 묻는 첫 질문은 '어디에 살아요?' 또는 '몇 동에 살아요?'였다. 나는 미리 들은 정보 탓에 우물거리기 일쑤였고, 아이가 친구를 사귀지 못할까 봐, 그래서 실망하게 될까 봐 애매하게 답했다. 그들은 곧 알아챘다. 순간적으로 나는 좌절했고, 그 자리를 모면하기 위해 그들의 시선에서 벗어나기 위해 몸을 비틀었다.

아이와 나는 '주택가 사람'이었고 그들은 우리 아이를 주택가에 사는 ○○로 굳이 불렀다. 그러면서 '주택가 아이'인데도 제법 똘똘하고 공부도 잘한다는 등의 소리로 아둔한 칭찬을 일삼았다. 그런 소리를 들을 때마다 우리 동네 아이들의 순수한 눈빛에 아뜩해지는 듯했다. 세상 사람들이 갈라놓은 금 저쪽에서 반대쪽 아이들과 놀고 싶어서 안달이 날 것을 알기 때문이었다.

우리 아이는 급우들의 생일잔치에 초대받지 못했고, 어쩌다 초대장이 날아오면 그 자리에 낄 수 있어서 안도했다. 정작 우리 아이 생일에는 급우들을 집으로 초대하지 못했고, 그런 내가 싫어 적잖게 좌절했다.

우리 아이가 한 번은 친구들이 있는 아파트로 이사 가자고 했다.

친구들과 함께 놀고 싶어도 집 방향이 달라서 그럴 수가 없다며 동그랗게 입을 모았다. 그리고 친구들은 우리보다 부자 같다고.

그때 나는 우리가 어디에 살든, 가진 게 얼마이든, 삶의 수준이 어떻든 모두 함께 행복할 수 있다고 말해주지 못했다. 그리고 꼭 그들처럼 되려고 애쓰지 않아도 우린 행복할 수 있다고 말해주지 못했다.

나는 들판에 아무렇게나 꽃대를 내민 풀꽃보다는 섬세한 사람의 손길이 닿은 온실 속 고상한 꽃이 되고 싶었다. 나는 스스로 풀꽃이라고 생각했다. 부러워서 그들처럼 되고 싶었다. 아파트 단지에 철마다 곱게 피는 꽃들에 눈길이 갔고, 철마다 풍광이 좋은 아파트 숲길을 아이들과 걸으며 놀고 싶었다. 그래서 지금도 충분히 행복하다고 말해주지 못했다.

내가 만약 그때로 돌아간다면 아이를 무릎에 앉히고 찬찬히 들려주고 싶은 이야기가 있다. 가슴에 꼭 품어두었다가 꺼내 읽어주고 싶은 그림책 『전나무가 되고 싶은 사과나무』다.

전나무 숲에 아이가 다녀가고 난 후, 사과나무가 자랐다. 우연히 먹다 버린 사과 심지에서 씨앗이 나와 뿌리를 내렸다. 온통 전나무밖에 없는 숲에 사과나무 한 그루가 자라게 된 것이다. 사과나무는 외로웠다. 자신은 언제나 같은 자리를 지켜야 했지만, 전나무들은 크리스마스 때가 되면 숲을 떠나 누군가의 집을 멋지게 꾸며주었다. 사과나무는 그저 따뜻한 집으로 날아가는 꿈을 꿀 수밖에 없었다. 하지만 사과나무에게도 행운이 다가왔다. 모든 걸 포기하고 좌절하려는 순간, 마침 불어온 바람 덕분에 마지막 사과가 떨어졌다. 씨앗을 품은 사과는 땅속에서 꿈틀거리며 솟아오를 준비를 했다. 지난한 겨울을 보내고 화사한 봄이 찾아왔을 때, 사과나무 곁에는 키 작은 사과나무가 자라고 있었다.

우리 아이는 어쩌면 전나무 숲에서 자랐던 사과나무였을지도 모른다. 전나무로 가득 찬 숲속에 혼자 서 있는 사과나무. 모두 크리스마스트리가 되기 위해 떠나지만, 같은 자리를 내내 지켜야만 하는 사과나무. 어린 전나무가 잘 자라서 숲을 떠날 때 사과나무가 부러워했듯이, 우리 아이도 전나무가 부러웠을지 모른다.

그때 아이가 이책『전나무가 되고 싶은 사과나무』를 만났더라면 자신이 사과 씨앗이라는 사실을 일찍부터 깨달아 환히 웃었을 텐데. 전나무는 전나무라서, 사과나무는 사과나무라서 아름답다는 것을 알고 스스로를 돋보이게 했을 텐데. 사과나무에서 떨어진 마지막 사과가 전나무숲에 자신들의 정원을 꾸민 것처럼, 떠나가지 않더라도 그 자리에서 자신을 사랑하며 살아갈 수 있다는 것을 미리 알았을 텐데.

옛 동네에 살았던 나를 다시 만났다. 이웃끼리 국수를 삶아 먹고 부침개를 부쳐 나누어 먹었던 그 시절이 행복했었다고, 스티로폼 화단에 고추도 심고 파도 심어 함께 뽑아 먹었던 시절이 봄이었다고, 그래서 누군가가 다시 '어디 살아요?'라고 물으면 당당하게 '나 여기 살아요'라고 말할 수 있을 것 같다.

오래전 붉은 벽돌집을 떠나 아파트로 이사를 왔지만, 내내 그리던 아파트만의 특별한 행복은 없었다. 오히려 옛 동네가 그리워 가끔 찾아가 이웃들과 수다를 떨었다. 그럴 때면 법정스님의 말이 떠올랐다.

"행복의 비결은 필요한 것을 얼마나 갖고 있는가가 아니라, 불필요한 것에서 얼마나 자유로워져 있는가에 있다."

나는 많이 가지지 못한 좌절의 굴레에서 벗어나기 위해 내가 가진 가치로운 것들에 집중하게 됐다. 더 이상 타인과 나를 견주지 않고.

우리에게 골목 비탈길 붉은 벽돌집은 제주 바다에서 불어오는 봄바람이었다. 때론 칼칼하게 매서운 해풍이 들판의 생명들을 잠시 좌절케도 하지만, 끝내는 그것들이 바람을 이겨내 더 스스로를 달게 만든다는 것.

바람은 밀고 당기면서 나에게 찾고 싶었던 좌절의 퍼즐 조각 하나를 보내주었다. 덕택에 오늘도 바람 속으로 걸어간다. 언제 또 좌절의 시간이 올지 모르지만, 그 조각을 꼭 쥐고 있을 것이다. 바람의 목소리가 들린다. 상처 없이 봄은 오지 않는다고.

질투

고백하다

목련이 며칠째 입을 꼭 다물었다. 날씨가 푹해서 꽃망울들이 송이송이 맺히자, 곧 나풀나풀 펼칠 고운 속살을 기대했었다. 하지만 시샘하듯 닥친 꽃샘추위가 득해져, 꽃봉오리는 아직도 반개한 채 눈치를 살피고 있다. 마치 그녀와 나처럼.

나에게는 30년 지기지우가 있었다. 같은 중·고등학교를 다녔고 대학교까지 쭉 스냅단추의 오목이와 볼록이처럼 쌍으로 다녔다. 중학 시절, 숫기가 없어 아무도 잘 사귀지 못하는 나에게 구세주처럼 다가와 곰살맞게 벗을 터준 친구였다. 나는 울타리 아래나 담장 밑 눈에 띄지 않는 곳에 움튼 키 작은 풀에 불과해 눈여겨 보지 않으면 찾기 어려운 아이였다. 그래서 그녀가 내 이름을 불러주었을 때, 나는 담장 밑 토끼풀에게도 행운이 찾아왔다고 생각했다.

그녀와 나는 부러 서로의 집을 거치는 수고를 해가며 에움길 등교를 했고, 노상 서로의 하학을 기다려주었다. 누군가 나를 기다리고 있다는 행복감은 고른 햇볕을 받아 속이 꽉 차오른 과실을 맛보는 것처럼 달큼했다.

열대엿 살의 우리는 몸과 마음이 꿈틀거리는 사춘기 서사를 지닌 꿈 많은 소녀였다. 한창 인기였던 미국 가수 레이프 가렛의 테리우스 같은 외모를 함께 흠숭했고, 그의 공연장에서 실신한 소녀팬이 되지 못한 것에 대해 안타까워했다. 또 박범신의 소설을 읽으며 뜻 모르는 문장에 '심연'을 운운하기도 했고, 극장에서 '얄개 시리즈'를 보며 어쭙잖게 청춘을 논하기도 했다. 때론 바람머리에 또각또각 구두와 나팔바지로 멋을 내며 어른 흉내를 내기도 했다.

그녀는 고교 시절에도 여전히 영혼의 단짝 친구였다. 열심히 공부해서 지긋지긋한 섬을 벗어나 육지 대학에 가자고 꿈에 부푼 손가락을 걸었다. 늦은 밤, 까무룩해질 때까지 공부하고 학교 정문을 나설 때, 와락 달려들 것만 같은 어둑시니의 무서움을 헤치며 함께 걸었다. 때로는 학교 자판기에서 커피를 뽑아 마시며 쓰디 쓴 커피의 소울과 우리의 꿈에 대해 이야기했다.

먼 훗날 무엇을 하면서 살아갈지 생각하며 스토리텔링의 실마리들을 꾸며보는 일은 무엇보다 즐거운 상상이었다. 그때 우리는 이 모든 기억들이 모자이크가 되어 견고하게 이어지는 우정이길 바랐다.

그녀는 늘 차분하고 어른스러운 구석이 있어 부러움을 샀다. 그것보다 나의 부러움을 산 것은 공부였다. 나는 죽어라 박박 외우며 공부를 해도 그저그런 점수를 맞았지만, 그녀는 슬쩍슬쩍 고개를 끄덕이며 공부해도 좋은 점수를 받았다. 내가 태엽을 감아 째깍째깍 돌아가는 아날로그식 시계라면, 그녀는 쾌속 충전에다 빛까지 내는 디지털 시계 같았다. 나보다 공부 잘하는 그녀의 능력이 무척 부러웠다. 성적표가 나오면 그녀와 비교되는 결과에 질투심이 생겨 잠시 뜨악해질 때도 있었지만, 감정을 표현하기보다는 밀봉시켜 버리곤 했다. 그런 감정을 드러내는 것이 수치스럽게 여겨졌고 그녀가 불편해져 둘 사이에 잔금이라도 갈까 봐 조심했다. 그녀는 자신의 실력을 맘껏 뽐냈고, 나는 감정을 억누르며 축하해줄 따름이었다.

덴마크 심리학자 일자 샌드는 '질투란 갈망과 욕구, 사용되지 않은 재능이 혼합돼 있는 감정이며 이를 수치스럽게 여길 필요가 없다'고 했다. 하지만 나는 질투심을 느끼는 나 자신이 부끄러워 애써 감추었다.

우리는 한눈 팔지 않고 열심히 공부했고 서울에 있는 대학교에 나란히 입학했다. 물론 그녀는 나보다 더 좋은 성적을 냈고, 역시나 공부 잘하는 자신을 뽐내며 나의 부러움을 사게 했다. 그녀는 항상 뒤처진 나를 응원해 주었지만, 어설프게 다가왔다.

그녀에 대한 열등감이 나를 자극해 질투심이 폭발하려고 하면, 나는 가면을 꺼내 쓰고 감정을 잠재우곤 했다. 그로 인해 관계에 금이 가는 일은 없었고 많은 세월, 그녀와 함께 유속을 건디며 항해했다. 학교를 졸업하고 결혼을 했으며 아이도 낳았다.

아이들 나이가 서로 비슷해 여기저기 구경도 다니고 많이 어울려 놀왔다. 그럴 때마다 그녀는 교육에 열성적인 모습을 보였다. 아이들이 때가 되면 으레 공부를 할 거라고 믿는 나에게 훈수를 두기도 했다.

그녀의 아이들은 그녀처럼 공부를 잘했고 어느 날 아들이 S대에 합격했다는 소식을 전해왔다. 공부 발동이 늦게 걸린 우리 아들이 좋지 못한 성적표를 받아 재수를 결심했던 때였다. 그녀는 나의 상황에는 아랑곳없이 격하게 떨리는 목소리로 환호했다. 그녀의 목소리에 잠시 동안 내 마음이 갈대밭에 든 것처럼 일렁거렸다. 하지만 격정적인 바람에 들뜨던 질투심은 차츰 바람이 잦아들면서 잔잔해졌다. 그리고 축하해주었다.

그 이듬해 그녀의 딸도 K대에 합격했다. 공부에 뜻이 없었던 우리 딸이 막판에 철이 들어 때늦은 도전을 했지만, 역시나 저조한 성적으로 재수를 하기로 했던 때였다. 요란스레 합격 세레머니를 하는 그녀가 눈치 없어 보였지만 이번에도 축하해 주었다.

그녀는 자랑스럽게도 두 아이를 모두 최고 명문대에 입학시켰고 그녀의 카톡 프로필 사진은 S대 입학식 사진으로 교체되었다. 그 사진을 볼 때마다 속이 끓었다. 그녀는 학창시절 나보다 공부를 잘했고 지금은 그녀의 아이들이 모두 명문대에 입성했다는 사실에 참을 수 없는 질투심이 생겼다. 단순한 엄부럭이 아니라 질투의 화신이 창을 들고 전쟁터에 나갈 기세였다.

그녀가 전화를 걸어올 때마다 나의 질투심이 노골적으로 보일까 봐 아이들 이야기는 일부러 피했다. 그러다 점점 그녀의 전화를 따돌리게 되었다. 그녀는 무슨 일이 있냐고 물어 왔지만, 나는 그 말에도 응답하지 않았다. 그녀가 곁에서 사라져 주기를 바랐다.

그림책 『새빨간 질투』에 나오는 빨강을 맞닥뜨린 순간, 마치 나를 보는 것 같아 멈칫했다. 크리스마스 때가 되어 온 세상이 빨강으로 뒤덮이자, 빨강은 스타가 된 기분이었다. 하지만 올봄은 파랑색이 유행할 거라는 소식을 듣고, 빨강은 파랑을 부정하고 싶었다. 파랑이 점점 세상을 채우자 빨강의 질투심은 폭발했고 파랑을 지우기 시작했다. 하지만 지우면 지울수록 온 사방은 파랑으로 들어찼고, 사람들은 빨강이 사라지기를 바랐다. 빨강은 자신의 고운 빛깔이 퇴색되고 아예 자신마저 없어질까 봐 두려움에 눈물을 흘렸다. 그 눈물은 파랑이었고 자기가 원하는 것마저 지우려고 하는 것은 아닌지 생각하게 되었다. 결국 빨강은 주위를 찬찬히 살펴보고 빨강의 뜨거움에 파랑의 차가움이 더해져 서로 적당한 온도가 된다는 것을 깨달았다. 빨강은 파랑을 껴안고 더 눈부시게 빛을 냈다.

이 그림책을 읽으며 그녀에 대한 질투심을 수용할 수 없었던 나를 발견했다. 질투심을 부정적인 감정이라 여겨 꾹꾹 누르려고만 했다. 빨강이 파랑을 수용하지 않고 지우려고만 했던 것처럼, 나도 그녀를 내 곁에서 없애려고 했다. 게다가 질투심을 인정하기 싫어 '눈치가 없고 무디다.' '배려심 없고 이기적이다.' 등 그녀를 도려낸 합리적 이유들을 찾아내느라 내 자신을 속였다. 또 질투심 이면에 있는 나의 욕구를 탐색할 기회를 갖지 못했다. 학창시절부터 나는 공부 잘하는 사람으로 인정받고 싶었고, 나보다 공부 잘하는 그녀가 부러웠다. 게다가 그녀의 아이들까지 나의 아이들보다 더 공부를 잘하는 모습을 보고 숨겨왔던 질투가 원망과 미움으로 자랐다. 빨강이 파랑을 없애다 보니 점점 자신만의 고운 색을 잃은 것처럼 말이다.

심리학자 일자 샌드는 "질투를 느끼지 않기를 원한다면 내가 원하는 것을 얻어야 한다. 그것이 불가능할 경우에는 단호히 포기하고 철저히 애도하고 성취할 수 있는 다른 목표를 설정해야 한다"고 했다.

나는 그녀와 끊임없이 비교하면서 스스로를 괴롭혔다. 내가 할 수 있는 것을 찾아 성취감을 느끼고 인정받아야 한다는 것을 미처 깨닫지 못했다.

파랑을 부정하기만 했던 빨강이 스스로를 돌아보게 된 것은 나에게 큰 의미가 있었다. 그녀에 대한 나의 감정을 살펴볼 시간이 필요하다는 것을 깨달았기 때문이었다. 그리고 서로의 존재에 대해 의미를 재부여했다. 그녀는 붉은색, 나는 초록색, 보색으로 존재해도 두 색은 서로 해가 되는 것이 아니라 보완해주면서 오히려 선명해진다는 것을.

그녀와 단절된 시간이 꽤 길다. 그녀가 내 곁에서 사라진 지 꽤 오래다. 하지만 그녀가 내 곁으로 돌아올 수 있게 하는 건 나의 몫이다. 질투를 제대로 초대해 내 안에서 잔치를 베푼다면, 그녀를 다시 맞이할 수 있을 것이다. 내가 혼란한 감정을 수습하는 동안 그녀 또한 번민에 빠졌을 것이다. 이제는 이것저것 눈치 볼 것 없이 나의 질투를 고백해 끝갈망을 하려고 한다.

그녀에게 다가가 아느작대며 말 건네고 싶다. 봄이라고. 목련은 이제 곧 입을 열어 만개할 것이라고. 그때 우리도 활짝 피자고.

죄책감

놓아주다

 냉동실 서랍 한쪽에 꽁꽁 얼어붙은 생선 덩어리가 있다. 수분 한 톨 없이 다 증발돼 버린 생선은 이제 고기로서 구실을 하지 못한다. 생선 눈알은 흔적도 없고 살갗은 본디 제 색이 아니라 누렇게 떠버렸다. 하얗게 성에를 뒤집어쓴 생선은 이제 생선이 아니다. 버려야 하는데 아직 버릴 수가 없다. 친정어머니가 돌아가시기 전, 마지막으로 보내 주셨던 유물같은 생선이 3년째 버티고 있다.

 친정어머니는 객지에 사는 막내딸이 안타까워 사시사철 먹을 것을 끊임없이 대주시곤 하셨다. 고향 제주에서 나는 식재료가 최고라며 어머니는 육지 음식 먹는 것을 저어하셨다.
 봄철이면 어린 고사리순을 캐서 꼬들꼬들 잘 말려 부쳐주셨고, 여름이면 입맛 돋우라고 마늘장아찌를 자박자박 담가 보내주셨다. 가을이면 물오른 갈치나 고등어를 신선하게 공수해 주셨고, 겨울이면 젓갈 향 진한 김장 김치를 한 통씩 올려주셨다. 바지런한 분이시라 손 놓을 틈 없이 해대시는 게 '반찬 화수분'이 따로 없었다. 어머니가 해주신 반찬을 냉장고에 쟁여두고 있노라면, 세상 부러울 게 없는 거부가 된 듯했다.

사실 친정어머니는 돌이 갓 지난 나를 떼어놓고 돈벌이를 다니셨기에 나에게 밥사랑을 베풀 일은 없었다. 여느 집에서처럼 밥때가 되면 어머니가 밥을 지어놓고 아이들을 부르는 일은 없었다. 어머니가 차려준 밥상에서 달그락달그락 그릇을 닥뜨리며 밥을 먹게 된 것은 내 나이가 적어도 스물은 넘었을 때였다. 그래서였는지 어머니는 자식에게 밥에 대한 책무가 있었던 모양이었다.

20여 년 객지 생활을 청산하고 고향으로 돌아온 어머니는 집 한 채를 마련하시고 반질반질 윤기나게 집안 살림을 단도리하셨다. 집을 장만한 선물로 식탁을 하나 사드렸는데, 옥색에 철제 다리를 한, 참 옹색하고 촌스러운 것이었다. 그래도 어머니는 그 식탁을 그렇게나 소중하게 닦으셨다.

나는 좋았다. 어머니가 제때 정갈하게 차려주시는 집밥은 그야말로 밥심이었다. 어머니의 밥상이 있어서, 어머니의 텃밭이 있어서, 어머니의 몸뻬바지가 있어서 그 집은 나에게 지상 낙원이었.

어둑어둑한 골목길에 접어들었을 때 저만치서 보이는 우리 집 노란 등불이 나에겐 마치 청사초롱 같았다. 그 불빛 속에는 어렸을 때 들었던 재미있고 구수한 옛이야기가 담겨 있을 것 같아, 우리 집이

참 좋았다.

그런데 어느 날, 어머니가 그 집의 문서를 오빠에게 건네줬다는 소식이 들렸다. 언니와 나에게는 한마디 말도 없이 그냥 홀라당 넘겨 버렸다. 화가 났다. 그 집에 대한 내 애정의 크기를 어머니는 알 도리가 없었겠지만, 그곳은 나의 이십 대와 삼십 대가 꿈틀댔던 가장 현란했던 공간이었다. 그곳에서 나는 직장을 다니면서 악바리처럼 살아냈고, 삶이라는 빈 도면에 내일의 풍경을 채워 넣으며 행복해했다. 그런데 들녘에 핀 붉은 백일홍처럼 길고도 강렬했던 회억들이 준비도 없이 다른 이의 꽃밭으로 이식되어 버린 느낌이 들었다.

어머니에게 전화를 걸어 다짜고짜 따져 물었다.

"어머니, 딸들은 자식이 아니죠? 한마디 상의도 없이 그런 결정을 하신 건 저희는 안중에도 없다는 말씀이시죠!"

"그게 아니라, 자꾸 깜빡깜빡 잊어버려서. 집문서도 잊어버릴까 봐 그랬다."

"그건 핑계예요. 말도 안 되는 소리 하지 마세요."

"그래. 사실 네 오라비가 생활비 보태주고, 때맞춰 가전제품 바꿔주고 집수리도 해주고. 그동안 많이 도와줬다. 그래서 빚을 갚고 싶었다."

나도 하고 싶은 말을 모조리 쏟아부었다. 분하고, 억울하고, 아깝고. 그래서 제동장치가 고장 나 속도를 조절할 수 없는 자동차처럼 질주했다.

몹시 모질게 군 나의 언사에도 불구하고 어머니는 여전히 '반찬 수행'을 하셨다. 때마침 김장철이라 김치를 담가 보내주셨는데, 김칫국

물이 흘러 냉동 상자가 엉망이 되었다. 김치 잘 받았느냐는 어머니의 전화에 악다구니를 썼다.

"김치 보내지 마세요. 국물이 다 흘렀어요. 먹을 사람도 없어요."

"두었다가 푹 쉬면 김치찌개라도 해 먹으면 되지."

어머니는 늘 하셨던 대로 내리 이것저것 더 챙겨서 보내주셨다. 그 반찬이 냉장고를 채울 때마다 어머니에 대한 분노도 커졌다. 그래서 먹기 싫었다. 몇 개월씩 냉장고 깊은 구석에 처박아 놓았다가 음식물 쓰레기로 버려지기도 했다.

아직 분이 사그라들지 않았던 어느 일요일 오후, 언니로부터 어머니의 부음을 들었다. 아버지가 낮잠을 주무시는 동안 거실에 쓰러진 어머니가 그대로 한 두 시간 방치되어 있었다고 했다. 발견했을 때는 이미 심정지 상태였고, 언니가 집에 도착했을 때는 사방을 애태우는 아버지의 울부짖음만이 가득했었다고 했다.

그 누구도 지켜주지 못한 죽음. 어머니의 죽음이 나와 무관하지 않다는 죄책감에 사로잡혔다. 내가 꼬인 마음의 실타래를 미리 풀었더라면 어머니가 그렇게 황망하게 돌아가시지는 않았을 것이라는 죄책감이 지축을 흔들었다.

어머니의 죽음을 면전에 두고서야 제멋대로 날뛰었던 나의 모습이 떠올랐다. 자식으로서의 입장을 주야장천 주장하면서 어머니의 답은 외면하려고 했던 나 자신이 용서되지 않았다. 가난한 삶을 살면서 아들의 도움을 받아야 했던 구차함을 내보이려 하지 않았던 어머니만의 은어를 해석하려 들지 않았다는 자괴감이 나를 힘들게 했다.

『괴물이 나타났어요』는 그동안 나의 사지를 옭아맸던 죄책감의 포승줄에서 벗어날 수 있게 해준 그림책이다. 주인공 알폰스가 죄책감을 떨쳐 버린 장면을 보면서 한결 가벼워진 마음에 나도 따라 웃었다.

알폰스는 새로 산 공으로 축구를 하다가 멋진 슛을 날렸다. 그런데 멀리 찬 공이 어디로 갔는지 찾을 수 없게 되자, 볼보이 꼬마를 다그쳤다. 새 공을 가지려고 숨긴 게 아니냐며 주먹을 휘둘렀고, 꼬마는 코피를 흘리며 집으로 갔다.

그날 밤 이후 괴물이 나타나 알폰스를 괴롭혔다. 알폰스는 볼보이 꼬마가 죽은 것은 아닌지 걱정이 됐고 갈수록 걱정은 커져만 갔다. 꼬마를 찾으려고 이곳저곳 누벼 다녀도 찾을 수 없었다. 그러다가 우연히 꼬마를 만나게 되었고, 알폰스는 자신이 가장 아끼는 장난감 자동차를 건네주었다. 그러고는 밤마다 나타나는 괴물에게서 풀려날 수 있었다.

알폰스가 볼보이를 때리고 난 이후 괴물에게 시달린 것처럼, 나 또한 내 안에 도사렸던 괴물 때문에 힘들었다. 알폰스가 걱정과 죄책감으로 밤잠을 이루지 못한 것처럼, 나도 밤마다 궁싯거려야 했다. 괴물의 형상이 갈수록 커져 내 몸뚱아리를 전부 삼켜버릴 것만 같아 두려웠다. 자다가 가위에 눌려 오도카니 일어나 앉으면, 어머니가 얼마나 고통스러웠을지 가슴패기가 문틈에 낀 손가락처럼 아프게 조여왔다.

하지만 알폰스가 꼬마를 위해 아끼는 장난감을 건넨 것처럼, 나도 알폰스의 비책을 전수받았다. 어머니께 지금의 내 마음을 고스란히 전달하는 것이었다. 그리고 자책감으로 구속받던 멍에를 풀고 나를 용서하기로 했다.

덴마크 심리학자 일자 샌드는『자신에게 너무 가혹한 당신에게』에서 '어떤 일이 자신의 잘못이라는 것을 알고, 진심으로 미안한 마음을 표현하는 것만으로도 충분하다.'고 말했다.

어머니는 분명 뒤늦은 사과를 받아들이시고 용서하실 것이다. 어머니의 가슴에 꽂혔던 날카로운 가시들을 하나하나 뽑아 드렸다. 그 상흔들을 어루만지면서 용서와 구애의 글을 남겼다.

어머니 한때는 많이 원망했습니다. "당신이 내게 어머니로서 자격이 있느냐"고 따져 묻기도 했죠. 당신은 우셨고, 그런 모습에 저는 일말의 미안함도 없었습니다. 할 말을 했다는 당당함으로 오히려 묵은 찌꺼기를 배출해 낸 듯한 시원함으로 짜릿했습니다.

하지만 "너도 살아봐라. 내 마음을 꺼내 보일 수도 없고……."라고 했던 당신의 말씀을 이제야 깨닫게 되었습니다. 늦게 철이 든 저에게 "됐다. 괜찮다."라고 말씀해주세요. 당신의 용서가 저에 대한 사랑이라는 것을 잘 압니다. 이승에서도 당신의 사랑을 가슴이 덥도록 껴안겠습니다.

냉동고 속의 생선 덩어리를 아직도 버리지 못한 데는 여러 함의가 있다. 어머니의 마지막 체취, 어머니에 대한 미안함, 어머니에 대한 갈구가 그 속에 남아있다. 하지만 그것을 냉동고에 계속 둘 수는 없을 것이다. 대신에 어머니를 향한 마음을 냉동고가 아닌 내 심장 복판에 넣어두고 늘 따뜻하게 데우려고 한다. 그러면 어머니도 천국에서 '좋아라' 웃으시겠지.

불안

숨고르다

　오래된 빗장 부엌 문 틈새로 어둠이 비집고 들어오고 있었다. 어둠으로 번져가는 부엌 흙바닥 위의 세간들은 어둠을 알아챘는지 몸을 가누고 있었고, 달랑거리는 백열등은 기지개를 켜고 있었다. 백열등의 까만 손잡이를 딸깍 돌리자, 어둠이 쉬이익 눈먼 고팡 속으로 흩어지고 있었다.
　아궁이 안에서는 타닥타닥 불타오르는 소리가 들렸고, 부뚜막에 올라앉은 까만 가마솥에서는 밥물이 눈물처럼 줄줄 흘러내렸다. 불 앞에 앉은 예닐곱 살 먹은 나는 부지깽이로 아궁이를 헤집고 있었다.
　세상살이가 녹록지 않아 당신 몸 하나 제대로 간수하지 못했던 할머니는 배가 계속 부풀어 오르는 병을 방치하다가 결국 육지 큰 병원으로 실려 갔고, 혼자 남은 내가 밥을 짓고 있었다. 검불들은 화르륵 불을 일으키며 아궁이 밖으로 쏟아져 나왔고, 덩달아 불안감은 화마가 되어 일렁거렸다. 불안감이 확 끼쳐 몸을 떨었다.

'할머니가 죽으면 나는 누구랑 살아가지?'

가마솥 뚜껑 사이로 밥 익는 냄새가 더해질수록 할머니가 죽어서 묻힐 깊은 구덩이 속이 떠올랐다. 나는 구덩이 밖에 있는데 할머니는 헤아릴 수 없을 만큼 깊은 땅바닥 구천에 누워있었다. 애가 녹도록 불러봐도 소용이 없고, 사방은 망자를 데리러 온 저승사자의 검은 기운만 가득했다. 몇 날 며칠을 불안에 떨며 제발 할머니가 돌아오게 해달라고 기도했다. 다행히 할머니는 구사일생으로 돌아왔고, 나는 바투 쉬었던 한숨을 돌릴 수 있었다. 하지만 혼자 남겨질 것 같은 불안의 구덩이를 늘 가슴에 안은 채 지내야 했다.

그 구덩이는 가슴 밑바닥에 있다가 누군가를 만나고 이별할 때가 되면 소용돌이를 일으키며 사정없이 나에게 본색을 드러내곤 했다. 내 기억 속 가장 아픈 이별 앓이는 까마득하지만 초등학교 4학년 때였다.

그때 나는 이유도 모른 채 할머니 손에 이끌려 도회지에 있는 학교로 전학을 했다. 낯선 공기 속에서 잔뜩 움츠러든 나는 날갯짓이 서툰 작은 새처럼 겨우 파닥거리며 교실 안으로 들어섰다. 선생님은 "전학생이다. 사이좋게 지내라"며 나를 짧게 소개시킨 후 앉을 자리를 정해주셨다.

자리에는 앉았지만 부끄러워서 짝꿍 얼굴을 쳐다보지 못했다. 한참을 그러다가 우연히 눈이 마주치게 되었는데, 그 애가 먼저 자기 이름은 '양미진'이라고 했다. 밝은 갈색 머리카락에 찰랑거리는 참깨 머릿결을 가진 미진이는 은테 안경을 꼈고 얼굴이 주먹만 했다. 시골뜨기 나와는 전혀 다른 외모였고 귀티가 났다. 그런 미진이가 부러웠고 왠지 좋았다.

미진이네 집은 우리집에서 조금 떨어진 곳에 있었는데 날마다 미진이네 집 앞에서 기다렸다가 같이 등교를 했다. 화장실에 갈 때, 점심밥을 먹을 때도 미진이 옆에 있었고 숙제도 같이하고 함께 놀러 다녔다.

미진이는 나에게 특별한 존재였다. 누군가의 관심을 한껏 받지 못했던 나에게 미진이의 관심은 기쁨이자 위로였다. 맨날 품을 팔러 다니시느라 바쁜 할머니를 대신해 많은 시간을 함께 해주었다.

하지만 5학년으로 올라가게 되면서 미진이와 나는 다른 반이 되었다. 반 배정 소식을 듣고 내 안의 풍경은 순식간에 무너져 내리고 말았다. 미진이가 우리 반에 없다는 것이 못 견디도록 슬펐다. 하지만 미진이는 금방 다른 친구들을 사귀었고 나를 잊은 듯했다. 복도에서 만나면 손을 흔들며 웃어주었지만, 내 속은 비가 내리듯 젖어 들어갔다. 나는 미진이를 잃을까 봐 불안했고 자꾸 찾아 다녔다. 미진이는 그런 나를 점점 멀리했다.

그 이후 나는 기댈 친구도 잃었고 말도 잃었다. 그 누구와도 말이라는 다리를 놓지 않았다. 학교에 갔다가도 그냥 되돌아오기 일쑤였고 공부에도 손을 놓고 말았다. 그런 나에게 아무도 어떤 아픔이 있는지 묻지 않았다. 나는 속이 빈 나무처럼, 위태롭게 흔들거리고 있었다.

무언가 빠져나간 자리에 생긴 구멍은 시간과 함께 조금씩 커져 갔고, 갈수록 커진 구멍 속에서 만난 것은 다름 아닌 '구덩이'였다. 그 구덩이 옆에는 어린 시절의 내가 할머니를 기다리며 불안에 떨고 있었고 울부짖고 있었다.

할머니는 떠나면서 내게 다시 돌아온다는 약속을 해준 적이 없었다. 그 누구도 내 곁을 지켜준다고 다짐해준 적이 없었다. 나에게 할머니는 모든 것이었는데 그런 존재가 사라진다는 것은 이 세상 전부를 잃는 것이었다.

프로이드가 '어머니와 유아의 격리에서 느끼는 분리 불안이 불안의 원천'이라고 했듯이 나는 양육자인 할머니로부터 느낀 분리 불안이 깊은 불안감의 뿌리가 되었다.

미진이에 대한 아픈 감정은 꽤 오래 지속되었다. 나는 어린 내가 겪었던 상실감에 대해 스스로에게 털어놓아야 했다. 친구를 잃을까 봐, 혼자 남겨질까 봐 불안했던 나에게 거울을 내밀어 주었다. 거울 속의 나는 그제서야 나를 포근히 감싸며 달래주었다.

그림책 『우리는 언제나 다시 만나』는 불안했던 내 마음을 따뜻하게 어루만져 주는 약손이 되어주었다.

엄마는 처음으로 하룻밤을 따로 보낸 아이를 기다리면서 아이의 어린 시절을 떠올렸다. 엄마는 잠이 든 아기가 잘못될까 봐 쉽게 아기 곁을 떠나지 못했고, 아이는 잠시라도 엄마와 떨어지는 게 불안해 울었다. 하지만 아기는 '까꿍놀이'를 하면서 엄마가 잠시 보이지 않더라도 금방 다시 돌아온다는 것을 조금씩 알게 되었다. 그렇게 자란 아기는 혼자서 캠프도 가게 되었고, 엄마가 보고 싶은 걸 꾹 참을 수 있게 되었다. 오랫동안 엄마를 보지 못하게 될지라도 꼭 다시 만난다는 것을 알고 있었기 때문이다. 엄마는 아이에게 말했다. 세상을 훨훨 날아다니다 힘들어 쉬고 싶을 땐 언제든 돌아오라고.

이 책을 읽으면서 '까꿍놀이'를 하지 못했던 나를 가만히 위로해주었다. 여느 아이라면 무수히 엄마와 즐겼을 놀이지만, 나는 할 수 없었다. 그래서 그림책 속 엄마가 아이에게 살다가 힘들고 지칠 땐 언제든 돌아오라고 말해줄 때 속절없이 눈물이 흘렀다.

어린 시절 엄마나 할머니가 나에게 아무 일 없이 돌아올 거라고 약속해 주었더라면 반드시 너를 지켜줄 거라고 말해주었더라면 나는 친구를 잃게 될까 봐 그토록 불안에 떨지 않았을 것이다.

그림책 『우리는 언제나 다시 만나』는 나에게 단단히 일러주었다.

'사랑하는 사람들은 늘 네 곁에 있어. 그러니까 믿어도 돼.'

한동안 나는 불안의 구덩이가 떠오를 때마다 숨이 가빠지고 가슴이 조여왔다. 하지만 이제는 괜찮다. 삶의 어귀마다 사랑하는 사람들이 함께 걸어가고 있어, 아무리 오래 떨어져 있더라도 언제나 다시 만나 웃을 수 있다는 것을 알기 때문이다.

행여 깊이 잠들었던 불안이 깨어나 낯익은 눈빛으로 나를 바라본다면, 천천히 숨을 고르면 된다. 그러면 불안은 주소지를 잘못 찾은 배달부처럼 멋쩍은 듯 서둘러 발길을 돌릴 것이다. 또 불안이 빨랫줄에 걸어놓은 옷가지들처럼 마구 펄럭거릴 때, 휩쓸리지 않고 바라보며 기다리면 된다. 바람은 잔잔해지고 온유해질 것이다.

고대 철학자 세네카는 "과거의 기억을 되살려 자신을 학대하는 사람, 오지도 않은 미래 때문에 고통받는 사람 둘 다 어리석다."라고 말했다.

　나는 과거의 기억 속 불안을 잘 견뎌냈고, 이젠 현재의 숨을 구덩이에 불어넣어 나만의 쿼렌시아를 만들려고 한다. 그곳에 나무를 심고 깊숙이 뿌리를 내리면 무성하게 성장한 나뭇잎이 바람에 사그락대는 속삭임을 느낄 것이다. 또 계절을 견뎌내는 힘든 여정 끝에 찾아온 열매의 달콤함을 맛볼 것이다. 스스로를 지켜 낸 이파리들이 펼쳐 주는 녹음 아래에서.

그림책 리스트

마리 프랑신 에베르 글, 이자벨 말앙팡 그림,
임은경 옮김,『슬픔을 꽉 안아 줘』, 걸음동무, 2013

조셉 코엘로우 글, 앨리슨 콜포이스 그림, 김세실 옮김,
『미움아, 안녕!』, 노란상상, 2023

한라경 글, 김유진 그림,『오늘 상회』, 노란상상, 2021

모리 요코 글·그림, 김영주 옮김,『혼자 집 보는 날』,
김영주 옮김, 북스토리아이, 2014

이혜란 글·그림,『우리 가족입니다』, 보림, 2005

럭키 플랫 글·그림,『저는 늑대입니다만』, 김보람 옮김,
불의여우, 2021

조아니 데가니에 글, 쥘리에트 바르바네그르 그림,
명혜권 옮김,『전나무가 되고 싶은 사과나무』,
노란돼지, 2019

조시온 글, 이소영 그림,『새빨간 질투』, 노란상상, 2023

구닐라 베리스트룀 글·그림, 김경연 옮김,
『괴물이 나타났어요』, 다봄, 2022

윤여림 글, 안녕달 그림, 『우리는 언제나 다시 만나』,
위즈덤하우스, 2017

마음의 문턱

이동현

소개글

그림책을 만나 감정을 배우고, 글을 통해 마음을 나누며, 삶을 함께 꾸려가는 남자의 아내로, 네 아이의 엄마로, 강사로 그리고 한 사람으로 성장하는 길 위에 서 있습니다.

슬픔

마음이 타다

"괜찮아! 괜찮응게 오기만 허이! 학교 안 댕겨도 돼."

갑자기 내 귓가에 50대 아버지의 목소리가 들린다. 지금 내 나이 50에 말이다.

'마음이 타다'는 것이 이런 느낌이었을까. 아버지의 마음이, 잘못된 길을 가는 게 뻔히 보이는데도 고집부리는 딸을 바라보며 어찌하지 못하는 아버지의 마음이 이런 마음이었을까.

어릴 적 아버지는 강경수 작가님의 그림책 『나의 아버지』에 나오는 아버지처럼 뭐든 다 할 수 있는 슈퍼맨 같았다. 자전거 타는 법을 알려준 것도, 연을 만들어 같이 날려본 적도, 수영하는 법을 알려준 일도 없었지만, 산골에 사는 어린 딸의 눈에는 1980년대 대도시였던 '부산에 일하러 나간 아버지'라는 것만으로도 충분히 멋졌다.

여름 휴가 때 일이다. 산골 우리 집에 돌아오셔서 주황색 가루를 산에서 막 떠온 물에 넣고 숟가락으로 휘이 저은 후 "마셔봐이! 오렌지주스여." 말씀하셨다. "오렌지주스가 뭐시당가?" 내 말이 끝나기가 바쁘게 큰 언니, 둘째 언니, 그리고 오빠, 그다음에 내 차례가 돌아왔다. '꿀꺽'. 사카린 넣은 물이 제일 맛난 줄 알았는데 표현할 수 없는 신기한 맛이었다. 하마터면 동생이 마실 주스도 목에 꿀꺽 넘길 뻔했다. 입 주위에 혀를 낼름거리며 혹시 동생이 남겼나 양푼이 그릇을 살펴 보았다. 물론 그릇은 깔끔히 비어 있었다.

아버지는 부산의 큰 조선소에서 일하셨다. 물론 어린 나는 아버지가 그 곳에서 무슨 일을 하셨는지 몰랐지만, 몸을 쓰는 험한 일을 하셨다고 나중에 들었다. 몇 년을 그렇게 기러기 생활을 하시며, 우리 일곱 식구가 살 방 두 칸짜리 자그마한 전세방을 구하셨다. 그곳은 캄캄한 밤에도 산골 밤하늘을 밝혔던 별들보다 더 화려한 도시의 네온 사인이 훤히 내려다 보이는 지대가 조금 높은 마을이었다. 덕분에 잠이 오지 않는 더운 여름밤에는 동생과 함께 도시의 빨간 교회 십자가를 세며 잠들기도 했다. 나는 그렇게 자랐고, 아버지와 어머니도 바쁜 도시생활을 하며 특별히 슬픈 추억도, 특별히 기억나는 아름다운 추억도 남길 여유 없이 각자의 삶을 그렇게 열심히 살아내고 있었다. 나는 부모님이 신경 쓰지 않아도 나름대로 공부도, 집안일도 도우며 잘 살아왔다고 생각했다. 단지, 고등학교 시절 쓰나미처럼 몰려온 내면의 혼란으로 학교를 그만두며 잠깐 방황한 것 외에는 그래도 착한 딸이라 스스로 생각했다. 얼마 전까지는 그런 줄 알았다.

마음이 탄다. 시커멓게 타 들어간다.

"아니, 내가 학교를 안 다녀요? 학원 숙제를 안 해요? 할 거 다 하고 쉬는 시간에 핸드폰 게임 하면서 쉬는데 왜 그걸 가지고 뭐라 하시냐구요!"

무슨 말만 하면 다박다박 말대꾸하는 아들이 분명 내 아들이 맞는데, 때로는 내 아들이 아니었음 싶게 너무 밉다. 특별히 잘해 준 것도 없는데, 사춘기를 잘 넘어간 아들을 내심 자랑스러워했다. 그런데 웬걸, 고등학교에 들어가자 '핸드폰 시간을 왜 부모가 정해야 하냐', '자유의지를 왜 자꾸 간섭하냐'는 등 남편과 나를 외계인 취급하듯 했다. 여기서 멈췄어야 했다. 남편에게, 엄마를 무시하는 아들을 야단처 달라고 부탁하는 게 아니었다.

가뜩이나 말주변 없는 남편이 아들을 참교육한다며 나서더니 내가 끼어들지도 못하게 3차대전이 일어나 버렸다. 무엇이 원인인지 찾을 수도 없게 꼬이고 또 꼬이고 뒤틀리고 또 뒤틀려 그날 밤 결국 남편과 나, 아들, 모두 울어버렸다. 아들에게 어른으로서 부족했던 내 모습이 속상했고, 아들의 맘속에 담고 있던 어릴 때부터의 상처를 쏟아내는 모습을 받아들이는 게 많이 아팠다.

내 연약함을 마주하는 게 이렇게 아픈지, 그제서야 생각이 났다. 크게 받은 것 없이 잘 자라왔다고 생각했던 오만하기 그지 없는 나! 부모님에게 특히 아버지에게 얼마나 큰 실망과 아픔을 감당하게 했는지 그제서야 생각이 났다. 생생하게 그리고 처절하게 시커멓게 타 들어가는 마음을 느끼며 영화처럼 그때의 장면이 눈 앞에 펼쳐졌다.

푸른 빛 공중전화 부스 안에서 울먹이며 누군가와 통화하는 18살 소녀와 집을 나간 딸의 전화를 애타게 기다리는 중년의 남자, 전화 벨 소리가 울리자마자 행여 딸이 전화를 끊을까 "괜찮아, 괜찮응게 오기만 혀이! 학교 안 댕겨도 돼."를 외치는 아버지.

뒷모습만 보인다. 아버지의 뒷모습만 보인다. 전화를 끊고 딸을 기다렸을 아버지의 뒷모습만 보인다.

다음 날 딸이 다니던 고등학교를 직접 찾아가 자퇴서를 내고 돌아온 아버지의 마음이 그제서야 느껴진다. 딸이 돌아오기만을 바라며 수치도 참아내며 딸의 앞날에 대한 걱정도 미루며 '내가 이걸 바라며 온몸 부서져라 조선소에서 칼바람 맞아가며 일했던가' 아버지의 신세 한탄도 뒤로 한 채, 딸이 다니던 학교에 자퇴서를 내고 고개를 떨구며 돌아왔을 아버지의 마음이 보인다.

다음 날 돌아와 아무 일 없었다는 듯 일상을 살아가는 열여덟 살 딸의 모습을 보며 아버지는 어떤 마음이셨을까. 그러고 보니 아버지의 마음을 아들과의 전쟁 이후에서야 궁금해했다는 걸 알게 되었다. 그리고 마음이 타버린, 시커멓게 타버린 아버지에게 사과 한마디 하지 않았다는 사실을 30년이 지나서야 알게 되었다. 나는 몰랐다. 정말 몰랐다. 그리고 알게 되었다. 내가 얼마나 이기적인지, 내 감정에도 심지어 다른 사람의 감정에도 관심이 없었다는 것을 알게 되었다. 그리고 이런 나도 공감받고 살았던 기억도, 내 감정에 대한 관심을 받았던 기억도 없었다는 것을 알게 되었다.

내 나이 서른셋, 아버지 나이 예순하고도 아홉.

동생에게서 연락이 왔다. 아버지가 폐암이라고. 그런데 시간이 얼마 안 남은 것 같다고.

일을 마치자마자 공중전화로 달려갔다.

"여보세요?"

"아버지. 사. 랑. 해. 요."

"어, 어, 어. 나도 사랑해."

33년 만에 아버지에게 처음으로 해보았다. '사랑해요'라는 말을, 그리고 처음으로 들어보았다. '나도 사랑해'라는 말을, 그리고 그해 벚꽃이 피는 유난히 따뜻했던 봄날 오후, 이 세상의 소풍을 마치고 돌아가시는 날에도 '사랑해'라는 말을 주고받으며 돌아가셨다.

그때 알았더라면 얼마나 좋았을까?

내가 아버지에게 얼마나 큰 슬픔을 주었는지 알았더라면 얼마나 좋았을까? 그럼 내가 너무너무 잘못했다고, 내가 왜 그랬는지 모르겠다며 변명도 하고 그랬을 텐데. 돌아가시기 전에라도 알았더라면 얼마나 좋았을까?

어쩌면 아버지는 그때의 일을 다 잊으셨을까? 혹시, 혹시라도 가난한 아버지가 자식들에게 못 해준 것만 기억이 나서 못내 미안해만 하셨을까? 그래서 '미안하다. 미안하다. 미안하다.' 이 말을 자주 했던 걸까?

어쩌면 내가 우리 아이들에게 미안해하는 이 마음이 아버지의 마음일까?

마음이 탄다.

어릴 적 처음 먹어본, 가루로 만든 오렌지주스가 너무 맛있었다며 인사 못한 것이 생각이 나서 마음이 탄다.

'아버지, 학교에 가기 힘드셨을 텐데, 제 마음 알아주시고 대신 가 주서서 감사합니다.' 이 말을 전하지 못한 것이 마음에 걸려 마음이 탄다.

열여덟 철없던 딸이 아버지에 대한 미안함에 마음이 탄다.

미움

밉다

그날은 우리 가족의 소풍날이었다.

열 살 아들, 여덟 살 딸, 여섯 살 아들, 그리고 내 품에 안긴 두 살배기 막내아들과, 날 큰 딸이라 부르는 남편과 함께 봄날 따사로운 햇살의 행복을 느끼며 뒷산을 오르고 있었다. 아이들은 세상을 다 가진 듯 신이나 있었고 모두가 들떠 있었다.

남편과 나의 시선이 큰아이에게 머무르기 전까지는 말이다.

"아가, 니 왜 그냐? 머 헌다고 음! 음! 음! 이상한 소리를 자꾸 내냐? 저거 이상헌 거 아녀? 참말로 그 소리 좀 내지 말랑게!"

초등학교 3학년 즈음, 휴일에 온 가족이 함께 TV를 보고 있었다. 갑자기 엄마가 나에게 걱정 반 역정 반으로 말씀하시기 전까지는, 난 내가 음. 음. 음. 소리를 내는지 알지 못했다. 특별한 이유도 없이 그 소리는 한동안 계속되었다. 안 하려고 하면 답답해서 꽉 찬 풍선처럼 터질 것 같아 엄마 몰래 음 음 음 작은 소리로라도 내야 살 것 같았다. 그리고 그 소리는 처음 찾아올 때처럼 인사도 없이 사라졌다. 언제, 왜 사라졌는지도 모르게 말이다.

"여보, 보고 있어요?"

"응, 왜 그런 거지?"

큰아이는 머리를 흔들다 어깨를 흔들다, 그리고 손을 털며 같은 동작을 반복하고 있었다. '이거 뭐지?' 물음표를 던지며 네이버에 증상을 검색해 보니 '틱장애'라는 글이 나왔다. 어릴 적 나의 음음음 증세도 일종의 틱 증세였음을 그날 알게 되었다.

그날 저녁 남편은 큰아이에게 '몸 떠는 거 안 하면 좋아하는 만화책 시리즈로 사줄게' 하며 제안을 했다. 정말 무지한 제안이었다. 나중에 한의사인 지인에게 물어보니 의사마다 다르긴 하지만, 틱 처방 중에 본인에게 '모른 체 하기'라는 처방도 있다는 이야기를 들었다. 물론 우리 큰아이도 그 제안 이후 틱 증세는 더 심해져, 식사할 때 손을 떨어 음식이 날아다닐 때도 있었다.

아이는 한의원에서 약을 지어 먹기도 했고, 심리센터에서 상담도 받아 보았다. 심리센터에서는 증세가 심해서 다녀도 없어지지 않을 것이라 했고, 부모의 태도를 보면 아이가 강박이 생길 이유가 없을 것 같다는 말을 했다.

밉다. 전문가들도 알아차리지 못하게 한 나의 이중생활이 밉다. 아이가 심각한 틱으로 학교생활도 많이 힘들었을 텐데, 아이를 공감하고 챙겨주기보다 틱을 할 때마다 속상해하며 아이의 성향과 기질을 원망하고 남몰래 미워했던 내가 밉다.

그림책 『너 왜 울어?』의 커다랗고 매서운 엄마 손가락이라도 된 듯, 아이를 부정문과 명령문으로 대했던 내가 밉다.

난 다섯 남매 중 넷째로 태어나 별다른 관계의 어려움 없이 살아왔다. 관계의 어려움이라면 형제들과 많이 다퉜던 기억 외에 타인과의 관계에선 일부러 애쓰지 않아도 저절로 친절과 배려가 우러나오는, 절대 남에게 피해 주지 않는 그런 삶을 살았다. 그래서 신이 나에게 예쁜 심성을 주어 남편에게도 시어머니에게도 아이들에게도 천사같은 현모양처가 될 줄 알았다. 그런데, 육아를 하며 내 안에 분노가 왜 그렇게 많은지. 너무 힘들어 내 안에 선한 것이 없음에 울기를 반복하다 꺼이꺼이 10년을 보냈다.

그렇게 예고 없이 찾아온 큰아이의 심각한 틱 증세로 나의 분노와 친절은 더욱 오르락 내리락 거리고 내면의 전쟁은 정말 치열했다.

절대 낫지 않을 것처럼 증세는 심각해져 갈 때쯤, 인터넷에 '틱장애를 극복한 연예인'을 검색해보기도 여러 번, 그러던 어느 날 모 개그맨이 간증 프로그램에 나와 자신이 겪은 틱장애 이야기를 하는 거다. 듣는 내내 너무 괴로웠고 정말 인정하기 싫었다. 틱장애를 가진 개그맨의 이야기 중 부모님 이야기가 나왔는데, 어머님 이야기가 99퍼센트가 나의 모습이었다. 친구들에게 집단으로 맞아 경찰서에 가게 되었단다. 그런데 맞아서 멍이 든 자신을 안아줄 줄 알았던 어머님이 경찰서에 오시자마자 자신을 때린 녀석?들에게 다가가 미안하다며 '우리 아들이 아니었음 너희들 경찰서에 올 일도 없었을 텐데'

그리고는 자신에게 와서 야단을 치시더란다. 지나고 보니 틱장애는 병원을 데리고 다닐 게 아니라, 안아주고 사랑을 줘야 하는 거라며 이야기하는데 한 대 맞은 것 같았다.

아이가 누군가와 문제가 일어나면 묻지도 따지지도 않고 사과시키는 엄마.

아이가 무언가 부탁하면 자립심을 키워준다는 이유로 '네가 해 봐! 안 하면 안 해줄 거야!'라며 유치하게 협박하는 엄마

아이의 발달 단계와 기질과 전혀 상관없이 '제발 가만히 좀 있으면 안 되겠니? 엄마 할 일이 잔뜩 있단 말이야.' 아이와 그닥 놀아주지도 않으면서 죄책감 주는 엄마.

간증 프로그램에 나온 개그맨 어머니의 모습에서도, 그림책『너 왜 울어?』의 손가락 어머니의 모습에서도 심지어 〈금쪽이〉에 나오는 이상한 부모들의 모습 속에서도 내가 있다.

그날 이후로 아이의 틱장애가 나의 양육 태도 때문이라는 생각에 내가 미워 견딜 수 없었다. 미움이 나를 괴롭힐 때 '어머니 학교'를 알게 되었고, 마음의 평온을 찾게 되었다. 완전히 사라지지 않았지만, 아들의 틱장애도 우리만 알아챌 수 있을 정도로 많이 좋아졌다.

"난 요즘 너무 감사해! 내가 특별히 잘해 주지도 않은 것 같은데, 우리 큰아이 사춘기도 이쁘게 지나가고 오히려 더 친해졌다니까."

아이들을 자랑하지 말라고 누군가가 했던 말이 생각난다. 이런 말도 자랑이었는지 지나간 사춘기가 다시 왔는지 좋았던 생활 습관도 어린아이처럼 엉망이고 야단치면 다박다박 말대꾸하고. 자기 방 안에만 들어가 있고.

아이에 대한 염려와 미움이 아이를 잘 키우지 못했다는 죄책감이 되어 다시 나에 대한 미움이 되어감을 느끼며 기도하던 어느 날, 한 장면이 떠올랐다.

코로나19로 서로가 서로를 조심하던 어느 겨울밤, 예배를 마치고 근처 주차장으로 가던 길에 술에 취한 남루한 아저씨가 몸을 비틀거리며 옆으로 지나가신다. 아이들에게 피하라는 신호를 주고 나도 얼른 피했다. 마치 코로나19 환자라도 만난 듯 말이다. 그렇게 주차장에 다 갈 즈음 큰아이가 보이지 않았다. 내심 '또 말썽이네' 하며 교회 쪽으로 다시 걸어가는데 아이가 보였다. 그날 아이는 술에 취한 아저씨가 길에 넘어져 계시길래, 행여 위험하실까 안전한 곳으로 모셔다드리고 오느라 늦었다고 했다. 그 당시 아이는 중학생이었지만 '선한 사마리아인'으로 오버랩되어 보였다.

밉다며. 내가 너무 밉다며 다시 시작된 푸념이 기도가 되어 떠올리게 된, 그날 밤의 장면이 내 마음의 울림으로 이렇게 들리는 듯했다.

'잘 컸지? 이거면 충분해. 더 이상 미워하지 마. 그리고 이제 애쓰지 않아도 돼. 충분해.'

그렇다. 너무 잘 컸다. 이거면 충분하다.

그랬다. 염려가 원망이 되고 원망이 나에 대한 미움이 되고 그 미움으로 시작된 나의 탄식이 다시 자유함으로 다가온다.

그리고 나도 잘 컸다.

외로움

멀어지다

"그래, 엄마 다 왔어, 조금만 기다려, 어! 자, 잠시만, 뭐지? 일단 끊어!"

밤 운전에 피곤해서일까, 내가 잘못 본 걸까? 점점 가까워질수록 내 눈을 의심했다.

검은 옷을 입은 남자가 도로 한가운데 축 늘어져 누워있었다. 그리고 근처에는 지나가던 행인이었는지 핸드폰으로 뭘 하는 것 같더니 나에게 "경찰에 신고했으니 곧 경찰이 올 거예요. 반대 차선으로 가세요." 하는 거다.

'아, 다행이다. 사고가 난 건 아닌가 보네. 일단 반대 차선이라고 했지?' 난 친절한 행인의 말대로 도로에 누워있는 남자를 피해 반대 차선으로 조심스레 핸들을 틀며 가고 있었다. 그런데, 갑자기 축 늘어져 있던 남자가 누워있는 채로 데굴데굴 돌며 내 차를 향해 돌진해

오고 있었다. 그러다 저만치 보였던 남자의 모습이 보이지 않았다.

"저, 저, 저, 저! 와이라노, 우야꼬!"

"경찰은 언제 오노? 참말로."

언제 모였는지 사람들의 비명 섞인 소리가 들렸다. 혹시 내 차에 부딪힌 건 아닌지 불안해하며 차를 멈추고 내렸다. 다행이다. 남자는 누워있었고 다친 흔적은 없었다. 안전한 곳으로 이동시켜 드려야 할 텐데, 어떻게 해야 하나 고민하던 순간, 젊은 남자분이 그 남자를 부축해 인도로 눕혔다.

'도대체 그 남자는 왜 그 시간에, 그것도 도로 한복판에 누워있었던 걸까? 왜 내가 피해 가려 했을 때 내 차를 향해 돌진해 온 걸까? 혹시 빚을 많이 졌을까? 친구에게 배신을 당했을까? 저 남자도 나처럼 많이 외롭고, 아주 많이 아팠던 걸까? 그래서, 그곳에, 그런 모습으로, 사람들에게 자신을 알리려 했을까?'

놀란 감정 뒤 찾아오는 아픈 궁금증과 상상을 애써 끊어내며 그곳과 멀어지고 있었다.

그림책 『덩어리』를 처음 만났을 때 그 울림을 잊을 수가 없다.

'덩어리를 안고 살아가는 사람들에게'라는 글로 시작된 마음의 울림은 외로워 아파했던 '어린 나'를 안아주기에 충분한 울림이었다.

책 표지에는 가슴에 푸른 멍을 연상케 하는 덩어리를 바라보는 사람이 있다. 사람은 덩어리를 떼어 내려 하기도, 칼로 잘라 보려 하기도 하지만 애를 쓰면 쓸수록 덩어리는 온몸에 퍼져갈 뿐이다. 그런데 온몸에 퍼진 덩어리는 별 조각 모양의 눈물이 되어 쏟아져 나오고 그 눈물이 세상을 가득 메운다. 내게 비친 그 사람의 표정은 눈물을 바라보며 조금은 밝아지는 듯 다가왔다. 그리고 세상을 가득 메운 눈물 속을 헤엄쳐 다니다 자신과 닮은 사람을 만난다.

나도 만나고 싶었다.
내 안의 나를 만나는 것이 아닌, 나와 닮은 친구를 만나 실컷 놀고 싶었다.
초등학교 2학년, 산골에서 부산으로 이사 온 나는 친구가 없었다. 엄마가 사준 동화책이 나를 즐겁게 해주는 유일한 친구였다. 비가 억수로 쏟아지는 어느 날, 나는 너무 심심했을까? 갑자기 길을 잃고 싶다는 생각이 들었다. 우산도 없이 비를 맞으며 마냥 걸었다. 길을 잃고 싶어서가 이유였다. 그런 나에게 친구가 생겼다.
"쌍둥이 쌍둥이 쌍둥쌍둥 쌍둥이! 우리 우정은 영원히!"
초등학교 5학년, 전혀 닮은 구석이라곤 찾아볼 수 없는 친구와 단짝이 되었다. 얼마나 친했던지 전혀 닮지 않았음에도, 우린 쌍둥이라며 우정을 과시했다.
난 그 친구와 닮아 보이려 엄마를 졸라 꼬불꼬불 파마를 하고, 옷도 치마가 아닌 바지만 입고, 그 친구처럼 공부도 잘하고 싶어 열심히 공부도 했다.
잠자는 시간을 빼고는 늘 함께했던 우리는 6학년 같은 반이 되길 간절히 바랐다.
그러나, 서로 반이 바뀌고 그렇게 자랑했던 쌍둥이의 우정은 보이지 않았다. 복도에서 우연히 마주치기라도 하면 서로 처음부터 몰랐던 사이처럼 지나쳤다. 그때 왜 그랬는지 내 기억 속에는 이유가 없다. 나와 쌍둥이라 불리웠던 그 친구가 다른 친구들과 친하게 지내는 모습을 보며 그림책 속 『덩어리』를 바라보는 사람처럼 난 힘없이 친구를 바라보기만 했다. 처음으로 꽉 찬 즐거운 채움이었는데, 그렇게 그 즐거운 채움이 내 마음에 푸른 '멍' 덩어리처럼 박혀 버렸다. 그렇게 박힌 덩어리가 많이 아팠다. 그 당시 초등학교 6학년인 어린이에게 흰머리가 생길 만큼 말이다.

그 친구도 나도 그렇게 멀어져 갔다.

누구나 안고 살아간다는 '덩어리'.

이 덩어리는 사람마다 불리는 '이름'이 다를 것이다.

언제부터인지 정확히 알 수 없지만, 어린 내 안에 생긴 덩어리의 이름을 난 '외로움'이라 부른다.

외로움이라는 덩어리로 친구를 그리워했고 또, 사랑을 갈망했다.

그림책 『덩어리』 속 사람은 눈물로 가득 메운 세상을 끝없이 헤엄쳐 다니다 오돌오돌 눈물 흘리고 있는 누군가를 만난다. 그리고, 깊은 바닷속에서, 모래사장에서도 함께 있는 장면처럼, 난 그렇게 첫사랑을 만났다. 정말 똑같았다. 그가 나인 듯 내가 그인 듯, 매일매일이 기쁨이었다.

하지만 성숙하지 못한 첫사랑의 끝은 다시 어둡고 무거운 덩어리가 되어 나를 짓눌렀다. 아침이 오지 않기를 간절히 바라며 덩어리를 갈기갈기 찢고 끊어내려 할수록 덩어리는 내 온몸에 퍼져나가 나를 아프게 했다. 마치 그림책 속 덩어리처럼 말이다. 하지만 신이 인간에게 망각이라는 선물을 주셨듯, 내 안에 외로움의 덩어리가 점점 멀어져 추억이라는 덩어리를 선물로 남겨주었다.

딸을 데리러 가면서, 도로에 누워있던 남자의 덩어리가 보여 마음이 아팠다. 마치 이 세상을 이미 등진 사람처럼 힘없이 늘어져 누워있던 남자에게 갑자기 어디에서 그런 힘이 생긴 걸까? 내 차로 데굴데굴 돌진해 오던 남자의 덩어리가 간절한 몸부림으로 나에게 들린다.
'나 죽고 싶어요. 지금 다 끝내버릴 테니 말리지 말아요.'가 아니었다.
'내 덩어리가 너무 아파요, 도와주세요, 살려주세요.'
분명 나에게는 그렇게 들렸다.

그날 이후 마음 한켠에 남아 있던 그 장면은 얼마 전 학부모 모임에서 우연히 다시 이어졌다.
학부모 중 한 분이 그 남자의 친척이라며 조심스럽게 이야기를 꺼내셨다.
그는 어린 시절 부모를 잃고, 최근엔 실연의 아픔까지 겪으며 삶을 감당하지 못했던 시기였다고 했다. 다행히 그날 지나가던 행인이 그를 구해주었고, 지금은 매일 찾아와 함께 이야기를 나누며 다시 살아갈 힘을 얻고 있다는 소식을 전해주셨다.
어린 시절 생겨난 나의 외로움의 덩어리가, 지금은 꺼내 이야기할 수 있는 추억이 되었듯, 그 남자에게도 지금은 아플 덩어리를 토닥이고 토닥여 웃으며 꺼내 놓을 수 있는 그날이 오길 간절히 소망해 본다.

  그리고 40년 전, 억수같이 쏟아지던 비를 맞고 있던 어린 나를 꼬옥 안아주고 싶다.
  내 안의 외로움 덩어리를 어찌하지 못하고 길을 잃어버리려 헤매고 있던 나를.
  비를 맞으며 눈물을 대신했던 어린 나의 덩어리를 토닥여 주고 싶다.

두려움

불 끄다

"엄마아, 죽지 마. 아부지도 죽지 마, 큰언니도, 작은언니도, 오빠도, 나 동생도 죽으면 안돼이이이."

따뜻한 햇살이 내리쬐는 툇마루, 막 잠에서 깬 여자아이가 엉엉 울고 있었다. 무서운 꿈을 꾼 걸까? 아니면 며칠 전, 마을 감나무 집에서 죽은 젊은 청년이 상여가 아닌 들것에 실려 가던 모습을 본 탓일까? 가족들을 부르는가 싶더니 죽지 말라며 서럽게 우는 여자아이. 아이의 울음은 커져만 갔지만, 누구도 달래주지 않았다. 주위가 서서히 캄캄해지자 두려움은 절정에 이르렀다.

"어르신, 그림이 너무 이쁘죠?"
딸이 그림책 그림을 펼쳐 보이며 엄마에게 말을 건넸다.
"그러네이. 선생님, 그림이 참 이쁘네요."

엄마는 미소를 지으며 대답했다.

"이 그림 보시고 떠오르는 생각이나 추억 같은 것 있으세요?" 딸이 다시 물었다.

"어릴 때 우리 셋째딸이 떠오르네. 여섯 살인가, 일곱 살인가……. 키도 조막만 했는데, 자기도 아기면서 아기를 업고 다녔지. 글쎄 사람들이 장난친다고 '아가! 동생 업고 다니기 힘든디 나가 델고 갈게 이!' 하면 진짠 줄 알고 아기 업고 안된다고 발을 동동거리며 도망가기도 했는데."

엄마의 목소리에는 오래된 시절을 다시 만나는 반가움이 고스란히 묻어났다.

그랬다. 나 역시 그림책 『동강의 아이들』을 처음 보았을 때, 어린 시절의 내 모습이 그대로 담긴 듯한 그림에서 눈을 뗄 수 없었다. 다만 다른 점이 있다면, 난 여자아이였고 그림책 속 아이는 남자아이였다는 것뿐이었다.

아버지가 폐암으로 돌아가신 후, 혼자 남은 어머니에게 더 잘해 드리고 싶다는 생각을 수없이 했지만, 그것은 언제나 마음뿐이었다.

1년 뒤 결혼과 임신, 출산이 이어지며 내 삶은 정신없이 흘러갔고, 때때로 아이들이 나에게 대들 때면, 어린 시절 엄마에게 대들었던 내 모습이 떠올라 혼자 미안해지곤 했다. 그러나 엄마에게 어떻게 다가가야 할지, 어떤 말을 해야 할지 몰라 늘 머뭇거렸다.

고민 끝에 선택한 엄마와의 소통 방법은 바로 '어르신 그림책 놀이터' 수업이었다. 그렇게 엄마를 '어르신'이라 부르고, 나는 '선생님'이 되어 일주일에 한 번, 한두 시간씩 그림책으로 마음을 나누기 시작했다.

"어머, 이 그림책 보며 어르신 딸이 생각나셨다니 정말 놀랍네요. 저도 이 그림책 보면서 어르신 생각이 났거든요."

나는 그림책의 한 장면 한 장면을 천천히 펼쳐 보이며 말했다.

엄마는 겨울이면 산에서 나무를 주워오셔서 장에 내다 팔고, 봄이면 산나물을 캐서 장에 팔고, 그리고 장에서 필요한 물건을 사 오시곤 하셨다.

그림책『동강의 아이들』장면처럼 어린 나는 동생을 업은 채 마을회관에서 엄마를 기다리고 있었다.

"언니야, 엄마 언제 온당가?" 등에 업힌 어린 동생이 묻는다.

"좀 이따가 온다."

나는 동생을 달래듯 대답한다.

"아부지는?"

"부산에 갔잖아. 여름에 휴가 나오면 오신단다."

조금 지친 목소리로 답했다.

"언니야, 엄마 언제 온당가?"

반복되는 질문에 결국 화가 치밀었다.

"아가! 좀 이따 온당게! 힘든디 참말로 그만 물어!"

그러나 어린 동생은 엄마가 보고 싶다며 울음을 터뜨렸다. 나 역시 속으로는 엄마가 왜 오지 않을까 두려워하면서도 동생을 혼내듯 위협했다.

날은 점점 어두워지고 마을회관 앞에 놀던 아이들은 하나둘 집으로 돌아가고, 동생과 나만 마을회관 앞에서 장에 간 엄마를 기다리고 있었다. 배는 고픈데 엄마는 보이지 않고, 집으로 돌아가려니 귀신이 나온다고 소문난 감나무 집을 지나갈 엄두가 나지 않았다. 해가 있을 때는 그래도 지나갈 만한데 가로등도 없는 산골, 어둠이 깔린 밤에는 어림없었다. 그때 동생이 배고프다며 집에 가자고 보챘다.

"그먼 나 등에 찰싹 붙어 있어이, 감나무 집 지나갈 때 씨게 달릴텡게 안 떨어지게 찰싹 붙어 있어이."

나는 동생을 업고 어둠 속을 달렸다. 감나무 집 앞을 지나던 순간, 두려움에 온몸이 굳었다. 돌부리에 발이 걸려 넘어졌지만, 아픔은 느낄 겨를도 없이 동생의 손을 잡고 다시 달렸.

『동강의 아이들』 속 바위가 공룡처럼 보이던 장면처럼, 감나무 집은 분명 우리를 잡아먹으려는 귀신 같았다.

밤늦게 엄마가 오셨지만, 쓸데없이 동생 데리고 나가 다쳤다고 혼만 났다.

'엄마가 늦게 와서 미안하구나. 무섭지 않았니? 우리 언니가 동생도 잘 봐주고 다 컸네. 아이구, 아프겠다. 괜찮니?'라는 말을 해주셨다면 어땠을까? 아니, 아무 말 없이 그냥 안아주기만이라도 했다면 어땠을까? 그날 난 정말 무서웠는데 말이다.

그날 이후, 비슷한 꿈을 반복해서 꾸었다. 꿈속에서 나는 어린 시절로 돌아가, 다시 무서운 밤길을 걷고 있었다. 꿈인 줄 알면서도 깨어나지 못해 괴로워하다가, 겨우 잠에서 깼다.

그날처럼 무서운 꿈을 꾼 날은 집 안에 있는 화장실조차 혼자 가지 못해, 엄마를 화장실 문 앞에 세워두고 볼일을 보곤 했다. 물론 엄마는 집 안에서 뭐가 무섭냐며 혼냈지만, 혼나는 것보다 혼자 있는 게 더 무서웠다. 밤새 불이 꺼질까 봐 눈을 뜨다 감다를 반복하며 겨우 잠이 들곤 했다.

어쩌다 엄마가 들어오셔서 불을 끄고 가시면 어김없이 악몽을 꾸게 되고, 잠에서 깬 나는 불 끄지 말라며 비명을 지르기도 했다.

아이 넷을 낳고 나이 쉰이 된 지금도 혼자 잘 땐 불을 끄지 못한다.

어른이 되었지만, 어둠은 여전히 나에게 두려움이었다.

『동강의 아이들』을 읽어드리던 날, 나는 용기 내어 엄마에게 물었다.

"어르신, 기억나세요? 장에 가셨을 때 따님이 동생 업고 마을회관에서 기다리던 거요."

"그런 적이 있었는 갑네……. 그건 기억이 안 나는디."

엄마는 기억하지 못했다. 오래전 이야기니 당연한 일이라며 웃으며 말을 이었다.

"따님이 동생 업고, 엄마가 눈깔사탕 사오시나, 고무신 사오시나 하면서 기다렸는데, 해는 지고 어르신은 안 오셔서 무서웠대요."

"아이고, 얼매나 무서웠을까."

엄마가 어린 내 마음을 만져주듯 말했다. 나는 계속 이야기를 이어갔다.

"너무 무서워서 동생 업고 감나무 집을 지나가다 넘어졌대요. 아픈 줄도 모르고 무서워서 동생 손 꼭 잡고 집으로 달려갔대요."

엄마는 나의 손을 꼭 잡았다.

"나가 잘못했네. 그런 줄도 모르고, 시상에나……. 우리 아가, 얼매나 무서웠을까……. 화장실도 혼자 못 가는 아긴디. 나가 잘못했네……."

손을 잡으신다.

어르신이 선생님의 손을 잡고 말을 잇지 못한다.

어르신이 선생님의 등을 쓰다듬으며 '잘못했네, 잘못했네' 하신다.

그 순간, 장에서 돌아온 엄마가 오랫동안 기다리던 어린 딸의 아픈 마음을 안아주었다.

그리고 딸은 생각한다. 이제 불 끄고 자도 될 것 같다고

부끄러움

선을 넘다

"니 지금 뭐라 캤노? 눈 똑바로 뜨고 시어머니한테 머라 카노? 다시 한번 말해 봐라."

목소리에도 표정에도 힘이 빠진 어머니는 믿기지 않는 듯 다시 물어본다.

마음속에 꾹꾹 눌러 담았어야 했던 말들과 감정들, 보이지 않는 존재에게만 쏟아 냈음 좋았을 말들을 쏟아버렸다.

30대 후반에 갑작스런 사고로 남편을 떠나보낸 후, 열두 살, 열네 살 아들을 건강한 사회인으로 길러내신 어머니가 너무 존경스럽기도 했지만, 경제적으로 많이 어려운 어머니의 인생이 불쌍하기도 한 양가감정이 내 안에 있었다. 어머니에 대한 묘한 불편한 마음이 내 안에 있었음에도, 남편과 어머니를 설득해 결혼 5년 만에 한집에 살게 되었다. 어머니와 따로 살았지만, 한집에 사는 것처럼 매일 오가던 사이라 어머니를 감당할 수 있을 것이라 생각했다. 곧이어 막장 드라마에서나 나올 법한 고부간의 끝판 다툼이 생길 것이라고 전혀 생각하지 못했다.

그렇게 시어머니와 함께 산 지 한 달이 채 안 되어, 난 넘지 말았어야 했을 감정의 선을 넘고 말았다.

이미 쏟아진 물을 주워 담을 힘조차 없던 며느리는 떨리는 손을 움켜쥐었다 폈다를 반복하며 눈물만 흘린다. 아직 어린 아이들은 엄마의 치맛자락을 붙잡고 함께 운다.

"광수야!"

잠결에 들려온 어르신의 목소리가 꿈속에서 들리는 소리인 줄 알았다.

"광수야!"

꿈이 아니다.

대문 밖에서 들려온 남편의 이름을 부르는 목소리는 점점 가까워져 다세대 주택이었던 신혼집 문 앞에서 멈췄다. 설마 했던 어르신의 목소리는 시어머니의 목소리였다. 일하는 며느리가 요리할 줄 알겠냐며 반찬 몇 가지를 새벽에 전하러 오셨단다.

그렇게 시작한 시어머니 방식의 애정 표현은 새벽에도, 며느리가 근무 중인 직장에도, 시간과 장소를 가리지 않았다. 딸이 없는 시어머니는 가난한 노총각 아들이 결혼한 것보다, 딸 같은 며느리를 본다는 기쁨이 더 컸을까?

만날 때마다 어머니의 드라마틱한 인생 이야기를 들어드리고 호응

해주며, 헤어질 땐 질풍노도의 인생을 살아내신 어머니를 칭찬해 드렸다. 그리고 시어머니에게 따뜻하게 대하는 며느리인 나를 스스로 칭찬해 주었다.

　방임적 환경에서 자라온 탓인지 유달리 독립적이었던 난, 결혼 생활 두 달이 채 지나지 않아서, '딸 같은 며느리' 생활이 힘들어졌다. 어머니의 같은 이야기를 들어주는 것도, 괜찮다며 음식은 안 해주서도 된다는데도 극구 힘들게 해 오신 어머니의 반찬을 웃으며 받는 것도 더 이상 힘들어졌다. 온전한 신혼생활을 누리고 싶었고, 우리만의 울타리 안으로 누군가가 침범한 듯한 좋지 않은 묘한 감정이 내 마음을 휘감았다.

　이런 이유로 어머니를 미워하는 마음이 든다는 게 스스로에게 부끄러웠다. 더구나 며느리를 딸보다 더 딸처럼 대하시는 시어머니에게 어떻게 돌을 던질 수 있단 말인가?

　시어머니에게 최대한 상처를 주고 싶지 않은 마음에 고민고민하다 편지를 써 내려갔다. 어머니의 인생에 대한 존경하는 마음과 그동안 수고하셨으니 이제부터 자식들에게 뭐 해주시려고 하지 마시고 어머님 인생을 즐기시라는 그리고 절대로! 반찬은 신경쓰지 말아달라는 당부의 편지였다. 편지를 전해 드리며 이제 절대 선은 넘지 않으시겠지 하는 홀가분한 마음도 잠시, '선 넘지 말아 달라'는 포장된 며느리의 편지를, 어머니는 어머니의 사랑의 언어로 받아들이셨다. 무뚝뚝한 아들보다 훨씬 낫다며 함박 웃음을 지으시며 서울에 계신 아주버님에게 전화를 걸어 얼마나 자랑을 하시던지.

　아니나 다를까 그 전보다 더 자주 더 가까이 우리에게 다가오셨다.

어머니에겐 관계의 선이란 없었다. 적어도 우리 부부에게 만은 말이다. 당신 같은 시어머니는 없다며 다들 어머니를 칭찬한다는 말은 절대로 빠뜨리지 않으시는 자화자찬 레퍼토리셨다. 언제부터인지, 어머니와의 만남 후엔 늘 찾아오는 '날 향한 정죄감'이 나를 더 부끄럽고 힘들게 했다.

그리고, 어디에서도 말할 수 없는 불평과 불만이 아닌가? 반찬 해다 주시는 시어머니를 싫어한다고 어떻게 말한단 말인가? 가족인데 연락 없이 집에 찾아올 수 있는 것 아닌가? 누가 봐도 이건 공감받을 수 없는 부끄러운 불평과 불만이라 생각했다.

백혜영 작가님의 그림책 『이 선을 넘지 말아 줄래?』는 취향 존중, 배려에 관한 이야기를 아주 귀엽게 표현한 그림책이다.

겉표지는 '이 선을 넘지 말아 줄래?'라는 글이 가운데 선을 그은 듯 주욱 내려와 있고, 그 글을 사이에 두고 분홍새와 파랑새가 서로를 조심스레 바라보고 있다. 그런데 문득, 몸을 돌려 파랑새를 바라보는 분홍새가 시어머니로, 그리고 반대편에 손을 모으고 우물쭈물하는 자그마한 파랑새는 나로 보였다.

어머니와 나도 이렇게 조심스레 바라보는 관계였다면 어땠을까? 그리고 분홍새와 파랑새는 왜 서로를 조심스레 바라보는 걸까? 궁금증을 안고 앞 면지를 펼치니 지렁이를 발견한 분홍 새가 싱싱하고 먹음직스러운 지렁이를 잡으며 이야기를 시작한다. 통통하게 살이 올라 먹음직스러운 지렁이를 잡은 분홍새는 친구 파랑새와 나눠 먹고 싶어 달려가지만, 친구 파랑새는 바쁘다는 핑계로 선을 긋는다.

실망하며 돌아가는가 싶더니 다시 되돌아가서는 선을 툭 끊어버리는 분홍새의 모습을 보며 나도 모르게 화가 치밀어 올랐다.

'아니 굳이 괜찮다는데 자기가 만든 선도 아니면서 왜 허락도 받지 않고 맘대로 잘라 버리는 거지?' 정말 예의 없는 고집불통 분홍새라며 화가 났다.

어머니와의 선 없는 관계로 한참 힘들었을 때 이 그림책을 만났기에 귀여울 수 있는 분홍새에게 더 화가 났었나보다. 그러면서 '난 절대 선을 넘는 예의 없는 행동은 하지 않으리이다! 우리 아이들에게도 그리고 미래의 며느리들에게도 절대로! 원하지 않는 불편한 친절은 베풀지 않으리이다.' 결심하고 또 결심했다. 그러면서도 인정받지 못하시는 어머니를 보며 짠한 마음이 내 마음의 선을 넘었다. 그 선은 절대 넘어서는 안 되었다.

어머니와 매일 이렇게 오가며 사느니 한 지붕 아래 함께 사는 것이 경제적으로도 좋겠다는 생각을 하고 남편과 어머니를 설득해 어머니와 함께 살게 된 것이다. 그리고 가슴속 깊이 꼭꼭 숨겨두었던 나의 부끄러운 민낯이 예고 없이 터지고 말았다.

"어머니! 그만하세요. 왜 저를 무시하시는 거에요? 싫다는데도 자꾸 이러시는 어머니가 저를 얼마나 힘들게 하는지 아세요? 숨이 막혀 미쳐버리겠다구요."

뭐라고 쏟아내었는지 정확히 기억이 나지는 않는다. 아마 이렇게 외치지 않았을까 추측할 뿐. 그렇게 나의 선한 마음으로 시작된 '잘못된 선택'이 어머니에게도 나에게도 수치스러운 상처를 남기고, 어머니는 시골로 이사를 하시게 되었다.

그렇게 물리적인 거리로 인해 자연스럽게 우리에게 다시 서로를 불쌍히 여기며 존중하는 선이 만들어졌다.

이사 간 시어머니 방에는 우리 가족의 신혼여행 사진이 걸려있다. 이 세상을 다 얻은 듯 환히 웃고 있는 30대 중반의 남편과 철없던 나, 그리고 60대 초반의 친정엄마와 시어머니가 양 옆에서 환한 미소를 지으며 웃고 있다. 그랬다. 저 웃음은 절대로 거짓 웃음이 아니었다. 그날 우리 모두는 정말 행복했었고, 정말 감사했었고, 정말 사랑했었다.

그 사진을 보며 어쩌면 결혼 출발부터 나도, 시어머니에게 선을 넘었을지 모른다는 생각이 들었다. 결혼의 꽃이라면 신혼여행일 텐데, 신혼여행에 싱글이신 양가 어머니들과 함께 신혼여행을 떠나다니 말이다. 사랑이 아니고서야 신혼여행을 둘이 아닌 넷이 갈 수 없지 않은가?

유치한 말이긴 한데 어쩌면 '관계의 선'이라는 것이 나에게는 '내로남불'이 아니었을까? 내가 어머니에게 다가가는 것은 '효'이고 어머니가 나에게 다가오는 것은 '선'을 넘는 것이라며 투정부린 것은 아니었을지 생각해 본다.

시어머니와 함께 살며 내 감정의 선을 넘어버린 날, 나의 치맛자락을 붙잡고 함께 울었던, 지금은 어리지 않은 아이들이 가끔 말한다.

'엄마, 선 넘지 말아 줄래요?'

그렇다. 쉽지 않은 것이었다는 것을 이제야 알아간다.

잘 모르지만 그래서 더 예의를 갖추고 부끄러운 기억은 남기지 말아야지.

분노

남다

'카톡 왔어요.'

아이들을 통해 연결된 모임방에서 울린 카톡 알림음이었다. 그런데 뜻밖이었다. 다들 바쁘니 더 이상 단체 채팅방을 운영하지 않겠다는 내용이었고, 기껏해야 세 명뿐인 방에서 둘은 아무 말도 없이 나가버렸다. 그 자리에 나만 덩그러니 남겨졌다.

'뭐지? 이 상황은? 이분들이 절대로 그럴 분들이 아닌데……'

혼란스러웠다. 분명 어제까지만 해도 우리는 아이들을 위한 고민을 나누고, 기도 제목을 공유하던 사이였다. 어쩌면 실수로 방을 나갔을지도 모른다고 애써 불안을 눌러가며 전화를 걸었다.

"갑자기 무슨 일 있으세요?"

하지만 돌아온 대답은 뜻밖에도 아무렇지 않다는 듯한 말뿐이었다. 바빠서 방을 정리한 것뿐이라는 변명 같은 설명. 서둘러 전화를 끊는 태도는 그 말을 더욱 의심스럽게 만들었다.

혹시 내가 무언가 잘못한 걸까?

다른 한 분에게 다시 전화를 걸어 물었다. "혹시 제가 실수한 게 있다면 알려주세요. 갑자기 이렇게 두 분이 동시에 나갈 이유가 없잖아요." 하지만 대답은 똑같았다.

"아니에요. 그냥 다들 바빠서요." 짜기라도 한 듯 같은 이유를 대며 서둘러 전화를 끊었다.

혼자 남겨진 톡방에 혹시 그들에게 상처라도 준 건 없는지, 찾고 또 찾았지만 도무지 찾을 수 없었다. 그리고 내 기억 속의 창고까지 뒤지고 뒤지기를 여러 번 한 후에야, 난 허탈함과 알 수 없는 묘한 감정 속에서 꿈틀거리는 내 안의 화를 직면했다.

우리들의 사이가 이렇게 가벼운 사이였을까? 나 혼자만 마음을 나눈 사이였을까?

꼬리에 꼬리를 문 생각은 슬픔이 되기도, 혼자만의 오해라고 생각하자며 다짐이 되기도 했다가 결국 그들의 예의 없는 행동이라며 혼자 분노하듯 울음을 터트리기도 했다. 그렇게 시간은 흘러갔고, 우리는 처음부터 모르는 사람들이었던 것처럼 각자의 자리로 돌아갔다.

초등 대상으로 수업하는 기관에서 이번에는 아이들의 '관계'에 대해 수업을 해달라는 요청이 들어왔다.

그림책을 고르던 중, 아주 강렬한 빨간 표지에 금빛 털을 가진 사자가 축배를 들고 있는 그림책이 눈에 띄었다.

새빨간 거짓말을 연상시키는 듯한 빨간 겉표지에서 눈을 뗄 수 없었다.

어릴 적 난 거짓말을 잘했지. 기분이 나빠도 좋은 척, 누가 날 놀려도 괜찮은 척. 누가 내 앞에서 내 흉을 봐도 못 들은 척. 사람들 앞에서 화낸 적도 없었지, 척 척 척.

그날도 그랬다.

초등학교 4학년 점심시간, 혼자 밥을 먹던 내게 짝꿍은 앞자리에 앉은 친구와 무심코 말했다.

"네 짝꿍 진짜 못생겼다, 맞지?"

그 뒤로 무슨 대화가 오갔는지 기억나지 않는다. 아니, 애써 듣지 않으려 했던 것인지도 모른다. 그날 이후, 나는 스스로를 '못생긴 아이'라고 인정하며 살아갔다.

하지만 중학교 2학년, 나는 수학여행을 앞두고 설렘을 느낄 줄 아는 사춘기 여중생이 되어있었다.

그 당시 옷가게에서 일했던 둘째 언니가 내게 예쁜 옷을 사주었다. 멋쟁이들이 입는 통이 넓은 블루진에 카라가 넓은 초록색 윗옷. 언니는 감탄하며 말했다.

"와, 진짜 예쁘다!" 그랬다. 언니는 '귀여워, 예뻐, 넌 뭐든 잘하는구나!' 라는 말뿐 아니라 촌스러운 내 이름까지도 귀엽다는 말로 날 세워주었다.

솔직히 그런 말들이 믿기지 않았지만, 거울 속 내 모습은 생각보다 나쁘지 않았다. 언니 덕분이었을까. 수학여행을 다녀온 후 자신감을 회복했고, 친구들과도 곧잘 어울리게 되었다.

그렇게 점점 나를 되찾아가던 어느 날, 졸업여행으로 UN묘지를 가는 날이었다. 수학여행 가는 날만큼이나 설레었다. 그날따라 함께 가기로 한 친구가 늦게 오는 바람에 택시를 탔지만 역시나 지각이었다. 나는 선생님께 상황을 설명하려 했지만, 선생님은 묻지도 따지지도 않고 내 머리를 쥐어박으며 말했다.

"모두를 기다리게 했으니 마칠 때까지 여기 그대로 서 있어!"

그 후 선생님의 매서운 눈빛도, 차가운 목소리도 소름 끼치게 무서웠지만, 날 정말 힘들게 한 것은 그런 것이 아니었다.

뭔가 이야기해야 하는데, 그게 아니라고 이야기해야 하는데, 선생님도 나한테 그러시면 안 되는 거라며 이야기해야 하는데, 목에 걸려 아무런 말도 하지 못했다.

단지 날 바라보는 또래 학생들과 눈이 마주치지 않으려, 아무렇지 않은 척 고개를 떨구었을 뿐.

제목을 읽는 순간 가슴이 쿵 내려 앉았다.

'그 소문 들었어?'

나도 모르게 제목이 '그 이야기 들었어?'로 보이는 듯했고, 그들의 목소리가 음성지원이 되어 내 귓가에 수군수군 들리는 듯했다. 떨리는 마음을 애써 누르며 책장을 한 장 한 장 넘겨 갔다.

'이게 과연, 동화 속에서만 있을 법한 이야기일까요?'라고 적힌 속면지의 글은 '당신은 혹시, 이런 일이 없었나요?'라고 질문하며 나를 그림책 속으로 끌어당겼다.

그림책 『그 소문 들었어?』는 제목에서 이미 알 수 있듯 말과 소문에 관한 그림책이다.

마을 동물들의 칭찬을 받고 다음 왕으로 '딱'이라는 은색 사자가 마음에 걸린 금색 사자의 '~카더라'식 거짓말이 모두가 믿는 사실이 되어간다는 이야기를 읽으며, 기억하기 싫은 몇 년 전 단톡방 사건이 떠올라 아팠다.

이유도 알 수 없이 혼자 고립되어 간 그 시간에 나는 숨이 막힐 정도로 괴로움을 넘어서 나중엔 분노에 이르기도 했다. 하지만 그들에게 한마디도 하지 못하고, 그저 때가 되면 풀리겠지 하는 한 가닥 소망으로 마음을 가다듬으며 시간을 보내었다. 마치 그림책 속 은색 사자가 쓴 웃음을 지었을 뿐, 아무런 말도 하지 않고……. 오해는 언젠가 반드시 풀릴 것이라 생각했던 것처럼 말이다.

그림책 속 구름이 한 말 중에 이런 말이 있다.

"소문은 먼저 슬그머니 다가오지만, 진실은 스스로 나서지 않으면 찾을 수 없어."

— 하야시 기린 글, 쇼노 나오코 그림, 김소연 옮김,
『그 소문 들었어?』, 천개의 바람, 2017

하지만 난 내가 해결해야 할 문제를 대부분 회피했었다.

단톡방 엄마들에게도, 지각했다는 이유로 나에게 '모멸감'을 안겨준 선생님에게도, 나에게 못생겼다고 한 아이에게조차 기분이 나쁘다는 말은커녕 못 들은 척만 했을 뿐.

오해는 언젠가 반드시 풀릴 것이라 생각했던, 은색 사자의 바람이 내 바람이 되어 현실이 되었다. 단톡방에 계셨던 한 분이 전화가 왔

다. 그때의 기억에 온몸이 떨리고 또 떨렸다. 순간 전화를 잘못 누른 것은 아닐까 하는 마음으로 받지 말까 생각했지만 용기를 내어 받았다. 첫 마디가 미안하다는 것이었다. 그때 아무 일도 없었다고 하지 않았냐며 혹시 이유가 있었다면 알려달라고 사정했다.

이유를 듣고 며칠을 더 화가 났다. 둘이서 도대체 무슨 말이 오갔기에, 내가 한 말이 그렇게까지 화가 난 것이었을까? 만나자고 약속을 정하는데 서로 바쁘다는 이유로 약속이 지연이 되니, 우리 아이들 군대 갈 때쯤 만나는 것 아니냐며 했던 나의 말로 둘이 통화하며 일이 커졌다면서 그때 정말 미안했다는 사과 전화였다.

이유를 듣고 솔직히 더 화가 난다며 내가 그동안 얼마나 힘들고 화가 났었는지를 전했다.

그림책『그 소문 들었어?』에서 말하는 소문이 단순히 인간관계의 소문, 진실과 거짓의 차원을 넘어서 한 사람을 죽이기도 살리기도 하는 힘이 있다는 것을 알아버린 어른이 되었다.

그렇다.

지금은 빛바랜 추억이 되어버렸지만, 여전히 떠올릴수록 화가 나는 기억들. 그 기억들을 마주하며 문득 생각한다. 혹시 나도 누군가에게 '말'로 인해 상처를 주지는 않았을까? 내가 모르는 사이, 누군가의 가슴에 오래도록 남을 화난 추억을 남기지는 않았을까? 절대 그러지는 말아야지. 마음속에 되새겨 본다.

좌절

괜찮다

"실비아, 우리 모두, 몸 어딘가에 이런 흉터가 하나씩 있단다. 처음 다쳤을 때는 마치 세상이 끝난 것처럼 고통스럽고 아프지?"

— 에일란 브렌만 글, 이오닛 질베르만 그림, 박나경 옮김,
『넘어져도 괜찮아!』, 봄볕, 2016

그림책 『넘어져도 괜찮아!』에서 넘어져 상처가 난 실비아에게 엄마가 해준 말이다.

이 책을 처음 읽었을 때, 실비아 엄마의 말이 내 마음을 울렸다. 그리고 곧 내가 처음 다쳤을 때, 세상이 끝난 것처럼 고통스럽고 아팠을 때의 기억을 뒤져보았다.

기억의 숲에서 난, 내가 아닌, 날 마중 나온 엄마의 고통이 보였다. 믿었던 딸의 가출과 자퇴. 그리고 다시 돌아오기만을 기다리며 고통

속에 수없이 되뇌었을 어미의 탄식 섞인 기도 소리가 들리는 듯했다.

그리고 저만치 엄마가 보인다. 조금씩 가까워질수록 쿵. 쿵. 쿵. 가슴은 뛰고 머릿속은 뿌얘지는 듯하다. 크리스마스 캐럴이 흘러 나오지만, 엄마도 나도 성탄의 설렘과는 거리가 멀었다.

열여덟의 나는 어지러운 내 마음을 표현하기라도 하듯 뽀글뽀글한 파마머리에 찢어진 청바지를 입고 서 있었다. 엄마는 그런 나를 정면으로 바라보지 못했고, 나는 미안한 마음에 엄마의 발끝만 바라보았다. 아무 말 없이 내 손을 조심스레 잡아주던 엄마. 그 손길이 마치 말하는 듯했다.

'괜찮아. 돌아와 줘서 고마워. 괜찮아.'

특별한 이유도 없었다. 나를 괴롭힌 친구도 선배도 없었다. 단지 왜 공부해야 하는지, 왜 학교를 다녀야 하는지 이유를 찾을 수 없었을 뿐. 그리고 학교 밖 친구들과 어울리는 것이 더 즐거웠을 뿐. 그것이 내가 기억하는 학교를 그만둔 이유였다.

부모님에게는 정말 미안했지만, 학교를 그만두면 자유로울 것 같았다. 정말 행복할 줄 알았다. 그것이 내 마음의 흉터로 남게 될 줄 그때는 알지 못했다.

그날의 선택이 딸을 제대로 길러내지 못한 부모님만의 좌절인 줄만 알았다. 부모님의 꿈을 이뤄드리지 못한 미안함만이 있는 줄 알았다.

아이들과의 수업을 위해 다시 한번 이 책을 꺼내 들었다.

겉표지에는 눈이 휘둥그레진 여자아이가 자전거를 타고 내리막

길을 달리고 있다. 속도가 붙은 것인지 공중에 엉덩이도 다리도 떠 있고 머리카락은 뒤로 휘날리고 불안해 보이는 듯 잔뜩 겁먹은 표정이다.

잔뜩 겁먹은 표정의 실비아를 보며 어릴 적 나를 떠올렸다.

까무잡잡한 피부에 자전거를 타고 내리막길을 쌩쌩 달리던 단발머리 꼬마. 뒷동산을 뛰어다니며 꽃바람의 향을 느낄 줄 알았던 아이. 겁이 유달리 많으면서도 하고 싶은 건 모두가 말려도 꼭 하고 마는 다부진 나. 그래서, 안 해도 될 경험을 하곤 했던 나.

『넘어져도 괜찮아!』는 실비아가 다친 턱을 치료하며 엄마, 아빠, 의사 선생님의 이야기를 듣고, 흉터를 바라보는 새로운 시각을 가지게 되는 이야기다. 실비아의 상처를 보며, 이번엔 엄마의 상처가 아닌 지나간 추억 속 나의 좌절의 흔적들을 떠올렸다.

내가 선택했던, 내가 스스로 만들어낸 넘어짐의 흔적들.

그렇다. 그림책 속 실비아의 엄마는 실비아에게 흉터에는 저마다 재미있는 이야기가 들어 있다고 말한다. 그 이유는 오래오래 기억하게 하려고, 우리 몸에 증거를 남겨 놓는 거란다.

학교를 그만두고 또래들보다 1년 빨리 사회생활을 시작한 것이 나에겐 자랑이었다. 아니, 그런 줄 알았다. 교복 입은 학교 친구들이 내가 근무하는 미용실에 들어오기 전까지는 말이다. 그날 난, 나도 모르게 화장실로 숨어버렸고, 더 이상 학교를 그만둔 것이 자랑이 아닌, 잘못된 선택일 뿐이었다는 것을 알게 된 순간이었다. 그랬다. 날 숨게 만드는 부끄러운 과거였던 것이다.

그 순간만큼은 나를 아프게 하는 아물지 않은 상처였다. 그리고 상처는 아물고 아물어 딱지가 떨어진 줄 알았다. 더 이상 가렵지도 걸리적거릴 딱지도 없는 줄 알았다.

그도 그럴 것이, 부유하진 않지만 있는 그대로 날 사랑해주는 남편과 결혼해 아이를 낳고, 책놀이 강사로 직업을 바꾸게 되었다. 겸손할 수밖에 없는 나의 학력과 짧은 경력에도 도서관과 복지관 등 다양한 곳에서 수업을 하게 되니 신기함을 넘어서 내게 오히려 자랑이 되었다. 그런데 어느 순간, 나도 모르게 움츠러드는 나를 발견하였다. 스터디 모임에서 자기소개를 하는데, 나를 제외한 모든 분들이 너무나 커 보였다. 다들 왜 그렇게 학교는 길게 다니시는지, 대학도 부족해 대학원, 거기에다 석박사. 말해도 알아듣지 못하는 전공 이야기. 나는 그저 어쩌다 운 좋아 밑도 끝도 없이 수업만 하는 그저 그런 사람으로 보이는 거다. 그 후 이력서를 쓸 때마다 최종 학력을 적는 칸은 나에게 만큼은 숨기고 싶은 흉터 그 이상이었다.

나만 아는 흉터가 자랑이 되기도, 스스로 만드는 좌절의 수렁이 되기를 반복하던 어느 날, 아이들에게 『넘어져도 괜찮아!』를 읽어주며 나는 물었다.

"애들아, 이 친구 표정이 어때 보여?"

"선생님! 완전 신나 보여요! 자전거 타고 '우후!' 하고 있어요!"

나는 같은 그림을 보면서도 나와 전혀 다른 감정을 느끼는 아이들을 바라보며 '유레카!'를 외쳤다.

그렇다, 모든 것은 생각하기 나름이었다. 더 이상 상처가 아닌 나를 더 열심히 살게 해 준 흉터였고, 아픈 사람을 품을 수 있게 해 준 잘 아문 흉터였다. 실비아 엄마의 말처럼 상처는 훈장인 셈인데 말이다.

 며칠 전, 운동을 하는 중3 딸의 코치선생님으로부터 딸이 발목을 다쳤다는 전화를 받았다.
 곧 있을 전국 대회를 앞두고 코치선생님도 딸도 얼마나 열심히 하는지를 알기에 마음이 쿵 내려앉았다. 설마, 괜찮을 거야. 그런데 불길한 예감은 왜 빗나가는 법이 없는 걸까?
 복숭아 뼈에 실금이 갔다는 소견이었다. 깁스를 해야 회복한다는 의사선생님의 소견에도, 딸은 깁스도 반깁스도 보조기도 안 할 거라며 조심조심 운동을 할 거라며 우긴다.
 이 무슨 똥고집인가 싶어 화도 나고 안타깝지만, 자기 고집대로 꼭 해야 하는 나를 보는 듯하다. 초등학교 2학년 무렵. 취미로 시작한 운동. 중학교 진학을 앞두고 선수 생활을 제대로 하고 싶다고 결정해, 집에서 한 시간 넘게 걸리고 한 번에 가는 교통수단도 없는 학교였지만, 고집을 부려 체육 중학교에 입학했다. 그리고 매일 왕복 두 시간이 넘는 거리를 새벽에 나가 밤 열 시에 들어오기를 2년이 넘도록 해 왔다. 그런데 올해 가장 중요한 대회를 앞두고 딸에게 좌절이 마중을 나온 것이다.

 지금은 내가 손 내밀 차례이다.
 "딸아, 우리 모두는 몸 어딘가에 흉터가 하나씩 있단다. 처음 다쳤을 때는 마치 세상이 끝난 것처럼 고통스럽고 아프지……."
 그리고 모두가 잘못된 길이라고 했을 법한 나의 선택에도 '괜찮아'

라고 말씀하시는 듯 내밀었던 엄마의 손처럼.

　좌절이 먼저 딸에게 마중 가기 전 내가 잡아주어야겠다.

　'괜찮아, 너의 상처가 잘 아물어 훈장이 될 수 있기를 기도할게. 괜찮아.'

질투

알아간다

"엄마! 동생이 내 장난감을 몰래 가져갔어!"
"엄마! 오빠가 나만 빼고 아이스크림을 먹었어!"
"엄마! 왜 동생만 안아줘?"
"엄마! 엄마는 막내만 좋아하지?"

한숨이 난다. 나이만 많았지 나도 어떻게 해야 할지 모르는 '초보 엄마'인데 아이들은 서로가 서로에 대한 고자질로 나를 심판자로 세우는 것 같았다.

'도대체 같이 놀면 되는데 왜 동생이 장난감 가져간 게 뭐가 어떻다고 나한테 이르는 건지, 아이스크림 더 사달라고 하면 되는데 왜 오빠가 자신만 빼고 아이스크림을 먹었다고 징징대는 거지? 아니, 예전에 너도 많이 안아줬고 지금도 안아 달라고 하면 안아 줄 텐데 왜 동생을 갖다 붙이는 거야? 그리고, 엄마의 사랑주머니가 똑같다

고 백만 번은 말한 것 같은데 왜 자꾸 사랑 타령이냐고?'
　아이들의 고자질로 내 안에서 혼잣말 대잔치를 하며 폭발하기 직전이다. 아이들의 고자질은 정말 이해할 수 없는 숙제였다.

　어릴 적, 나는 질투를 몰랐다. 아니, 몰랐던 것이 아니라, 그 감정을 표현하는 법을 몰랐다. 왜 그랬을까? 난 내 감정을 쉽게 드러내지 않는 아이였다. 어디에서 넘어져 무릎이 까져도, 다쳤다고 말하는 순간 혼이 날까 봐 입을 다물었고, 속상한 일이 있어도 혼자 삼키고 말았다. 생각해 보면 누군가 내 마음을 읽어주기를 바랐던 기억도 없다. 그저 스스로 해결하는 것이 가장 빠르고 덜 아픈 길이라고 믿었나 보다. 그러다 아이를 키우면서 나는 새로운 감정을 마주한 것이다.
　질투, 그것은 씁쓸하면서도 강렬한 감정이었다. 내 것이 아닌데 갖고 싶고, 나만 사랑받고 싶은데 누군가와 나눠야 하고, 그 감정 속에서 서러움이 밀려오는 묘한 기분.
　내 아이들도 질투를 한 것이다.
　큰아이가 초등학교 2학년일 때, 나는 네 명의 아이를 돌봐야 했다.
　작은 아이를 안고 있으면 큰아이가 질투했고, 조금 큰아이가 나와 더 오래 있고 싶어 하면 막내가 떼를 썼다. 나의 품은 한정적인데, 아이들은 그 작은 품을 놓치지 않으려 아등바등 매달렸다. 나는 순간순간 당황했다. 누군가를 편애한 적도, 차별한 적도 없었지만, 아이들에게는 내가 자신보다 다른 형제에게 더 관심을 주는 것처럼 보였나 보다.

나는 한 아이의 엄마가 아니라 네 아이의 엄마였고, 그 사실이 때때로 무거운 짐처럼 느껴졌다. 하지만 한편으로는, 아이들의 질투가 내가 어릴 적 느끼지 못했던 감정이라는 것도 깨달았다.

나는 부모님의 사랑을 놓고 질투를 해본 적이 없었다. 아니, 질투하고 싶어도 할 수 없었다. 질투를 표현하는 순간 외면당할 것 같았을까? 아니면, 상처받을까 봐 스스로 감정을 닫아 버린 것일까?

이런 감정에 서툰 나와 다르게 내 아이들은 다투고, 고자질하고, 울면서도 여전히 내 곁을 떠나지 않았다. 그들은 내 사랑을 의심하면서도, 동시에 확신하고 있었던 것이다.

나는 장애학교에서 '이야기가 있는 미술 수업'을 진행한 적이 있다. 그곳의 하루는 노란 통학버스를 맞이하는 것으로 시작되었다.

매일같이 같은 시간, 같은 자리에서 아이들을 반갑게 맞이했는데, 어느 날은 중학교 2학년 남자아이가 울면서 내렸다. 학교에 오고 싶지 않았다고, 방학 동안 동생은 집에서 엄마와 함께 시간을 보내는데 자신만 억지로 학교에 보내진 것이 불공평하다고 말했다. 아이는 목이 메도록 울었다.

그의 울음 속에는 억울함이, 외로움이, 그리고 질투가 섞여 있었다. 동생은 집에서 엄마와 함께 있는데 자신은 학교에 와야 한다는 것. 그는 사랑을 빼앗긴 기분이었을 것이다. 순간, 내 아이들이 "엄마! 막내만 좋아해?"라고 소리치던 순간들과 겹쳐 보였다.

그날 우리는 『언니는 돼지야』 그림책을 읽으며 가족을 주제로 이야기를 나누었다. 이야기 속 동생은 예쁘지만 얄미운 언니를 질투하며, 언니가 돼지로 변하는 젤리를 건넨다. 언니가 사라진 후 동생은 처음에는 통쾌해하지만, 점점 언니를 찾기 위해 애를 쓰기 시작한다. 책을 읽던 아이가 문득 말했다. 우리 동생이 본모습으로 변하는 젤리를 먹으면 돼지로 변할지도 모른다며, 동생이 돼지가 되었으면 좋겠다고. 그 말에는 서운함과 질투가 그대로 묻어나 있었다. 하지만 이야기가 끝나갈 무렵, 그는 다시 입을 열었다. 그래도 언니를 찾아야 한다며, 아무리 미워도 헤어지는 건 아니라는 말을 덧붙였다. 질투는 미움일까, 아니면 사랑일까? 아이의 말에서 질투의 깊은 곳에는 결국 사랑이 자리하고 있음을 느낄 수 있었다.

나는 감정 표현이 서툰 사람이었다. 어린 시절 부모님과 깊은 친밀감을 나누지 못했고, 감정보다는 이성적으로 문제를 해결해야 한다고 배웠다. 그래서인지 아이들이 감정을 솔직하게 드러내며 다투는 모습을 볼 때마다 당혹스러웠다. 그렇게까지 감정을 드러낼 필요가 있을까? 왜 작은 일에도 쉽게 속상해하는 걸까? 때로는 나도 모르게 부모님이 내게 했던 것처럼 아이들의 감정을 억누르려 했던 적도 있었다.

그러나 시간이 지나며 깨달았다. 나는 감정을 표현하지 못했던 것이 아니라, 표현할 기회를 갖지 못했던 것이었다. 질투도 마찬가지다. 질투는 사랑받고 싶은 마음의 또 다른 표현이다. 그 감정을 미움으로만 받아들인다면 관계를 단절시키지만, 그 안에 담긴 사랑을 이해하면 더 깊이 연결될 수 있다.

질투하는 마음이 들 때, 나는 스스로에게 묻는다. 무엇이 부러웠던 걸까? 어떤 사랑을 원했던 걸까? 이제는 안다. 질투는 감춰야 할 감정이 아니라, 더 깊은 사랑을 배우기 위한 감정이라는 것을. 아이들의 솔직한 감정 표현이 어느새 감사하게 느껴진다. 그 감정을 통해 우리는 더욱 단단한 관계를 맺어가고 있다.

질투하는 아이들로 인해 아무말 대잔치로 힘들어하던 때가 그리워지는 밤이다.

죄책감

들키다

죄책감은 가끔, 아주 평범한 하루의 틈을 비집고 찾아온다.

햇살이 따뜻하게 내려앉은 어느 봄날, 기억 속의 한 장면이 불쑥 내 마음을 건드렸다. 나는 그날의 진해를 잊을 수 없다. 입춘이 지났지만, 바닷바람은 여전히 겨울을 움켜쥔 채 불어오고 있었다.

해군사관학교의 입교식이 열린 날, 운동장 한복판에서 갓 스무 살이 된 오빠를 찾기 위해 우리는 눈을 부릅뜨고 뛰어다녔다.

검게 그을린 얼굴들, 쉰 목소리들, 그 속에서 우리의 오빠를 찾기란 마치 조약돌 가득한 강물 속에서 단 하나의 빛나는 돌멩이를 찾는 것 같았다.

엄마는 말없이 오빠를 안았다. 그 품 안에서 어떤 마음이 요동치고 있었을까.

집으로 돌아오는 차 안에서 엄마는 말없이 눈물만 흘렸다. 나는 아무 말도 할 수 없었다. 그저 창밖을 보는 척하며, 엄마가 훔치지 못한 눈물 한 줄기를 몰래 훔쳐보는 아이였을 뿐이다.

며칠 후 밤, 엄마의 방문 너머로 새어 나온 아버지와의 대화.

"내가 괜히 사관학교 가라고 해서…… 하나뿐인 아들을……."

엄마의 목소리는 부서진 고운 유리 조각 같았다. 그 죄책감은 입으로 말하지 않아도, 그림자처럼 엄마를 따라다녔다.

사실 오빠는 신학대학을 가고 싶어 했다. 학비 면제에 품위 유지비까지 준다는 사관학교 정보를 들은 엄마의 권유로 오빠는 그렇게 사관생도가 된 것이다. 대한민국의 장교를 육성하는 사관학교 생활은 우리의 상상을 뛰어넘는 힘듦의 시간이라는 것을, 오빠의 사관학교 생활 4년을 옆에서 지켜보며 알게 되었다.

그래서였을까? 엄마는 밥을 차릴 때마다, TV에서 군복 입은 청년을 볼 때마다, 겨울이면 더 깊어지는 엄마의 주름 사이로 그 마음이 내려앉은 듯 했다. 죄책감은 그렇게, 누군가를 오래도록 품에 안고 살아가는 감정이었다.

그런데 어느 날, 그림책 속에서 나를 쏙 닮은 죄책감을 마주했다. 그림책 『나는 고양이라고!』 이야기는 포크와 나이프를 들고 접시 위의 고등어를 바라보는 한 고양이의 모습으로 시작된다.

'오늘 저녁엔 고등어를 먹어 볼까' 하는 들뜬 마음으로 산책을 나선 고양이는, 숲 한가운데서 갑자기 하늘에서 떨어진 고등어 한 마리와 마주친다. 바다에서 살아야 할 고등어가 숲속에 있다는 사실에 놀라 뒤를 돌아보니, 숲속은 이미 수많은 고등어 떼로 가득 차 있었다. 그 고등어들은 마치 한 목소리로 고양이를 향해 무언가를 외치며 몰려드는 듯했다.

겁에 질린 고양이는 시내로, 영화관으로, 도망칠 수 있는 곳이라면 어디든 달아난다. 그러나 어디를 가도 고등어 떼의 소리는 뒤따라온다.

그 무섭고도 웃긴 고음의 화음은 사실 고양이의 마음속에서 울려 퍼지는 노래로 들렸다. '나는 고양이잖아!'라고 외치지만, 고양이는 자기 속에서 들려오는 그 노래를 부정하지 못한다. 결국 고양이는 눈을 질끈 감고 도망치고, 숲속에 도착해서야 비로소 안도의 숨을 쉰다. 그리고 다시 말한다.

"그럼…… 오늘 저녁엔 오랜만에 고등어를 먹어볼까?"

— 사노 요코 글·그림, 이선아 옮김, 『나는 고양이라고!』,
시공주니어, 2019

죄책감을 직면하고, 자기 자신을 받아들이는 순간이었다. 부끄러움도, 후회도, 다 품은 채로.

그리고 나도…… 고등어를 삼킨 고양이처럼, 마음속의 죄책감을 들키고 말았다. 마음이 먹먹해졌다. 고양이가 바로 나 같았고, 우리 엄마 같았다. 누가 뭐라 하지 않아도, 마음속 어딘가에서 고등어 떼가 몰려오듯 죄책감이라는 합창이 나를 몰아세울 때가 있다.

"너, 돈 때문에 아이를 운동시킨 거잖아?"

"네 선택이 정말 아이를 위한 거였어?"

내가 하지도 않은 말들이, 내 속에서 메아리치며 나를 조용히 밀어낸다.

아이 셋 중 두 명이 신청하면 한 명은 공짜로 운동할 수 있다는 고급 정보 하나로 우리 집 아이들은 그렇게 단순하게 체조를 시작했다. 기계체조는 매일같이 넘어지고, 부딪히고, 심지어 병원 단골이 되기도 하는 운동이었다. 그럼에도 아이들은 포기하지 않았다. 그걸 지켜보는 내 마음엔 조용한 회색빛의 감정이 자꾸만 번져갔다.

'처음부터 이 길을 원했던 건 아이들이었을까? 아니면, 단지 엄마의 경제적 계산이었을까?'

가끔 사람들이 묻는다.

두 명이나 운동시키면 힘들지 않냐고. 그 말은 곧, 돈이 많이 들지 않는지 하는 질문이었다. 나는 웃으며 말했다.

"기계체조는 나라에서 지원을 받아요. 장학금도 가끔 받기도 해요."

말은 그렇게 했지만 내 마음 깊은 곳엔 조용히 죄책감이 물들어 있었다.

'시작도 돈 때문이었고, 계속하는 것도 돈 때문인 것 같아…….'

아이들이 지쳐 병원을 다니고, 침을 맞고, 쉬는 날엔 친구들보다 침대와 가까운 아이들을 보며 마음이 뭉근하게 아려온다.

'이건 혹시…… 엄마가 느꼈던 그 죄책감일까?'

하지만, 엄마는 돈 때문에 오빠를 힘들게 했다고 말했지만, 그 선택은 결국 오빠 인생을 넓히는 기회가 되었다.

나 역시 돈을 아껴 시작한 운동이 아이들의 인생에 의미 있는 시간이 되길 바란다.

　매일 운동하는 아이들의 등을 바라보며 고개를 돌린 채 스스로에게 말하곤 한다.

　'그럼 오늘 저녁엔 오랜만에 고등어를 먹어볼까?'

　그림책의 마지막처럼, 산책을 나선다. 그 죄책감을 완전히 떨쳐낸 건 아닐지라도 그 무게를 등에 짊어진 채, 오늘도 살아간다.

　엄마도, 나도, 그 무게를 지고 누구보다 단단히 살아낸 고양이였을지도 모른다.

　그리고.

　나도 고양이처럼, 이제는 내 마음속 고등어 떼에게 말해본다.

　"당연하지, 나는 엄마잖아!"

불안

다시, 손을 내민다

　상처처럼 선명하지 않고, 폭풍처럼 터져 나오지도 않지만, 어느 날 문득 마음 한구석에 잔잔히 내려앉은 그림자처럼 불안은 나를 몰래 흔든다. 그렇게 내 안에 고요히 스며드는 불안은, 말로 다 표현할 수 없는 조용한 아픔이다.
　나는 그림책 놀이 강사로 아이들과 웃음을 나누고, 장애아동과 소통하며, 어르신들과는 눈물 섞인 인생 이야기를 나눈다. 이 모든 순간 속에서, 나는 수없이 다양한 '마음'이라는 파편들을 마주한다. 그 마음들은 하나같이 다르면서도, 어딘가 닮아 있다.
　어느 날, 어르신들과 함께 읽은 『손 없는 색시』는 내 안 깊은 곳에 숨어 있던 감정을 건드렸다.
　색시의 아버지는 새 아내의 말만 듣고, 차마 아비로서 해서는 안 될 짓을 저지른다. 딸의 손을 자르고, 그녀를 쫓아낸다. 색시는 고난

속에서도 착한 도령을 만나 사랑을 이루지만, 계모의 모략에 또다시 이별을 맞는다. 그러나 끝내 손을 되찾고 사랑하는 이와 재회한다. 반면, 아버지는 늙어가며 잃어버린 딸을 그리워하는 후회의 무게를 평생 안고 살아간다.

"아이고, 그 아비, 벌 받았네 그려……. 천벌 받을 짓을 하고 잘 살 수가 없지!"

"쯧쯧쯧…… 그런 죄는 말 안 해도 남는 기라."

그날, 어르신들이 흘린 눈물과 속삭이는 한마디 한마디는 내 마음을 꾸욱 눌렀다. 그때 나는 깨달았다.

나는 자식으로, 부모로, 누군가의 아내로, 그리고 강사로 모든 역할 속에서 '잘해야만 한다'는 무거운 마음을 품고 살아왔다. 사랑하면서도 혹시 상처 줄까 두려워 차마 꺼내지 못했던 말들이 있었다. 그 말 못 한 마음들이, 그 감정의 파편들이 내 안에 차곡차곡 쌓여 어느새 '불안'으로 자라나 있었던 것이다.

어릴 적 나는 감정을 드러내는 게 서툴렀다.

『손 없는 색시』의 색시처럼. 넘어져도 울음을 삼켰고, 속상해도 말하지 않았다. 그래야 혼나지 않았으니까. 그 시절, 심어진 불안의 씨앗은, 조용히 자라나 지금까지 나를 따라왔다.

어른이 되어 누군가를 사랑하면서, 그 사랑이 다칠까 봐 더 조심하게 되고, 그러다 보면 불안은 더 또렷하게 다가왔다.

얼마 전, 체조 연습 중에 딸이 넘어져 턱과 다리를 다쳤고, 턱은 꿰매야 했다.

턱부위의 봉합 수술을 앞두고 무섭다며 떠는 딸의 목소리에 내 마음은 산산조각이 났다.
'내가 뭘 잘못해서 딸이 다친 건 아닐까?'
말도 안 되는 죄책감이 온몸을 감쌌고, 불안은 나를 흔들었다.
그때, 딸은 내 손을 꼭 붙잡고 조용히 말했다.
"그래도 엄마가 내 옆에 있어서 괜찮았어." 딸의 그 한마디에, 나는 비로소 깨달았다.

불안은 사랑에서 온다는 것을. 그리고 그 사랑을 지키지 못할까 두려울 때, 불안은 더욱 짙어지고 더 많이 흔들리는 것이라는 것을. 그러나 불안은 사랑을 없애는 게 아니었다. 오히려 그 안에는 놓지 못하는 마음, 끝까지 잡고 싶은 간절함이 있었다.

그리고. 온기를 머금은 말 한마디, 따뜻한 손길 하나로도 조금씩 녹아내릴 수 있다는 것을.

『손 없는 색시』의 아버지처럼, 무정한 행동 뒤에도 결국은 딸을 그리워하는 마음이 있었던 것처럼. 딸을 알아보지 못할 만큼 멀어진 시간이 있었지만, 끝끝내 후회와 불안의 길을 걸으며 무정한 아비임에도 그 안엔 여전히 놓지 못한 사랑이 있었다.

그림책 속 한 장면은 나의 한 시절을 조용히 꺼내 보여주었다. 그리고 내 마음에 이야기했다.

'괜찮아, 너는 사랑했어. 그래서 아팠던 거야.'

그렇다. 나는 자식으로, 부모로, 아내로, 책놀이 강사로…… 모든 역할을 사랑했기에 더 잘하고 싶었고, 그래서 실수할까 두려워서, 그래서 불안했던 것이다.

누구나 마음 한구석에 말로 다 털어놓지 못한 불안을 품고 산다.
그런 우리의 이야기는 결코 옛날 이야기만이 아니라, 지금 이 순간에도 살아 숨 쉬고 있다.
그림책은 마법처럼 그 무거운 감정을 꺼내어, 서로 마주하며 나눌 용기를 선물한다.
『손 없는 색시』처럼, 상처받고 길을 잃더라도 우리는 다시 손을 되찾고, 서로의 이야기에 귀 기울일 수 있다.
그날 한 어르신이 내게 말씀하셨다.
"그림책 읽다 보니, 시어머니한테 받은 설움이 생각나고, 나중에는 시어머니 편만 드는 남편 생각나서 화가 나드만. 그러다가 나도 며느리한테 못했던 말이 생각나더라고······. 한 번 잘못하면, 그 불안이 평생 가는 거야."
나는 조용히 고개를 끄덕이며 답했다.
"그래도 지금 말씀하셨잖아요. 그걸로 불안은 조금씩 녹아요."

내가 전하고 싶은 건 완벽한 해답이 아니다.
그림책을 통해 함께 마음을 기억하고, 함께 불안을 나누고, 그리고 함께 위로받는 순간들. 그것으로 충분하다.
불안은 완전히 사라지지 않을지 모른다.
그 시작이 사랑이라면, 우리는 결국 그 사랑으로 다시 손을 내밀 수 있는 용기를 얻을 수 있다.
오늘도 나는 그림책 한 권을 들고 누군가의 마음 앞에 조심스레 선다.

『손 없는 색시』처럼 상처받고 길을 잃은 우리 모두에게 다시, 손을 내밀 수 있는 용기를 건네고 싶다.

그림책 리스트

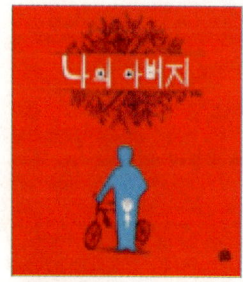

강경수 글·그림, 『나의 아버지』, 그림책공작소, 2016

바실리스 알렉사키스 글, 장마리 앙트낭 그림,
곽금주 옮김, 『너 왜 울어?』, 북하우스, 2009

박슬 글·그림, 『덩어리』, 우를루프, 2021

김재홍 글·그림, 『동강의 아이들』, 길벗어린이, 2000

백혜영 글·그림, 『이 선을 넘지 말아 줄래?』,
한울림어린이, 2022

하야시 기린 글, 쇼노 나오코 그림, 김소연 옮김,
『그 소문 들었어?』, 천개의 바람, 2017

에일란 브렌만 글, 이오닛 질베르만 그림, 박나경 옮김,
『넘어져도 괜찮아!』, 봄볕, 2016

신민재 글·그림, 『언니는 돼지야』, 책읽는 곰, 2018

사노 요코 글·그림, 이선아 옮김, 『나는 고양이라고!』, 시공주니어, 2019

임어진 글, 김호랑 그림, 『손 없는 색시』, 한림출판사, 2013

내 안의 바람길

이선아

소개글

사람 셋, 고양이 둘과 한집에서 복작복작 살고 있습니다.

그림책도, 아로마도 좋아해서 두 가지를 조화롭게 매만져 사람들 앞에 섭니다. 가끔은 한 가지만 가지고 만나기도 합니다.

흩어진 마음을 단정하게 한 곳으로 모아 주는 글쓰기와 한평생 잘 지내고 싶은 소망이 있습니다.

다정한 사람, 다정한 세상을 꿈꿉니다.

슬픔

먹먹하다

"엄마가 정말 싫어! 내가 원하는 건 해결책이 아니라 공감이라고 했잖아!"

후텁지근한 여름날, 중학교 1학년 둘째가 격앙된 목소리로 말했다. 나도 안다. 상처 난 마음을 들여다봐 주고 위로해 주는 게 먼저라는 것을. 그런데도 자꾸 순서를 무시한다. 효율을 최우선으로 여기며 적합한 대처를 일러주는 데에 급급하다.

아이는 사춘기가 본격적으로 시작된 초등학교 6학년을 기점으로 이전과 아주 다른 모습으로 변해갔다. 그날 있었던 일들을 말괄량이 삐삐처럼 생기 넘치게 조잘대던, 햇살 같던 눈과 입이 없어지고, 대신 날카롭고 복잡한 눈빛과 꾹 다문 입술이 아이 얼굴 위에 그려졌다. 통과의례처럼 누구나 한번은 겪는다는 질풍노도의 시기가 아이에게도 찾아왔지만, 나는 변화를 받아들일 준비가 미처 안 된 엄마였다. 폭풍우를 만나 휘청이는 아이를 부축하는 대신, 더 가지 못하게 붙들기만 했다. 그럴수록 아이는 나의 만류를 거세게 뿌리치며 더욱 성큼성큼 빗속으로 들어갔다. 숨통을 조여오는 무거운 하늘 아래, 아이와 나의 마음은 각자의 짙은 비구름으로 덮여갔다.

백로를 넘긴 구월의 어느 날, 학부모 공개 수업 참석차 아이 학교를 방문했다. 각 반에서 진행된 일정을 마무리하고 강당으로 이동해 고입 설명회를 듣는데, 아이 담임 선생님에게 전화가 걸려 왔다. 지금 당장 협의실로 가보라는 다급한 목소리였다. 짐을 챙겨 부랴부랴 협의실로 내려가니, 학교 상담 선생님께서 당혹스러운 얼굴로 앉아 계셨다. 이윽고 들려온 말은 청천벽력이었다.

"어머니, 아이가 유서를 썼어요. 구체적인 날짜도 함께요."

"······."

게리 폴슨의 소설『손도끼』에서 열세 살 브라이언은 비행기 사고로 홀로 외딴 숲에 불시착한다. 그는 생경한 환경과 불안 속에서도 엄마가 선물한 손도끼를 생존의 도구로, 용기와 희망을 생존의 양분으로 삼아, 50여 일 동안 자신을 스스로 지켜내며 한층 성장하게 된다.

손도끼가 부모와 정서적으로 유착된 관계를 끊어내고 독립된 존재로 나아가기 위한 단호함이자 자립을 위한 자원을 상징한다면, 손도끼를 선물한 이가 바로 엄마라는 지점이 몹시 인상 깊었다. 아이의 독립을 도울 시의적절한 모성의 증표이자 지혜처럼 보였기 때문이다.

하지만 나는 그런 손도끼를 아이에게 주지 못했다. 오히려 아이가 나에게 쥐어 주었다. 우리 둘을 한데 묶고 있던 질긴 끈을 잘라낼 날카로운 호신용 칼을, 자신에게 생채기투성이를 낸 채로 건넸다. 준비가 안 된 엄마를 더는 기다릴 수가 없어, 아이 스스로 선택한 고육지책이었다.

아이가 여름날에 보낸 구조 신호를 알아채지 못한 나는 우매한 어미였다. 불신의 눈동자와 원망 가득한 아이의 목소리를 외면하더니, 차갑게 식어버린 아이의 심장을 보고 나서야 때늦은 후회에 갇힌 미련한 어미였다.

그러니 이번만큼은 절대 신호를 놓쳐서는 안 된다고, 내가 바뀌어야만 한다고, 아이의 심정에 공감하고 위로해 주며 아이가 자신의 불안한 내면을 충분히 탐색할 수 있도록 뒤로 물러나 기다려야 한다고 자신을 단단히 단속했다.

그러나 한번 등을 돌려버린 아이는 쉽게 곁을 내어주지 않았다. 방문과 함께 마음의 문도 닫아 버린 아이는 오랜 시간 나를 거부했다. 나는 열리지 않는 무거운 방문 앞에 속절없이 서 있기를 반복하며, 그제야 아이 혼자 감내해 온 고통을 통감하게 됐다. 어둠이 얼마나 외롭고 무서웠을지……. 괴로움 속에서 얼마나 안간힘을 썼을지……. 아이에게 작은 우산 자락 하나 되어주지 못했다는 뒤늦은 자책은 가슴에 커다란 피멍 덩어리가 들게 했다.

시간이 약이라는 말처럼 몸과 마음에 생긴 생채기에 딱지가 생기고 새살이 돋아나기까지, 피멍이 삭고 혈색이 다시 돌 때까지 우리는 서로에게 멀어지고 가까워지기를 반복하며 가을과 겨울 안에서 조금씩 회복해 나갔다. 그러다 어느 화창한 봄날, 한 통의 전화가 걸러 왔다.

"어머니, 이제는 상담을 종료해도 될 것 같아요. 아이가 지금껏 충동을 잘 참아냈고, 그간의 관계 경험을 되돌아보며 객관적인 자아 판단도 곧잘 하게 되었어요. 또, 처음보다 훨씬 많이 웃고 밝아졌어요....... 어머니도 함께 노력 많이 해 주셔서 감사해요."

구내 청소년 상담센터 담당 선생님의 말씀에 그동안의 시간이 주마등처럼 떠오르며 긴장된 마음이 느슨해지는 게 느껴졌다. 고대하던 별뉘가 드디어 문틈으로 들어와 주었다고 생각하니, 두 눈 가득 안도의 눈물이 차올랐다.

내가 지나온 사춘기는 낯선 길 위에 혼자 서 있는 듯 두렵고 막막했었다. 이정표가 되어줄 누군가가 있었다면 그처럼 힘들게 헤매지 않았을 텐데. 그랬다면 에너지와 시간을 그렇게 비효율적으로 써버리지 않았을 것이라는 생각을 자주 했다. 그래서 내 아이만큼은 나와 같은 시행착오를 겪지 않길 바랐다. 내가 해결책을 보여주면, 아이는 흔들림 없이 안전하게 이 시기를 통과할 수 있을 거라고 굳게 믿었다.

하지만 나는 지난날의 결핍에 매몰되어 가장 중요한 사실을 놓쳤다. 지금의 내 아이는 과거의 내가 아니라는 것을, 우리는 그저 너이고 나일 뿐이라는 진실을 잊고 있었다.

"엄마, 엄마의 빛을 찾아요. 어둠 속에 숨어 버린 엄마의 별을 찾아요. 두 개의 별빛, 어둠 속에서 서로를 위해 빛날 수 있도록......."

— 유혜율 글, 이수연 그림, 『너는 나의 모든 계절이야』,
후즈갓마이테일, 2022

    그림책 『너는 나의 모든 계절이야』에서 아이가 엄마를 향해 하는 말이다. 둘째 아이가 컴컴한 방 안 동굴로 들어가는 것을 지켜보며 따라 들어가고 싶은 마음이 요동칠 때마다 붙잡았던 구절이다. 아이가 고통스럽게 건넨 손도끼를 쓸모없게 만들 수는 없었다. 엄마인 내가 이제 그 손도끼를 사용할 순간이었다. 손도끼를 단단히 손에 쥐고 엉겨 붙어 있던 원시별을 쪼개어 두 개의 새별로 나누어야 하는 순간, 우리를 해체해야 할 때였다.

    어둠에서 벗어나려면 어둠을 반드시 지나야만 했고, 암흑 같은 시간은 빛을 찾아가는 과정이었다. 이제 아이는 시시로 미소를 머금고, "엄마" 하고 부르며 내게 상큼상큼 다가온다. 그러고는 제 팔을 내 어깨 위로 둘러낸다. 그럴 때면 나도 두 팔을 활짝 벌려 아이를 품 가득 안아준다. 너와 내가 각자의 어둠을 통과해 냈다는 사실을 몸으로 실감하면서 듬뿍 안아준다.

    알맞은 거리에서 서로를 믿으며 바라볼 수 있게 된 지금이 좋다. 아이의 닫힌 방문을 바라보며 써냈던 이 시를 가슴 한편에 아로새긴다면, 앞으로도 그럴 수 있을 테다.

나의 장미에게

이선아

안녕, 아름다운 장미야!
나는 너를 안고 싶은 상록수야
너에게 전하고 싶은 말이 있어
들어볼래?

있잖아,
밤이슬에 슬퍼하는 마음도
밝은 태양을 따라가는 마음도
모두 너의 향기야

알잖아,
향기를 피워내는 게 너의 숙명이라는 걸
그러니 너의 운명을 사랑하고 사랑하길

나의 숙명은 너의 곁에 사철 푸르게 서 있는 것

너는 네 명을
나는 내 명을
시리게
부시게

피워내 보자

나의 아름다운 장미야!

미움

충전하다

"엄마, 박사가 새벽에 내 침대에 오줌 쌌어!"

큰 애가 화장실로 들어가며 아침 식사 준비로 바쁜 나를 향해 건조하게 말했다.

순간, 욱하는 마음이 올라왔지만, 아이 등교가 먼저였기에 일단 알겠으니 냄새가 새어 나오지 않게 방문을 잘 닫고 나가면 나중에 내가 치우겠노라고 답했다.

가족 모두를 배웅하고 큰 애 방으로 들어갔더니 '오, 맙소사! 가관이로구나!'.

두 눈은 어느새 위로 치켜 올라가고 입은 고함칠 채비를 한다. 범인에게로 향하는 두 발은 바닥을 빠르게 치며 쿵쾅쿵쾅 소음을 낸다. 태평한 범인은 내 속을 아는지 모르는지 거실에서 달그락달그락 그릇 부딪히는 소리를 내며 아침 먹기에 여념이 없다.

"야! 이 돼지 같은 녀석아, 지금 밥이 넘어가냐!"

'장군이'와 '박사'. 우리 집에는 두 마리 수컷 고양이가 산다. 두 마리 모두 길고양이 출신으로 흰색과 검은색 털만 가진 일명, 턱시도 냥이와 젖소 냥이다. 범인은 바로 박사, 내가 미워하는 녀석이다. 큰아이의 고집을 꺾지 못해 데려온, 장군이를 구조하고 일 년 뒤에 합사시킨, 식탐도 많고, 털도 유난히 많이 날리는 덩치 큰 젖소 냥이. 그 녀석이 아침부터 내 속을 끓인다.

사람 말을 알아들을 리 없지만, 본능은 힘이 세다. 녀석은 겁이 났는지 사료를 먹다 말고 거실 창가에 있는 캣타워로 부리나케 올라간다. 나는 녀석을 재빨리 따라가 엉덩이를 때리며 쏘아붙인다. "오줌도 모자라 똥까지 싸! 멀쩡한 화장실 두고 대체 왜? 겨울이라 가뜩이나 해도 짧은데 저걸 언제 다 빨아서 널라고! 내가 너 때문에 못 살아, 정말!"

박사는 봉변에 놀랐는지 하악질을 하며 큰아이 방으로 도망쳐버렸고, 친구 박사와 꼴사나운 아줌마 집사의 옥신각신에 장군이도 놀랐는지 캣타워 꼭대기로 올라가 잔뜩 움츠린 자세로 나를 쩨려본다. 그 순간, 아차 싶었다. 캣타워 옆에 있는 안방 베란다 문이 굳게 닫혀 있는 걸 본 것이다.

어제 낮에 고양이 화장실 청소를 할 때 열어 둔 베란다 창문을 미처 닫지 않았나 보다. 살짝 열린 창문 틈으로 들어온 황소바람에 문이 그만 저절로 닫혀버렸던 게 틀림없다. 맙소사, 녀석의 잘못이 아니었구나! 뒤통수를 한 대 세게 맞은 듯 정신이 번쩍 들었다. 잘 알아보지도 않고 애먼 녀석에게 화풀이한 꼴이라니!

　죄책감으로 무거워진 마음을 품고 청소용품을 챙겨 아이 방으로 들어갔다. 창문을 활짝 열고 침대와 그 주변을 여러 차례 닦아냈다. 침구들까지 세탁기로 돌리고 나니 두 시간이 훌쩍 지나 있었다.

　아침도 거르고 두어 시간 동안 냉바람을 맞으며 청소한 탓인지, 으슬으슬 한기가 돌며 미열과 두통이 생겼지만 쉴 수 없었다. 처리해야 할 일들로 꾸물거리면 안 되는 날이라 가족들이 남긴 잔반으로 대충 허기를 때우고 상비약을 챙겨 나가기에 급급했다.

　집으로 돌아오니 어느덧 둘째 아이의 하교 시간이 임박하고 있었다. 큰 애 방을 치우느라 미뤄둔 집안일을 서둘러 해야만 했다. 그 전에 장군이와 박사를 찾았다. 우려와 달리 휑한 첫째 방 대신 둘째의 폭신한 극세사 이불 안에서, 아무 일도 일어나지 않았다는 듯 두 마리가 나란히 붙어 낮잠을 자고 있었다.

　느긋한 녀석들을 보니 갑자기 서러움과 원망이 솟구치며 한 얼굴이 떠올랐다. '이게 다 너 때문이야. 내가 누구 때문에 이러고 있는데!' 울화의 눈물이 볼을 타고 부르르 흘러내렸다.

　저녁 9시가 되자 현관문을 여는 소리가 들렸다. 다녀왔다는 인사가 끝나기 무섭게 큰아이를 향해 오후 내내 담아둔 날카로운 말들을 다다다다 쏟아냈다. 밖에서 잘살고 있던 고양이를, 생떼를 쓰고 데려왔을 때 뭐라고 했냐. 네가 화장실 청소도 하고 사냥놀이도 꼬박꼬박해 주기로 하지 않았느냐. 네 거짓말에 속아 나 혼자 고양이 뒤치다꺼리 하는 게 얼마나 고생스러운지 아냐며, 네 욕심 때문에 데려왔으니, 네가 다 책임지라고 묵혀둔 말들로 고래고래 비난을 해댔다.

아이는 당황해서 잠시 멈칫하더니, 이내 풀이 죽은 목소리로 대답했다. "알겠어. 대학 들어가면 내가 애들 데리고 나가서 살게."

평소 내가 하는 말에 또박또박 토를 달던 녀석인지라 예상치 못한 반응에 내심 놀랐지만, 그 허황한 말이 반갑기도 했다. '제발 그리해 주라! 지긋지긋한 고양이 독박 육아 좀 그만하고 싶다! 나도 한계치란 말이다!'

이 와중에 박사와 장군이는 살가운 집사가 돌아온 것을 반겨 긴 꼬리를 흔들며 큰아이 다리에 제 볼들을 야옹야옹하며 비벼대고 있다.

여러 마음이 제각기 떠다니던 겨울밤이 그렇게 소란스럽게 지나가고 있었다.

다음 날 아침, 매시근함이 느껴졌지만, 심란한 마음이 싫어서 밖으로 나섰다. 오늘은 새로이 하루를 맞이하고 싶었다. 갈 곳은 도보로 25분 거리에 있는 도서관이다. 내가 좋아하는 25분, 산란함을 정돈해 주는 거리 풍경이다.

겨울이라 발길이 뜸했던 탓에 오랜만에 본 가로수들의 모습이 새삼스러웠다. 계절에 순응한 채 추위를 탓하지 않고 의연히 서 있는 나목들을 보니 괜스레 숙연해졌다. '내가 어제 그 난리를 피우는 동안 나무들은 묵묵히 제 자리를 지키고 있었구나······.'

이런저런 생각에 잠겨 걷다 보니 벌써 도서관이 보였다. 가까이 갈수록 선명해지는 도서관 특유의 고요한 생기가 초입에서부터 나를 마중한다. 쿼렌시아(Querencia)에 도착했음을 알리는 신호다.

마음이 어수선할 때 자주 향하는 곳이 도서관이다. 도서관 내에 유유히 떠다니는 무심한 침묵이 내게는 진정제 같아서다. 그 여유로운 침묵 안에서 책을 보다 보면, 어느새 나의 평온도 제자리를 찾아간다.

오늘은 무채색 글 책 대신 기운을 돋아줄 화사한 그림책을 보기로 한다. 그러고선 양일간 꿀렁댄 마음을 가라앉혀준, 위로의 그림책 『아무도 사랑 안 해』를 책 수레에서 운 좋게 찾아낸다.

앞표지를 보니, 일자 눈썹 아래 자리 잡은 누런 눈그늘과 한껏 부풀려진 머리가 인상적이다. 빨강 하트 안에 하얗게 쓰인 제목 또한 눈길을 끈다. 과연 어떤 이야기가 담겨있을까?

고군분투하는 엄마의 하루를 보니 안쓰러운 마음이 든다. 떼꾼한 눈으로 퇴근길 저무는 해를 바라보던 엄마는 초콜릿 상자 안에 남겨진 마지막 조각을 집어 먹으며 결심한다. "남아있는 내 사랑은 나에게 쓸 거야. 꿀꺽." 그리고 집으로 돌아온 엄마는 가족 앞에서 호연히 말을 꺼낸다. "오늘은 아무도 사랑하지 않을 거야"라고.

엄마는 그날 홀로, 좋아하는 것들을 하며 에너지를 충전한다. 지친 몸과 마음을, 최선을 다해 정비한다. 가족을 사랑하고 자신의 일상을 잘 살아내기 위해 그렇게 다시 힘을 낸다.

늘 업무로 바쁜 남편, 사춘기가 한창인 둘째, 고등학생이 되어 학업을 이유로 고양이 돌보기에 소홀한 첫째, 장군이와 박사까지 그들은 내가 사랑하고 돌보아야 하는 가족이다.

매일 살림은 해도 티가 잘 나지 않지만, 하지 않으면 그 티가 두드러지는 이상한 작업이다. 고양이를 키우기 시작하면서부터 유독 더 그랬다. 날리는 털을 청소기와 물걸레로 제거하고 화장실 청소로 청결을 유지해 주고, 건식과 습식사료를 번갈아 그릇에 담고 식수도 깨끗하게 갈아주어야 했다. 그리고 몸의 털을 빗기고 쓸어주고 매만지며 집사의 애정을 표현하는 시간을 추가해야 했다.

그 시간을 나누기로 한 첫째의 시간까지 내 몫이 되다 보니 어제는 내 사랑도 『아무도 사랑 안 해』 속 엄마처럼 소진돼 버렸나 보다. 그래서 평소처럼 큰아이도 고양이들도 사랑할 수 없어 그리 역정을 냈나 보다. 그러니 남은 사랑은 무조건 나를 위해 써야만 했던 거다. 일부러 시간을 내어 내가 좋아하는 것들을 보고, 느끼고, 생각하며 몸과 마음을 충전해야 했던 거다.

오늘 나는 나를 사랑하기 위해 최선을 다했다. 그러므로 다시 힘을 내어 첫째와 박사를 사랑하기로 마음먹는다. 그리고 어제와 같은 순간이 다시 찾아온다면, 지난날 그들이 내게 주었던 행복의 순간을 떠올리자고 다짐한다. 그때의 기쁨과 고마움을 마음 가득 불러내 불길같이 치솟아 오르는 마음을 꺼버리자고 결심한다. 추억을 냉수처럼 꺼내 마셔야 하는 때도 있는 것이니!

어느덧 해가 기웃기웃 저물어간다. 이제 집으로 돌아가야 할 시간이다. 마트에 들러 큰아이가 얼마 전에 먹고 싶다고 말했던 떡볶이 재료를 사야겠다. 집에 도착하면 저녁 요리 전에 박사와 장군이가 좋아하는 닭가슴살을 특별식으로 쪄줘야지. 참, 스트레스 해소에 좋은 캣닢과 마따따비 가루도 캣타워에 가득 뿌려주고!

외로움

찾아내다

"어떤 냄새를 모았어?"
"알싸한 여름 냄새"

— 양양 글·그림, 『계절의 냄새』, 노란상상, 2021

그림책 『계절의 냄새』에서 아빠와 아이가 나누는 말이다. 냄새는 특정한 기억과 감정을 불러일으킨다고 했다. 그래서일까? 두 사람의 대화가 내게서 오래된 기억 하나를 불러낸다. 가슴이 머리를 따라 오래된 감정으로 채워진다.

결혼한 해에 덜컥 쌍둥이의 부모가 되어버린 어린 부부가 있었다. 자식 내외의 어깨를 가벼이 해주고 싶었던 시어머니는, 며느리를 닮은 첫째를 자신의 시골집으로 데려갔고 두 달 갓난쟁이는 할머니의

정을 모성으로 알고 무럭무럭 자랐다. 넉넉한 자연의 품에서 일가친척들의 사랑을 담뿍 받으며 해맑은 개구쟁이로 자란 아이는 일곱 살이 되던 해 정겨운 시골집을 영원히 떠나왔다. 낯선 공기가 그득한 바닷가 언덕 위 아파트가 이제는 진짜 집이 되어야 한다고 누군가 말했고, 개구쟁이는 받아들이는 것 외에는 달리 할 수 있는 게 없었다.

그러나 시골집에서의 6년은 긴 시간이었다. 엄마와 딸, 두 사람의 마음은 좀처럼 거리를 좁히지 못했고 높다란 언덕집에는 개구쟁이 대신 외로운 아이가 살게 되었다. 아이는 그 집에서 무럭무럭 자라는 대신 조금씩 조용히 커갔다.

일곱 살, 내 안에서 아주 오래도록 머물렀던 쓸쓸함의 시작이었다. 낳아주신 엄마와 아빠 그리고 같은 배에서 난 동생들까지, 모두 나의 가족이라는데, 나는 그들 속에서 이질감을 자주 느꼈다. 문득문득 이방인이 돼버리고는 했다. 사건이나 일화가 자세히 기억나지는 않지만, 그 시절을 떠올리면 반사적으로 몸을 타고 흐르는 정서는 언제나 일관적이다.

『계절의 냄새』는 번지기 기법과 그림자를 사용해 기억의 속성을 그림으로 잘 표현한다. 아이의 여름도 내 기억 속 여름도 누군가의 집에 있으니 그 닮음이 왠지 반갑다.

커다란 창으로 들어온 연붉은 석양빛이 거실벽과 바다을 가득 채우던 장면이 떠오른다. 나의 두 눈동자는 헛헛함과 아릿함을 몰래 그러안고 창 너머를 응시한다. 그 잔상 위로 낡은 사진 한 장이 겹친다. 짧은 여름옷을 입고 손을 꼭 잡은 채 발그레 웃고 있는 쌍둥이가 있다. 둘이 함께 거실 베란다 난간에 기대어 엄마의 뾰족구두를 신으며 천진하게 놀고 있다. 기쁨이 담겨있는 미소이다.

그래, 정말 그랬었다. 오래된 사진이 내게 잊힌 행복을 찾아낸 거라며 기껍게 속삭이는 듯했다. 그렇게 발견한 행복은 꼬리를 물며 다른 기쁨의 순간도 떠올려 주었다. 바닷가 언덕 위 아파트는 부산 해운대 달맞이 언덕에 지어진 사택 아파트였다. 고지대에 자리를 잡은 탓에 고개 초입에 있던 미술학원을 오가는 길은 꽤 고역이었지만, 학원을 마치면 실컷 놀 수 있었던 오후는 가장 기다린 하루의 때였다. 동생들과 아랫집에 살던 또래 남자애와 함께 아파트 앞 공터에서 한참 뛰어놀다 지루해지면, 산 중턱에 오르기 위해 단지 옆으로 낸 가파른 계단을 다 같이 식식대며 탔다. 그렇게 도착한 산허리에서 우리는 수평선 너머로 뉘엿뉘엿 지는 해를 함께 바라봤다. 때마침 불어온 바람이 이마와 등에 송골송골하게 맺힌 땀방울들을 식혀주면, 앞의 고생을 잊고 서로 마냥 헤죽거렸다.

달맞이 고개 위에서 내려다본 해운대의 풍광은 황홀했다. 끝이 어딘지 모를 드넓은 바다 위로 하루 할 일을 마친 해가 안녕하며 돌아가려 할 때, 인사에 응답하듯 파도가 잔잔히 일어났다. 그러면 발치 아래 나무들도 해걷이 바람에 살랑였다.

수십 년이 지난, 아주 오래된 장면이지만, 바로 눈앞에서 보는 듯 선명하게 그려지는 이유가 무엇일까? 비록 어린 나이였지만, 나는 지금과 같은 이유로 해 질 녘 바다를 좋아했던 것 같다. 들썩이는 감정과 뒤엉킨 생각들로 무거워진 마음을 파도에 흘려보내며 비워내고 싶었구나. 괜찮다고, 살아가는 건 받아들여야 하는 일이 아주 많다고, 흔들려도 약한 게 아니라고 푸근하게 건네는 말을 듣고 싶었구나.

그러니 바다의 조용한 위로는 일곱 살에게도 꼭 필요한 기댐이었네. 낮 동안 위풍당당하게 빛나던 해도 저녁이 되면 꼬리를 내리고 바닷속으로 가라앉듯이, 언덕집에서의 나도 행복과 불행을 반복하는 거였네. 바다는 어린 내가 내일을 살아갈 수 있게 격려해 주고 있었네.

『계절의 냄새』에서 아이가 모은 여름 냄새는 기억이다. "고양이 발자국의 냄새와 먼지 냄새, 다락의 냄새와 밤공기의 냄새." 장면들을 차례대로 따라가며 발견한, 내 여름의 냄새는 일곱 살 언덕집의 숨은 진실이었다. 석양 녘으로 가득했던 알싸한 거실이 다가 아니었다. 마주 잡은 손으로 전해진 동생의 온기와 동무들의 싱그러운 땀내와 넓고 해사한 해운대 바다의 고요한 위로가 분명 곁에 있어 주었다. 중년이 되어 지난날을 톺아보며 비로소 찾은 선명함이다.

뿌옇게 흐려진 안경알을 매만지며 생각해 본다. 인생은 멀리서 보면 희극이지만 가까이서 보면 비극이라던 찰리 채플린의 말이 실은 반대일 수도 있다고. 외로움이 온통이었다고 여긴 시절 안에도 틈은 있었고, 그 틈에서 따사로운 것들과 함께 살고 있었다고.

안온함을 느끼는 이 순간이 다정스럽다. 앞으로는 그해 여름을 보드랍게 어루만지며 추억하게 될 것이다. 글을 맺으며 쓰는 이 작은 시가 바닷가 언덕집에 새로운 물 반영을 만들어 줄 테니까.

클로즈업

이선아

둥근 모래사장이 내려다보이는 고개에 서니 참 좋아

하얀 파도와 반짝이는 윤슬을 가진 넓은 바다가 보여
바다에게 손이 있다면 꼬옥 안아달라고 할 테야
빨갛게 보랗게 물드는 저녁 하늘이 예뻐
하늘이 마음이 넓다면 내 뺨에도 똑같이 그려달라고 할 테야

바다와 하늘을 온종일 바라보고 있는 네가 부러워
살랑거리는 바람이 몸을 간질이면 너는 잠에 솔솔 들겠지?

나중에 나중에 여기 너로 태어날 테야

이제는 언덕 집으로 돌아갈 시간
내일은 동생이랑 엄마 뾰족 구두를 신고 오후 내내 놀 거야
나랑 닮은 작은 손을 잡고 실컷 웃을 거야
내일이 되면 너는 내가 부럽겠지?

그래도 삐지지는 마

너는 고갯마루에 서서

나는 거실에 서서

서로가 똑같은 마음을 나눌 거야

바다랑 해랑 바람이 우리를 이어줄 테야

여름은 참 아름다운 냄새야

촉촉한 물 내음과 진한 풀 내로 가득한 로즈마리 버베논의 향기야

그렇지 나무야?

두려움

빛나다

    문득 생각이 나면 책장에서 꺼내 보는 소설 두세 편이 있다. 그중 하나가 무라카미 하루키의 단편 「반딧불이」이다. 고등학생 시절 절친한 친구의 자살을 경험한 주인공은 대학생이 되어 고향을 떠나온다. 그러다 친구의 전 여자 친구를 전철에서 우연히 만나 그녀와 1년 남짓 교류하며 겪게 되는 경험을 그린, 일종의 청춘 소설이다. 죽음과 삶이 공존하는 일상이 혼란스러운 주인공은 반딧불이를 보며 자신의 처지를 생각한다.

    대학교 3학년을 마치고 1년간 휴학을 했다. 6개월은 영어 어학연수를 위한, 남은 기간은 전공이었던 스페인어 어학연수를 위한 선택이었다. 학원 일정을 확인하니 팔월 말에는 일주일 정도 수업이 없었다. 호기라는 생각이 들어 영국과 살라망카(Salamanca)를 오가는 데

드는 비용을 알아보았다.

스페인 북서부에 있는 살라망카는 자국 내에서 대학 도시로 불렸고, 스페인어를 배우기 위해 모여든 외국인들이 많았다. 매력적인 어학연수 후보지 중 하나였기에 사전 탐색을 하고 싶었다. 때마침 친한 친구가 어학연수 차 살라망카에 머물고 있어 숙박비 절약이 가능했고, 두 달 정도 생활비를 아낀다면 교통비도 마련할 수 있을 것 같았다.

그렇게 떠난 탐색 여정은 순조롭게 이루어졌고, 3일이라는 여유 시간까지 선물해 주었다. 행운의 3일을 어떻게 보낼지 고민하던 내게, 친구는 리스본 여행을 권했다. 언어 문제는 둘째 치고 무엇보다 혼자 하는 여행이라 선뜻 마음먹기 어려웠다. 혼자서도 기운차게 다녀올 수 있을지 확신이 들지 않았기 때문이다. 친구는 나중은 없다며 기회가 왔을 때 잡으라고 종용했고, 나는 주저하는 마음을 애써 누르며 자신을 시험대 위에 한 번 놓아보기로 했다. 20대는 다양한 경험을 쌓고 독립의 기반을 다지는 시기라고 배웠으니, 나도 그렇게 해야 보통의 과정에서 뒤처지지 않는다는 생각에서였다.

다음날, 친구의 배웅을 받으며 리스본행 야간열차에 올랐다. 긴장감은 잠시 접어두고 좋아하는 밤의 정취나 마음껏 누리고 싶어 복도로 나갔다. 그런데 이미 남자 여행객 한 무리가 독한 담배를 피워대며 좁은 복도를 장악하고 있었다. 해로운 연기 따위가 내 귀한 낭만을 방해한다는 생각이 들며 순간 억울해졌다. 그래서 객기인지 오기인지를 부려 한쪽 모퉁이에 자리를 잡고 창밖으로 빠르게 지나가는 야경에 집중했다.

그러나 뺨을 때리는 야속한 밤바람이 차가운 밤공기와 메케한 냄새를 뒤섞는 통에 낭만은 간데없이 사라지고 메슥거리는 속과 두통이 대신 찾아들었다. 그러니 맥없이 사라진 감성에 대한 미련은 버려 두고 당장 해야 할 일은 객실로 들어가 선잠을 청하는 것뿐이었다.

내가 그렇게 얼떠 있는 동안 기차는 부지런히 새벽을 내달렸고 한껏 느려진 기차의 움직임에 정신을 차려보니 어느새 리스본에 당도해 있었다.

가장 먼저 찾은 곳은 시내와 멀지 않은 호카곶(카보 다 호카, Cabo da Roca)이었다. 트램을 타고 도착한 그곳은, 높은 절벽 아래로 거친 너울이 이는 맹렬한 바다와, 딱딱한 땅 위로는 여름이 무색할 만큼 온몸에 닭살을 돋게 만드는 격렬한 바람으로 가득했다. 언덕 위에 서서 허허바다를 넋을 놓고 바라보자, 묵혀둔 상념이 밀려드는 파도를 타고 서서히 깨어났다.

고입을 치르고 지역에서 제일 좋다는 고등학교에 진학했다. 그러나 성적은 빛나지 못했고 대학 입시에도 실패했다. 재수해서 들어간 대학교에서 나름으로 열심히 공부했지만 늘 부족하다고 여겼다. 그래서 부모님의 지원을 업고 휴학을 만회의 기회로 삼아 멀리까지 왔다. 그런데도 영국에서 치르는 자격시험에서 번번이 떨어졌다. 복학하면 취업에 필요한 다른 공부를 해야 했기에 확실한 성과 없이 돌아가리라는 가정은 애초에 없었다. 이대로 스페인에 간다고 한들 지금까지의 부진을 씻고 한국으로 돌아갈 수 있을지 회의가 들었다.

반복되는 실패에 자신감은 사라지고, 그 자리를 부채감과 열등감으로 채우며 두려워하던 나는 마치 한 마리 반딧불이와 같았다. 작고 희미하고 초라한 하루살이 벌레는 내가 소망하던 바가 아니었다. 누구나 알아보는, 또렷하고 선명한 빛을 내는 커다란 비단벌레가 되고 싶었다.

매일매일 풍파를 겪어내는 어른 같은 바다가 용기 내어 여기까지 찾아온 길 잃은 어린 자에게 혜안을 보여주었다면 얼마나 좋았을까? 그런 내 마음을 아는지 모르는지 바다는 무심히 제 일만 했지 말이 있을 리 만무했다. 절망은 울렁이는 파도에 실려 이리저리 정처 없이 부딪히기만 할 뿐 사라지지 않았다. 나의 청춘은 내일로 나아가기 위해 기필코 필요했던 그 무엇을 끝내 찾지 못하고 넘어진 자리에서 하루살이처럼 그렇게 사그라지고 있었다.

이후로도 분수령 같은 순간이 두 번 정도 찾아왔지만, 실패가 두려워 현실에 안주하는 선택을 했다. 그러면서 그토록 갈망했던 뚜렷한 빛은 잊자고 마음먹었다. 현실에 안착한다면 다시는 그때처럼 괴롭지 않아도 된다고 되뇌이고 되뇌었다.

그랬던 내게 그림책 『따뜻이 흘러간 날들』의 한 장면이 묻어버린 오래전 바람을 상기시켜 주었다.

"네가 지나온 날들을 하나씩 떠올려 봐. 친구와 함께 걸으며 건네받은 온기가 불안을 포근하게 감싸주고, 아름다웠던 길에서 스며든 빛이 두려움을 밝게 비춰 줄 거야."

— 김지원 글·그림, 『따뜻이 흘러간 날들』, 팜파스, 2024

자수로 지어진 길과 별들이 펼침면 위에 아득하게 놓아져 있고 그 위에 덧써진 문장을 마주하자, 내가 지나온 날들이 궤적을 그리며 펼쳐지는 듯했다.

불안했던 20대를 지나며 결혼을 했고, 30대에 엄마가 되었다. 30대 후반에 시작한 시민단체 활동이 올해로 10년 차다. 일주일에 한 번 정기적으로 회원들이 만나 어린이와 청소년 책을 읽은 소감을 나누었고, 지역 내 공공기관에서 어린이들을 대상으로 책 읽어주기 활동을 함께 했다.

크게 아파서 적극적으로 참여하지 못한 시기도 있었지만, 가장 기본이 되는 책 읽기만은 손에서 놓지 않았다. 다정한 지회원들이 업무의 빈구석을 채워주고, 책 읽기 동무가 돼주었기에 가능했다. 때로는 밀어주고 때로는 부축받으며 서로를 의지하며 뜻을 모아 한 곳으로 나아갔다.

돌이켜보니, 책에서 만난 숱한 인물들에 감응하고 그들의 서사를 따라가며 찾아낸 것은 다름 아닌 나 자신이었다. 외롭고 조용했던 일곱 살, 혼란스럽고 막연했던 사춘기, 자유로웠으나 조급하고 자신감이 모자랐던 장년, 어른이 되고 싶어 애쓴 중년까지. 각 시절의 나를 다시 만났다. 그러면서 모든 시절 속 못난 나와 자랑스러운 나를 서로 화해하게 하려고 애썼다. 감추고만 싶었던 부족한 모습을 채근하는 대신 다독거리며 나의 일부로 받아들였다.

그렇게 무엇인가를 수년간 꾸준히 하다 보니 생각과 마음이 시나브로 자라나, 자기 부정이라는 딱지가 사라지고 자기 긍정이라는 새살이 차올랐다. 기나긴 겨울이 가고 푸르른 봄이 내 안에서 움트기 시작한 것이다.

　혼자였다면 결코 변하지 못했을 테다. 어떤 날은 서로의 다름에 부딪혀 깨달았고, 어떤 날은 다름을 수용하며 상대의 내면과 세계를 이해하려 애쓴 성숙한 동료들이 곁에 있어 이뤄낼 수 있었다.

　말이 아닌 행동으로 일상을 살아내고 더 나은 세상을 만들기 위해 힘쓰는 그들을 본보기 삼아, 나도 몇 년간 새로운 일에 도전했다. 그 덕분에 지금은 내가 좋아하는 것들로 여러 사람 앞에 서는 일을 하고 있다.

　그러므로 이제는 내가 어떤 사람이라고 뚜렷이 말할 수 있겠다. 나는 시간과 경험을 재료 삼아 나만의 콩알을 하나하나 천천히 빚어야 하는 느릿한 자다. 그리고 진실한 연대가 개인과 세상을 결국 좋은 쪽으로 나아가게 하는 원동력이라고 믿게 된 자다.

　스물세 살의 나는 미숙하고 나약했으며 자신으로 살아가는 법을 몰랐지만 오십을 향해 가고 있는 지금은 아니다. 이제는 넓은 세상에서 나의 빛을 잃지 않고 함께 살아가는 법을 제법 많이 깨우쳤노라고 힘주어 말할 수 있기 때문이다.

　앞으로도 타인의 기준과 인정을 맹목적으로 좇는 대신 진정한 나다움을 한 조각, 두 조각 천천히 채우며 살아가려 한다. 실패에 주눅 들지 않고 실패를 발판 삼아 용기 있게 앞으로 나아가려 한다.

　그리하여, 다채로운 빛의 세상에서 반딧불이의 자취를 선명하게 그려내 보려 한다.

부끄러움

밝히다

어릴 때부터 유독 또래 안에서 주눅이 많이 들었다.

일곱 살이었던 것 같다. 나를 쳐다보며 수군거리는 미술학원 여자애들의 시선에 이유도 모른 채 기가 죽었다. 그래서 대꾸도 하지 못하고 그저 고개만 푹 숙여내야 했다.

초등학교 2학년 때는 두꺼운 안경을 쓴 나를 옆 분단에서 키득거리며 쳐다보던 남자애들 때문에 자주 의기소침해졌다. 그 비웃음이 듣기 싫어서 칠판이 잘 보이는 앞자리에 앉게 되면 안경을 쓰지 않고 학교에 갔다.

좋든 나쁘든 아이들의 주목을 받는 순간이 부담스러워 마냥 숨고만 싶었다. 어색함을 느끼는 순간마다 얼굴은 왜 그리도 화끈거리던지. 학년이 올라가면서 홍당무처럼 양 볼이 달아오르는 증상은 사라졌지만, 부끄러움은 내 안에 굳건히 자리를 지키며 다른 모습으로 드러났다.

  6학년 담임 선생님은 학급 임원을 맡은 학생들에게 수업 중 다른 반으로 서류를 전달하는 심부름을 자주 시키셨다. 속으로 내 이름이 불리지 않기를 얼마나 바랐는지 모른다. 그날도 어느 날처럼 이름이 호명되어 교단 앞으로 갔더니 선생님이 자못 심각한 표정으로 나를 쳐다보며 말씀하셨다. "그런데 이선아는 왜 그렇게 매번 얼굴을 찡그리며 나오냐?" 그 말을 듣자, 머리를 한 대 맞은 듯 정신이 아득해졌다. 숨기고 싶던 마음을 공개석으로 오만상을 써가며 표출하고 있었다는 사실이 너무 창피스러웠다.

  이후로 내 부끄러움은 꾹 다문 입과 쿵쾅거리는 심장으로 조용하게 티가 잘 나지 않는 쪽으로 바뀌었지만, 굴욕적이었던 순간을 피해 갈 수 없게 발을 걸기도 했다.

  중학교 1학년 과학 시간이었다. 앉은 자리가 불편해 살펴보니 생리혈로 교복 치마 뒤가 흠뻑 젖어있었다. 수업이 끝나자마자 화장실로 가야겠다고 생각하며 조급해하고 있는데, 선생님이 하필 내 번호를 부르시며 일어나 질문에 답해보라고 하셨다. 그 순간, 심장이 요동치고 입이 바짝바짝 타들어 갔다. 사정을 이야기하면 내 자리로 모든 눈길이 쏠릴 게 분명했다. 그래서 선생님의 거듭되는 호명에도 몇 분을 책상만 응시한 채 입술을 움직이지 못했다. 결국, 옆에서 보고 있던 짝이 대신 답하겠다며 나서 주어 그 일도 무마되었다.

  1학년이 끝나고 그 짝과는 학교 복도에서 가끔 마주쳤다. 짝의 눈동자는 그날을 상기시키는 촉매제였기에 어떤 날은 아무렇지 않게, 어떤 날은 의식적으로 짝의 눈을 외면해야 했다. 지난 일을 시계태

엽 감듯 되돌릴 수는 없겠지만, 만약 그럴 수 있다면 기필코 돌리고 싶을 만큼 그 사건은 치욕이 되어 오래도록 나를 괴롭혔다.

　후회와 합리화 사이에서 자신을 저울질하던 혼돈의 중학생 시절을 거쳐 고등학생이 되었다. 진학한 학교에는 성적이 우수한 아이들이 즐비했다. 학업이 뛰어난 그들과의 경쟁은 고된 일이었다. 틈틈이 학원도 다니고 개인 지도를 받기도 했지만, 성적이 크게 나아지지 않았다. 늘 고만고만한 등수에 특출나게 잘하는 과목도 없이 평균 언저리에서 벗어나지 못하는 성적표는 또 다른 부끄러움이 돼버렸다. 자신감은 점점 사라졌고, 자존감도 바닥을 쳤다. 3년 내내 자신을 실패자로 정의 내려 침묵과 위축으로 스스로를 몰아, 진흙탕에서 부유하는 낙엽처럼 지냈다.

　그런데 낙엽이 바람을 따라 새로운 장소에 내려앉기도 하듯이, 어떤 변화가 내게도 불어왔다.
　대입에 실패하고 재수생이 되어 서울로 오게 됐다. 낯선 환경이 두렵기도 했지만, 나를 잘 모르는 곳에서 이전과는 다르게 이십 대를 꾸릴 수 있겠다는 설렘이 불안보다 컸다. 그래서였을까. 대학 생활을 하며 오랜 시간 몸에 밴 소심함과 조용함이 조금씩 떨어져 나가기 시작했다.
　연극부 동아리원으로 무대에도 서고, 낯선 분야의 강의도 들었다. 무엇보다 외국어를 전공으로 선택하면서부터 자신감을 만들어 내려고 더욱 애를 썼다. 시키는 발표 외에는 하지 않던 소극적인 학생이 궁금증이 생길 때마다 질문하며 새로운 언어를 습득해 나갔다. 과제를 성실히 해가고 필요할 때는 질문을 준비해 강의에 참석했다. 그러면 이해도가 높아져 덜 긴장하고 덜 불안했다. 거기에다 인원이 적은 소규모 강의에 같은 과라는 소속감은 편안한 마음을 보태주었다. 또한, 전공 교수님들의 친절한 피드백은 정답에 대한 부담감을 낮춰주었다.

그런 순간들이 쌓여 경험으로 다져지다 보니, 졸업을 앞두고는 과 대표도 하고 과 내 특강에서 통역자로도 섰다. 더 나은 모습으로 변하고 있는 내가 내심 좋았다. '그래, 이 또한 내 모습 중 하나야. 그러니 너를 더 믿어봐. 너, 꽤 괜찮아지고 있어!'

내면에서 무엇이 발동하여 가능했던 변화였는지 속속들이 다 알 수는 없지만, 분명한 것은 열등을 동력 삼아 발전의 에너지로 삼았다는 점이다. 주눅 들지 않고 당당한 사람이길 바라던 욕구는 자극제가 되어 꾸준히 실천할 수 있도록 이끌어 주었고, 나아지고 있는 나를 알아봐 준 긍정적 반응은 힘을 북돋아 주었다.

심리학자 아들러가 말한 우월성 추구가 우리 모두에게 본능적으로 주어진 것이라면, 내게는 시선으로부터의 자유를 추구하는 모습으로 나타났던 게 아닐까 싶다.

하지만 그 자유는 몇 번의 맛보기만으로 유지되지 않았다. 나무가 튼튼해지려면 잎만 푸르러서는 아니 되었다. 나무를 지탱하는 뿌리가 튼튼해지려면, 더 많은 시련과 숙성의 시간이 필요했다. 내 안의 나무는 오래도록 뿌리까지 튼튼해지지 못해 세차게 흔들리기를 거듭해야 했다.

일곱 살부터 지금까지 면면히 이어져 왔으나, 숨기고만 싶었던 이 내밀한 부끄러움들을 꼭꼭 숨겨 발굴하고 싶지 않았다. 그런데 비밀이란 내내 주시하다 타이밍을 놓치지 않고 적을 콕콕 쪼아대는 닭부리 같은 걸까? 내 바람은 그림책 『나는 소심해요』를 보며 보기 좋게 실패했다.

주인공은 남의 시선 따위는 신경 쓰지 않는 자신만만한 이들이 부럽기만 하다. 그들과 정반대로 자신은 남의 시선이 두렵다. 우습게 보이거나 눈에 뜨일까 걱정스럽다. 영락없는 내 모습이다.

그러나 주인공은 본인만의 방법으로 소심함을 극복해 나가며 중요한 사실을 발견한다. 소심함의 음지가 아닌, 양지를 찾아낸 것이다. 신중하고 사려 깊은 마음가짐을 더는 숨길 필요가 없다. 그저 드러내어 인정하고 사랑하면 되는 것이었다. 단점이 아닌 장점을 빛내어 보여주면 되는 것이었다. 그리고 이야기는 여기서 끝나지 않고, 어쩌면 내게 가장 필요했던 말을 들려준다.

"나는 결국 나의 소심함을 좋아하게 되었어요."
— 엘로디 페로탱 글·그림, 박정연 옮김, 『나는 소심해요』, 이마주, 2019

10년 전 즈음, 그림책 읽어주기 봉사활동을 한 적이 있다. 적게는 10명, 많게는 30명 이상의 아이가 학교 도서관으로 왔다. 읽어주는 목소리에 집중하는 아이, 그림에 집중하는 아이가 있는가 하면 책 내용이 아닌 활동가의 손짓과 몸짓에 집중하는 아이, 참여 선물에만 관심 있는 아이, 친구를 따라온 아이 등 저마다의 이유로 도서관을 찾았다. 또, 활동가의 질문에는 생김새만큼 답도 같은 듯 다른 듯 다양했다.

　각자만의 개성으로 푸릇한 아이들을 한 명 한 명 바라보며 생각했다. 그 시절의 나도 그랬을 거라고. 안경을 써도, 수줍음이 많아도, 주목받는 게 싫어도 그냥 나라는 단 하나뿐인 아이로 충분히 사랑스러웠을 거라고. 그런데 왜 자신에게 그런 말을 한번을 들려주지 않았을까? 확언은 짐작보다 더 강력하게 각인되는 법이 아닌가! 그러니 이 순간을 빌어 어린 나와 지금의 나에게 힘주어 말해주련다.

　"괜찮아, 부끄러워해도 돼. 네가 조용하고 조심성이 많아서 그랬던 거야."

　"괜찮아, 이대로 충분해. 다정하게 듣기를 더 좋아하는 사람이지만 필요할 때는 분명하게 말할 줄도 아는, 너다운 어른으로 잘 커가고 있어."

　비밀이 비록 탄로가 났지만, 『나는 소심해요』 속 주인공처럼 더는 감추지 않으려 한다. 닭이 홰를 치며 스스로 아침을 밝히듯, 부끄러움에 가려져 있던 나의 밝음을 비로소 밝혀냈기 때문이다. 그러니 앞으로도 변함없이 수줍고 소심해질 것이다. 신중하고 배려심 있는 모습에 불을 비추어, 부끄러움의 손을 잡고 환히 빛나는 자신을 오롯이 드러낼 것이다. 있는 그대로의 나를 사랑하며 세상에 뿌리내려 갈 테다.

분노

열어내다

　초등학생 시절, 친구와 책상 하나를 사이에 두고 마주 앉아 손 놀이하며 즐겨 부르던 '신데렐라'라는 노래가 있었다.
　"신데렐라는 어려서 부모님을 잃고요. 계모와 언니들에게 구박을 받았더래요……."
　친구에게는 단순한 동요에 불과했을지 모르나, 나에게는 은밀한 흥얼거림이었다. 내 비밀을 친구가 눈치채지 못하게 숨길 수 있던 안도의 순간이었고, 그 비밀을 대놓고 떠들어도 친구에게 들킬 염려가 없던 안전한 순간이었다.
　그리고 어쩌면 새까맣게 타버린 마음의 재들을 즐거운 음에 감추듯 실어, 다시는 돌아올 수 없게 멀리멀리 날려 보내고 싶은 간절함이었을지도 모르겠다.
　생후 백일도 되기 전에 엄마 곁에서 떨어져 6년을 내리 친할머니 손에서 자랐다. 친가와 본가는 각각 시골과 도시에 있어서 왕래가 드문드문했다. 자연스레 내게는 할머니가 모성으로, 엄마에게는 두 동생이 자식으로 굳어졌다. 그러니 살을 부대끼며 켜켜이 쌓아 올려야 했던 촘촘한 서사가 빠진 모녀의 합가는 밑 빠진 독에 물 붓기와 같았을 테다.

동생들에게 엄마는 자연스럽고 당연한 존재였지만, 나에게는 어색하고 불편한 사람이었다. 거기다 자주 보이던 엄마의 불안한 눈빛과 예민한 말투는 내게 긴장을 부추기고 눈치를 보게 했다. 동생들과 엄마는 서로가 잘 섞이는 물이었지만, 나는 섞이지 못해 홀로 물 위를 둥둥 떠다니는 기름처럼 지냈다. 그런 상황은 내게만 국한된 문제가 아니었을 것이다. 엄마 역시 나와 같은 딜레마에 빠져있었을 것이다. 서로가 겉도는 채로 한집에서 함께 살아야 했던 운명의 굴레는 두 사람을 옭아매고, 신경을 곤두세우기에 충분했다.

열두 살이나 열세 살쯤이었던 것 같다. 당시 우리 집에 정기적으로 오시던 가사 도우미분이 있었다. 꽤 오랜 시간 일하셨고 엄마와 사이도 좋았다.

엄마가 집에 없던 어느 날, 아주머니가 집 앞 베란다에 있던 장독 안에서 무언가를 꺼내며 나에게 먹지 않겠냐고 물었다. 간식용 주전부리가 될 만한 것이었다. 마침 배가 살짝 고팠던 터라 알겠다고 대답하고는 아주머니가 내어놓은 음식을 맛있게 먹었다. 이윽고 엄마가 돌아왔고 나는 숙제를 하기 위해 방으로 들어갔다.

아주머니가 돌아가신 후 엄마는 다소 격앙된 얼굴로 방문을 열며 말했다.

"엄마가 없으면 네가 이 집 주인인데, 엄마 허락도 없이 아줌마가 장독을 만지게 그냥 두면 어떻게 하니?"

말이 끝남과 동시에 엄마의 손이 내 오른뺨을 지나쳤다. 새빨간 코피 방울이 하얀 공책 위로 뚝, 뚝 떨어졌다. 놀란 안경알도 뚝, 뚝 떨어지는 시퍼런 눈물방울을 당황해하며 받아내야 했다. 엄마의 고압적인 눈빛과 나의 침묵이 대치하는 상황에 놓이자, 잔뜩 긴장한 정적만이 두 사람의 눈치를 살펴야 했다.

침묵을 택한 건 내 나름의 생존방식이었다. 일순에 생겨난 감당하기 벅찬 감정들을 엄마에게 들키고 싶지 않았다. 휘몰아치는 감정들을 재빨리 잠재우고만 싶었다. 그래서 속으로 연신 나를 채근해 댔다. '나는 엄마를 실망케 한 나쁜 행동을 했어. 그러니 맞았다고 화를 낼 자격도 없는 거야. 대들거나 반항하는 건 버릇없는 아이가 하는 짓이야. 나는 조용히 고분고분 엄마 말에 따르는 착한 아이가 되어야만 해.'

그날 밤 엄마는 잠자리에 누워있는 내게로 와 말없이 날달걀을 뺨 위로 여러 차례 굴려주고 나갔다. 얼얼하게 달아오른 건 뺨과 코만이 아니었는데……. 정작 시퍼렇게 멍든 건 여기 내 심장이었는데…….

괜스레 서글퍼진 나는 나오려는 눈물을 힘껏 밀어 넣으며 생각했다. '오늘이 지나면 내일은 엄마가 없는 학교에서 친구들과 즐겁고 자유롭게 다시 놀 수 있어. 신데렐라 노래를 부르면 다 나아질 거야.'

악몽 같던 그 마음을 침묵으로 단단히 봉인했다고 여겼다. 누구도 볼 수 없게 철저히 숨겨두었다고 믿었다. 그런데 시 그림책 『거짓말』

을 보자 견고함에 균열이 일기 시작했다. 책은 마치 내 착각일 뿐이라고 일갈하며, 거짓말에 담긴 진짜 마음을 언제까지 가릴 수 있겠냐고 꼬집어 묻는 듯했다. 특히, 시 문구 하나가 체한 듯 마음에 박혀, 몇 날을 곱씹어 생각해야 했다.

"말하는 것은 거짓말이지만
거짓말하는 마음은 진짜인 거야"
― 다니카와 슌타로 글, 나카야마 신이치 그림, 엄혜숙 옮김,
『거짓말』, 나무말미, 2025

나는 거짓말의 손을 잡고 무겁게 살 것인지, 아니면 참말의 손을 잡고 가볍고 임의롭게 살 것인지를 거듭 고민했다. 그러다 어느 아침, 서서히 밝아오는 하늘을 보며 조금 더 당당한 용기를 내보기로 결단했다. 과연 침묵이 품은 어린 진심이 무엇이었는지 한번은 제대로 바라보아야 할 때라고 느껴졌다.

집주인답게 행동하지 못했다는 엄마의 말이 진정 옳다고 생각되었다면 나는 엄마에게 잘못했다고, 앞으로는 잘하겠노라고 입 밖으로 용서를 구해야 했다. 그런데 나는 그러지 못했다. 아니 그럴 수 없었고 그리고 싶지도 않았다.

침묵으로 저항했던 마음은 사실 해묵은 울분을 그득 담고 있었다. 자아가 커질수록 엄마 아빠에 대해 원망도 함께 커졌다. 제대로 사랑해 주지 않을 거면서 왜 나를 다시 데리고 왔는지, 왜 할머니와 헤어져 살며 애달파야 하는지, 왜 내가 선택하지 않은 일로 이토록 고

통스러워야 하는지 따박따박 따져 묻고 싶었다. 떨어져 지낸 6년을 책임지라고 큰 소리로 탓하고 싶었다.

그러나 불행히도 나에게는 돌봄에 대한 선택권이 없었다. 열두 살, 열세 살 어린이에게 자신을 키워 줄 어른은 필요했고, 그 관계에서 아이는 철저히 '을'이 되어야 했을 것이다.

벗어나고 싶으나 벗어날 수 없는 처지가 느끼는 온갖 양가적인 감정들을 어린 내가 일목요연하게 구분하기란 불가능했을 터다. 결국, 절망 끝에 선택한 고육책이 거짓 가득한 자책으로 자신을 단죄하는 극기였다는 진실을, 그날의 마음을 파헤치며 어렵게 찾아냈다.

그리고 가장 은폐하고 싶었던 어린 마음도 여지없이 드러났다. 나도 동생들처럼 엄마의 사랑을 느끼며 함께 행복해지고 싶었구나. 그런데 그러지 못해 외롭고 슬펐구나. 그래서 해소할 수 없는 그 모든 감정을 침묵 속에 집어넣고 고통스러워하며 지냈구나. 그런 나를 지키기 위해 본능적으로 찾아낸 방어책이 바로 '침묵'이라는 가드였구나.

하지만 이제는 그 가드를 내리려 한다. 선명한 목소리를 세워 그날의 나를 다시 살려내고자 한다.

'사실, 나는 내 행동이 잘못됐다고 생각하지 않았어. 배고픔을 알아챈 도우미 아주머니의 손길을 마다할 이유가 없었지. 호의에 응답했던 것이지 나의 권리를 지키지 못한 게 아니었어. 게다가 나는 엄마에게 맞서 아주 속상했어. 엄마가 말로 꾸짖었어도 나는 충분히 알아들었을 거야. 나의 애매한 행동 때문에 엄마가 오해했다고 이해했을 거야.

속상하고 억울했다면 말대꾸하며 화를 내도 괜찮아. 가끔은 반항으로 보이는 행동이 필요할 때도 있는 법이니까. 침묵으로 착한 아이가 되지 말고, 또렷한 음성으로 떳떳한 아이가 되는 건 어땠을까? 다음부터는 꼭 용기를 내봐!'

그리고 잿빛 같은 얼굴로 말없이 날달걀만 내 뺨 위로 굴려주었던 어린 엄마의 진짜 마음도 헤아려본다. 엄마는 어떤 참말을 숨기고 있었을지, 어떤 거짓으로 참마음을 보호하고 싶었을지 짐작해 본다.

그러나 우리는 끝내 서로에게 사과하지 않을 것이다. 그래야만 한다. 거짓말과 참말을 오고 갈 수밖에 없었던 각자의 진심을 뒤늦게 꺼내놓을 필요는 없다. 검은 마음뿐 아니라 하얀 마음 역시 날카로운 상처를 낼 수 있음을 나이 든 나와 엄마는 이미 잘 알고 있으므로, 용서는 상대가 아닌 각자의 진심을 알아채는 것만으로 족하다.

냉철한 초자아의 거짓말로부터 나를 탈출시키고자 현실의 자아가 찾아낸 '신데렐라 노래'를 잊은 지 오래다. 함께할 친구는 곁에 없지만, 언제고 다시 이 노래를 찾게 된다면 나는 홀로 당당히 떠날 것이다. 원초아가 품은 나의 참마음을 구하기 위해 그림자의 문을 지금처럼 활짝 열어젖힐 것이다. 그리하여 스러져가는 진심을 지키고, 절멸해 가는 나를 구원해 낼 것이다.

좌절

키우다

　최근에 20, 30대 청년들과 그림책을 함께 읽고 나눌 기회가 있었다. 이야기를 거듭할수록 본인의 삶을 야무지게 꾸려 나가고 있는 그들이 대견스러워 마음이 자주 해낙낙했다.
　마지막 회차를 매듭짓고 나니 시원섭섭한 마음에 괜스레 싱숭생숭했다. 길다면 길었던 6번의 만남을 청년들은 어떻게 여겼을지 소감이 궁금해졌다. 후기를 한 장 한 장 읽어 가던 중 인상적이었던 그림책을 꼽아달라는 질문에, 본인 마음을 잘 알아준 고마운 그림책이라는 짤막한 이유와 함께『또또나무』라고 적은 메모가 눈에 띄었다. 살면서 누구나 예외 없이 겪게 되는 좌절의 아픔을 아름다운 시와 그림으로 표현한『또또나무』가 내게도 같은 이유로 그러했기에 소개하길 잘했다는 뿌듯함이 들었다.
　하지만, 동시에 큰아이가 떠올라 울컥해진 순간이기도 했다. 이 책을 보았던 여러 시간 동안 한 번도 아이를 떠올리지 않았다는 사실이 몹시 미안했다. 그러면서 아이를 찾아왔던 가슴 저린 일들이, 가고 서고를 반복하는 지하철의 울렁거림 속에서 내게 경고하듯 되살아났다.

고입을 준비 중이던 큰아이에게 중학교 마지막 기말고사 성적은 정말 중요했다. 진학을 희망하던 고등학교에 원서를 접수하느냐 마느냐가 달려있기 때문이었다. 평소 낙천적이고 수더분한 아이라 평상심을 잘 유지할 거라는 믿음이 있었다. 그러나 그것은 나의 착오이자 오만이었다.

기말고사의 OMR 결과가 나오는 날이었다. 귀갓길에 아이에게 전화가 걸려 왔다. 두 과목에서 OMR 실수를 한 것 같다고, 가채점과 점수 차이가 크게 나서 아무래도 지원 자격이 안 될 것 같다고 풀이 꺾인 목소리로 말했다.

그 말을 들으니 화와 짜증이 동시에 일었다. 중요한 시험인 걸 알면서 무슨 정신으로 그런 거냐며 아이의 꼼꼼하지 못함을 소리높여 탓했다. 아이 안에 어떤 두려움이 자라나 그런 결과로 이어진 것인지 살펴보고 보듬어줄 생각은 하지 않고, 실망스러운 결과만 두고 힐책했다.

아이는 속상한 마음에 제일 먼저 떠오른, 제 편인 엄마에게 전화했을 텐데 미성숙한 엄마는 위로는커녕 마음에 비수만 꽂았으니 열다섯 살 아이가 얼마나 마음을 다쳤을까? 겨울바람에 아이 속이 타들어 갈 때 야속한 엄마는 그 속을 더 헤집어 놓을 뿐 따뜻하게 곁을 내어주지 못했다.

 오로지 시간만이 아이 편이 되어, 겨우내 마음속 생채기도 아문 듯 보였다. 하지만 안도감은 이른 바람일 뿐, 봄의 시샘은 아이에게 쉽게 실바람을 허락하지 않았다.

 일반고에 진학한 큰아이는 학기 초에 진로와 관련된 동아리에 들어가려고 나름으로 열심히 준비 중이었다. 나도 여러 가지 자료를 찾아가며 아이를 도왔다. 예정된 날이 되자 친구들은 하나둘 우선 선발 동아리 합격 소식을 들었지만, 아이의 휴대전화는 조용하기만 했다. 이상하게 여긴 아이가 사정을 알아본 모양이었다. 하굣길에 전화해서 하는 말이, 동아리 지원서 작성 후 담당 선생님께 이메일을 보내는 과정에서 문제가 있었다는 것이다. 메일 주소를 잘못 알고 틀리게 보내는 바람에 접수 자체가 아예 되지 않았다고 했다.

 나는 차라리 잘된 일이라고 생각했다. 작년 겨울 OMR 이슈가 마지막이 아니라는 사실에 잠시 화가 나고 답답하기도 했지만, 부주의로 인한 손해를 또다시 경험했으니 다음부터는 되풀이하지 않겠거니 꼼꼼하게 재확인하겠거니 여겼다. 그리고 작년처럼 아이를 몰아붙이는 우를 범하고 싶지 않기도 해서였다.

 그런데 아이는 나와 달랐다. 저녁 장을 보고 집에 왔더니, 하교 후 학원에 있어야 할 시간에 아이는 커튼을 쳐 깜깜해진 방에 웅크린 채 누워있었다. 대체 왜 이 시간에 집에 있냐고 묻자, 몸을 힘들게 일으켜 앉더니 서럽게 울먹이며 말했다. "엄마, 미안해! 미안해! 내가 다 망쳤어······."

 북받쳐 울며 자책하는 아이를 눈앞에서 보자 가슴이 한순간에 무너져 내렸다. 평소에 허풍선이처럼 득의양양하게 행동했던 아이의 이런 반응은 전혀 예상 밖이었다. 왜 내게 미안하단 말인가, 왜 내게 미안하다며 괴롭게 운단 말인가.

죄책감을 유발한 장본인이 나인 것만 같아서 차마 고개를 들어 아이를 쳐다볼 엄두가 나지 않았다. 아이의 절망에 나의 기대치가 이토록 큰 파장을 일으킬 줄은 꿈에도 알지 못했다. 나는 미련한 엄마였다. 제가 잘난 줄만 아는 허풍선이는, 아이가 아니라 바로 나였다.

아이는 다행히 그 이후로 같은 실수를 반복하지 않았다. 그러나 겪어야 할 일은 반드시 일어나는 법. 이번에는 학생이라면 피할 수 없는 성적이라는 쳇바퀴가 큰아이를 어지럽게 돌려댔다.

아이가 목표한 학과는 수학 성적이 무척 중요했다. 고등학생이 된 이후로 수학 공부에 더 많은 시간과 노력을 들였지만, 돌아오는 결과는 기대와 멀었다. 아이는 점점 시르죽어 갔고, 2학년 1학기 기말고사를 치르고 난 토요일 새벽에 집을 뛰쳐나갔다. 이슬이 내려 쌀쌀한 시간, 곧 터질 듯한 노여운 낯을 하고서 사라져 버렸다. 전날 밤 엄마, 아빠와 옥신각신 말다툼하며 본인의 노력이 부족하다고 다그쳤던 부모의 말에 그간 마음 깊숙이 꾹꾹 눌러 담아왔던 설움이 폭발해 버린 것이다.

연락이 닿지 않는 아이를 혼비백산 찾아다니며, 이제는 아이를 해치는 욕심이 아닌 아이를 살리는 지혜를 기필코 만들어 내겠다고 기도했다. '하느님, 제발 아이를 지켜 주세요. 제가 반드시 달라지겠습니다! 제 욕망을 아이에게 투사하지 않겠습니다. 아이의 삶은 제 삶이 아님을 깨닫습니다. 제 경험치가 아이 삶의 잣대가 되지 않음을

뼈저리게 인정합니다. 아이를 부디 보살펴 주세요!'

그날, 각자의 줄을 팽팽하게 잡아당기는 줄다리기 싸움에서 승자가 되길 바랐던 나는 다시 한번 아둔한 엄마가 되었다. 절망에 빠진 아이가 먼저 줄을 놓고 그 판에서 사라져 버린 뒤에야 뒤늦게 참회하는 어리석은 새벽이 숨 가쁘게 흘러갔다.

겨울 저녁과 봄의 오후와 여름 새벽을 거쳐 큰아이는 지금 본인만의 가을로 나아가고 있다. 본인에게 알맞은 보폭으로 성실하게 층계를 오르는 중이다.

『또또나무』 속 주인공이 좌절할 때마다 흘린 눈물에서 또또나무가 하나씩 둘씩 생겨난다. 울퉁불퉁, 삐죽빼죽 예쁘지 않은 열매들을 거름 삼아 튼튼하게 자라난 나무는 어느새 아름드리나무가 되어 숲을 이루며 또글또글 사랑스러운 노란 꽃을 피워낸다. 큰아이도 그렇게 본인의 또또나무를 마음에서 차곡차곡 키워나갔으면 좋겠다.

그래서 "누구든 또를 만나러 온다면 오라고 할 테야"라고 외치게 될 만큼 성장한 주인공처럼 큰아이도 실패와 좌절을 디딤 삼아 시도와 도전을 멈추지 않는 사람으로 옹골차게 자라주면 좋겠다.

큰아이가 뱃속 태아였을 때 들려주고 싶어 일기장에 옮겨 적어 놓은 시 하나가 있다. 랭스턴 휴스의 「어머니가 아들에게」라는 오래된 시인데, 사는 내내 본인 마음에 꼭 새겨주었으면 하고 바란 전언과도 같았다. 그 시 아래로 어린 엄마의 소원도 함께 적었다, '아들에게 당당히 말해줄 수 있는 그날을 기다리며…….'라고.

어린 엄마는 18년이 지나, 아이의 혹독한 세 계절을 목도하고 나서야 비로소 엄마의 자리를 깨우친다. 아이와 나란히, 각자 앞에 펼쳐진 계단을 오르며 아이에게 따스한 볕이 되어주는 자애로움이 바른 자리였음을.

순환하며 다시 돌아올 계절은 매년 다를 것이다. 이 글을 쓰는 올해 봄이 작년 봄과 다른 새봄이듯이, 아이와 나의 계절도 이전과는 다른 모습으로 왔다 가기를 반복하며 흘러갈 것이다. 때로는 만개한 벚꽃으로, 때로는 소소리바람으로 우리를 거쳐 갈 것이다.

그 변화 안에서 아이도 나도 자신의 마음 근력을 충실히 만들며 하루하루 꿋꿋이 나아가길 바라본다. 다만, 내가 한 계단 앞에 서 있으면 좋겠다. 아이가 나를 보며 지친 몸을 일으켜 세우고 싶다고 여길 수 있게, 딱 한 계단만큼만 앞서가고 싶다. 자애로운 어미의 당당한 자리는 바로 거기이니.

질투

손질하다

"와, 이런 날도 있네. 선아 씨가 S컬 파마한 걸 다 보다니! 잘 어울린다!"

오래된 단골 미용실 원장님이 내 머리 손질을 마친 후 감격스러워하며 말했다.

맞다, 그랬다. 늘 생머리를 고수하며 이따금 C컬 파마만 하다가 미용실을 드나든 지 10년 만에 구불구불 웨이브 파마를 한 것이다. 머리 스타일 하나로 생기가 돌며 인상까지 달라 보이는 게 썩 마음에 들었다.

몇 주 전, 하교 후 나와 이야기를 나누던 둘째 아이가 입안 가득 군고구마를 우물우물 삼켜 먹으며 대뜸 말했다.

"엄마, 그런데 요즘 왜 더 아줌마처럼 보여? 아빠보다 나이 들어 보여."

정곡을 찔린 듯했다. 사실이었기 때문이다. 새까맣고 굵고 풍성했던 머리칼이 병마와 세월이라는 썰물을 만나 눈에 띄게 푸석하고 가늘고 듬성듬성한 머리칼로 변해버렸다. 나의 자랑이 사라진 것을 눈썰미 좋은 아이는 놓치지 않았다.

미용실에서 집으로 돌아와 화장대 거울을 바라보며 이쪽저쪽 고개를 돌려 변모한 모습을 연신 확인했다. 남편보다 젊어 보이는 외모가 만족스러웠다. 그러나 기쁨도 잠시 금세 씁쓰레함이 느껴졌다. 바람에 쓰러진 풀처럼 납작해진 마음이 왠지 낯설지 않았다. 그림책 『엄마의 초상화』속 엄마처럼 "파마머리로 성긴 세월을"감추었으나 "성긴 마음"만은 감춰지지 않아서 그랬으리라.

10년 전, 둘째 아이가 유치원을 다니던 때이다. 아파트 단지 안으로 들어오는 통원버스를 기다리며 자연스레 엄마들과 안면을 트게 되었다. 직장을 다니는 엄마들과 전업주부들이 반반이었는데, 소위 워킹맘으로 불리는 그들을 보며 시시로 나 자신이 별로라고 느껴졌다. 전업주부의 삶을 선택한 것을 후회하지 않는다고 여겼지만, 막상 육아와 직장 일을 병행하는 엄마들을 만나니 꼭꼭 감춰둔 열등감이 내 안에서 스멀스멀 피어올랐기 때문이다.

태어난 후 엄마가 아닌 할머니 손에서 6년을 꼬박 자랐다. 그러다 보니 부모님과 유대감을 형성하는 데까지 아주 오랜 시간과 노력이 필요했다. 그 시절이 내게는 깊은 슬픔이자 고통이자 두려움이었기에 내 아이만은 오롯이 내 손으로 키워내고 싶었다.

그렇게 선택한 전업주부의 삶은 퍽 행복했다. 육아는 예상보다 훨씬 고단했지만, 내 품 안에서 건강하게 커가는 아이들을 보며 충만함을 느꼈다. 그리고 무뚝뚝하지만, 가정에 충실한 남편은 고맙고 든든한 반려자였다.

그런데 아이들이 커 갈수록 빠듯해지는 살림살이 탓에, 아이들과 남편의 기호가 내 기호보다 우선이 되어갔다. 당연하다고 생각하면서도 멋진 자태로 나타나 직장 내 일상과 가족들과 떠났던 해외여행 후담에 열을 올리는 그녀들을 볼 때는 평온하던 내 심지도 불어오는 입바람에 흔들댔다.

그들을 부러워하는 마음에만 그쳤다면 좋았을 텐데, 내 마음은 거기서 한발 더 나아가 자신을 부끄럽게 여겼다. 소소한 행복에 만족하는 나는 과연 무능한 어른인 걸까. 결혼 대신 직장에 적을 둔 내 꿈을 선택해야 했을까. 고생하는 남편에게 든든한 뒷배가 돼주지 못하는 것은 아닐까. 내 아이들에게 열심히 살아가는 성숙한 어른으로서의 본보기를 보여주지 못하고 있는 것은 아닐까. 무엇보다 치열한 삶이 버거워 미적지근하고 수동적으로 살고 있다는 생각에 닿자, 나 스스로가 참 초라하고 싫었다.

「질투는 나의 힘」이라고 회한 가득한 어조로 읊조린 기형도 시인이었지만 나는 오히려 질투의 힘으로 힘껏 살아낸 그 삶이 부러웠다. 밋밋하고 소극적인 나에게는 질투마저도 동력이 아닌, 자기혐오가 돼버리고 말았으니까.

그런데, 누구나 인생에 세 번은 기회가 찾아온다는 속언처럼 나에게도 질투를 만회할 기회가 찾아왔다. 나를 불쌍히 여긴 신의 아량이, 혹은 자기 자신을 업신여긴 죗값이 만추의 하늘 아래서 시작되었다.

암 3기 진단을 받고 건강을 회복하는 데 전력을 다한 2년 반은, 지난 삶을 반추하며 매만져볼 수 있던 시간이었다. 특히, 병원에서 치료를 받으며 마음을 주고받은 환우들의 죽음은, 삶에 대한 어떤 깨달음과 태도를 강렬하게 심어주었다.

남겨진 가족과 친구들의 비애는 고인에 대한 사랑만큼 짙고 깊었다. 그러나 고인이 살아생전 보여준 삶의 발자취와 사랑은, 그들이 사별의 아픔을 딛고 다시 힘내어 일상을 살 수 있는 버팀목이 되어 주었다.

죽음과 삶이 교차하는 순간을 가까이서 지켜보며 나의 죽음을 떠올리지 않을 수 없었다. 죽음이라는 일면 부지의 순간은 겁나지 않았으나, 남겨질 가족과 가까운 지인들을 생각하니 두려움이 엄습했다. 그 누구보다 나의 아이들이 눈에 밟혔다. 당당하고 꿋꿋한 엄마의 모습을 두 아이의 기억 속에 남겨주고 싶었다. 설령 운명 앞에 무릎 꿇더라도, 최후의 순간까지 최선을 다해 일상을 사랑하는 모습을 보고 주고 싶었다.

그리고 만약 삶이 더 허락된다면, '엄마와 아내'라는 이름에 더해 '나'의 이름으로도 살 용기를 반드시 내야겠다고 다짐했다. 그리하여 나의 두 아이가 자신의 이름으로도 당당히 살아가는 엄마를 보며, 인생의 고비마다 힘을 얻어가길 소망했다.

감사하게도 신은 건강하게 살아갈 시간을 다시 내주었고, 나는 병상에서의 결심을 밖으로 드러내기 위해 최선을 다했다. 시간을 쪼개어 강의를 듣고 주경야독으로 자격증들을 취득했다. 그리고 예전 경험을 살려 시간제로 아이들을 가르치는 일도 시작했다. 덕분에 자신에게 걸었던 약속이 열매를 맺어 이제는 내 이름 석 자로 사람들 앞에 서게 됐다.

전환의 시절은 다크초콜릿처럼 다가와 쌉싸름하고 달콤하게 나를 다시 태어나게 했다. 어렸던 영혼도 그 시절 안에서 조금 더 자라날 수 있었기에, 등원 버스 앞에서 비하심을 느끼며 서 있던 어린 엄마를 넉넉히 안아줄 품도 생겨났다.

그리고 이 순간 또 하나의 깨달음을 새로이 발견한다. 전업주부로 살며 매일 겪어낸 육아의 시간이 절대 헛되지 않았음을, 오히려 내면의 그루터기가 되어 나를 자라나게 했음을 알아낸다. 아이를 기르며 배운 사랑, 인내, 좌절, 행복은 나를 키워낸 기름진 자양분이었고, 생명을 키우는 시간은 나를 성장시킨 옹골진 과정이었다.

그러므로 『엄마의 초상화』속 엄마이자 미영 씨가 두 개의 다른 초상화를 갖게 된 까닭도, 나와 크게 다르지 않다는 것도 읽어낸다. 낡고 작은 거울을 보며 갈라진 입술을 빨갛게 채우던 엄마의 손이 없었다면, 여행지에서 그려온 미영 씨의 초상화도 존재하지 않았을 거라고. 지루한 듯 보이는 엄마의 일상. 그러나 그 안에서 조용히 피어난 열정 덕에 미영 씨의 빨간 머리와 빨간 입술도 생기롭게 피어오를 수 있었다고.

흐르는 세월에 저항할 수 없어 앞으로도 때때로 S컬 파마를 하며 잠시의 푸념은 할지언정, 엄마이자 선아 씨인 내 삶이 균형을 이루며 흐를 수 있도록 애쓰고자 한다.

그리고 얼마 전 시도한 파마에 실은 나름의 비장한 의도가 숨겨져 있음을 고한다. S컬 파마는 자기 자신으로 가득했던 의욕이 흘러넘치던 청춘 시절에 내가 가장 좋아한 머리 스타일이었음을, 비록 시간이 외모를 바꿔놓을지라도 마음만은 세월에 지지 않게끔 하겠다는 나의 몸부림이자 필살기였음을 고백한다.

그러니 남편보다 나이 들어 보인다고 했던 둘째의 말도 상관없다. 잠시 씁쓸했던 게 사실이지만, 그래도 문제없다. 마음에는 아직 갱년기가 오지 않았으니까!

죄책감

부치다

중학교 1학년, 넓어진 세상에서 우왕좌왕하며 살아가기 시작한 나이였다. 가시나무 노래처럼 '내 안에 내가 너무도 많아'서 천사와 악마의 인두겁을 번갈아 쓰며 보냈던 날들이었다. 158㎝에 42㎏의 몸과 중학교 첫 시험에서 학급 2등을 한 머리를 내세웠던 조용한 나르시시스트(Narcissist). 그리고 나보다 예쁘고 똑똑한 아이 앞에서는 열등감을 칭찬과 친근감으로 비굴하게 포장해 냈던 에코이스트(Echoist). 열세 살의 내면은 이처럼 극단적이었다. 좋아하는 짝에게는 헤실헤실 순한 미소를 보였지만, 앞자리 그 친구에게는 싸한 눈빛을 늘상 쏘아댔다.

내 앞자리 급우 둘은 똑같이 짧은 커트 머리를 하고 있었다. 그러나 반에서 위상은 사뭇 달랐다. 내 바로 앞자리 친구는 학급 임원이자 소년미 넘치는 매력으로 두루 인기가 많았지만, 그 아이의 짝은 고수머리에 빨간 코가 유난히 두드러진 그냥저냥 서울 전학생일 뿐이었다. 여성스럽지 않은 외모에 깍쟁이다운 말투는 내가 그 아이를 싫어한 가장 큰 이유였다. 게다가 우리 반 인기인을 독차지하며 앞자리에서 수다를 떠는 모습은 눈엣가시였다. 얄밉다고 아주 대놓고 미워할 수가 없어, 샐쭉대는 말투로 못마땅한 마음을 드러내고는 했다.

어느 날, 과학 수업을 마치고 쉬는 시간을 틈타 나와 짝은 누가 먼저라고 말할 것도 없이 앞자리를 조준해 잔미운 말들을 주고받았다.

"뭐가 이리 복잡한 거야! 어휴, 염이 너무너무 싫어!"

"나도! 염 들어간 화학식은 보기도 짜증 나!"

"대체 왜 이걸 외워야 하는 거야?"

"그러니까, 염 진짜 싫어!"

염을 들먹이는 격한 대화가 들려오자 그 아이는 왼쪽 뒤로 고개를 돌리며 상기된 얼굴로 나에게 물었다.

"지금 과학 시간에 배운 염 얘기하는 거야?"

나는 짝의 대답까지 포함해 "어!"라고 정색하며 짧게 답했다. 그 아이는 할 말이 남아있는 듯한 눈으로 나를 잠시 쳐다보더니, 이내 몸을 제자리로 휙 돌려냈다.

그 아이의 성은 '염'가였다. 그 아이는 내 대답을 믿지 않는 눈치였지만, 그렇다 한들 어찌할 도리가 없다고 생각했던 모양이다. 뒷자리 두 기지배들의 평소 행태를 보면 자신을 향한 비아냥이 분명한데, 발뺌을 하니 달리 반박할 수 없지 않았을까 싶다.

우리 둘의 팽팽한 신경전은 체육 시간, 특히 피구할 때 가감 없이 발휘됐다. 평소 감춰둔 손톱을 유감없이 드러내며 서로를 향한 날을 세웠다. 나는 피구의 여왕으로 불리며 반을 대표했다. 던지기와 받기, 피하기를 두루 잘 해내며 공격과 수비에서 기술력을 앞세웠다. 그 아이 역시 피구 에이스였다. 나와는 달리 힘을 앞세운 공격이 무기였다.

반 대항 시합에서는 서로 힘을 모아야 했지만, 반 내 경기에서는 상대편이 되어 서로 첨예한 공격을 주고받았다. 이리저리 움직이는 그 아이의 발등을 맞췄을 때는 특히 더 짜릿했다. 속으로 '이게 기술이다. 힘을 능가하는 진정한 능력!'이라고 쾌재를 불러댔다. 그 아이 역시 나를 향한 공격에 성공했을 때마다 주먹을 불끈 쥐고 흔들며 승리의 기쁨을 유감없이 드러냈다.

학년이 끝날 때까지 서로가 고까워 눈이 마주치기라도 할 시에는 은근슬쩍 흘겨보기에 바빴다. 우리는 말을 거의 섞지 않은 채로 학년을 마쳤고, 이후로도 같은 반에 배정되는 불상사는 일어나지 않았다. 그렇게 눈에서 멀어지니 마음도 멀어져, 그 아이는 내 일상에서 자취를 감추었다.

그런데 무슨 이유 때문인지 그 아이가 문득문득 시절의 고개마다 얼굴을 들이밀었다. 성인이 되고 부모가 되는 세월 동안 중학교 시절을 떠올릴 때면, 으레 그 소란들이 생각났다. '염'이라는 성과 빨간 점이 콕콕 박힌 듯한 커다란 콧방울과 커다란 청소 바구니를 당번과 함께 옮기던 씩씩한 모습의, 나와 짝의 놀림질에 암팡지게 굴었던 그 애가 눈앞에 그려졌다.

그럴 때면 가슴이 곧 죄스러움으로 따끔거렸다. 씁쓸하고 착잡한 마음이 들며 마치 누군가 열세 살의 나를 질책하는 듯이 느껴졌다. 무슨 속내 때문에 그 아이에게 치기 어리게 굴었던 건지, 단지 외모와 말투 때문이었는지, 아니면 다른 연유가 분명히 있는데 찾지 못하는 게 아닐지 되뇌어 궁리했다.

그런 내게 그림책『괜찮아, 나의 두꺼비야』는 큰 힌트가 되어주었다. 그리고 뒤섞인 마음들을 하나하나 분리할 수 있게 도와주었다.

막역한 친구 사이인 빨간 두꺼비 빨강과 흰 두꺼비 하양은 숲속 연못가 집에서 함께 살고 있다. 빨강은 아웃사이더, 하양은 인사이더이다. 그런데도 빨강은 하양과 다른 친구들과 어울려 논다. 이유는 단 하나, 하양이 그만큼 좋았기 때문이다.

그러다 둘은, 하양이가 빨강의 허락도 없이 멀리에 사는 친구들을 초대한 일을 계기로 사사건건 다투기 시작한다. 결국 참다못한 하양이 짐을 싸 집을 나가려고 하자, 분노에 찬 빨강은 옆에 있던 큰 돌을 집어 하양이에게 던지고 만다.

나는 빨강의 돌팔매질을 보며 마침내 각성했다. 오래된 의구심의 정체가 다름 아닌 시기심이었다는 사실을 깨달았다. 상대에 따라 마음이 냉탕과 온탕을 오가며 법석을 부리는 나에 반해, 상대가 누가 됐든 한결같이 당당한 표정과 말투를 잃지 않았던 그 아이를 내심 부러워했음을, 나보다 예쁘지도 않고 공부도 못하고 힘만 센 그 애가, 더 잘나 보이고 싶어 아등바등 애쓰는 나보다 더 빛나 보여 거슬렸음을, 비틀린 자아로 가득했던 내게 그 애는 솎아내고 싶은 잡초가 됐고 비아냥거리는 짓으로 그 아이의 당당함을 없애버리고 싶었음을.

　그때 부린 얄팍한 시기심이 오래도록 마음속에 남아 죄책감과 미안함으로 커져 버릴 줄 미리 알았다면, 다른 방식으로 솔직하게 내 마음을 표현했을 텐데. 그러지 못한 어린 마음이 못나서 몹시 후회되었다. 그래서 혹여, 그 아이가 아닌 다른 사람에게 같은 행동을 되풀이한 적은 없는지 곰곰이 기억을 들추어보았다. 그러자 생각지도 못한 관계에서 내가 그 아이의 입장이 되어 속앓이한 적이 있었다는 사실을 깨우쳤다.

　큰아이가 다니던 초등학교에서 학부모 봉사동아리 회원으로 활동할 때였다. 어느 날, 거기서 만난 학부모 한 명이 나와 다른 이를 비교하며 내 뒷담화를 했다는 얘기를 전해 듣게 되었다. 기분이 몹시 상해 따지고 싶었지만, 아이들이 얽혀있는 학부모 사이라 차마 그럴 수 없어, 그런 얘기가 내 귀에도 들렸다고 상대에게 흘리듯 전했다. 상대 학부모는 펄쩍 뛰며 아니라고 딱 잡아떼더니 웬 것을, 이후로 나에 대해 더 험한 뒷담화를 하고 다닌다는 소식이 들려왔다.

　그 상황을 겪으며 얼마나 마음이 헛헛하고 감정이 상했는지 모른다. 동아리를 위해 필요한 결단을 내린 것이었지 사사로운 감정으로 행한 일이 아니었다. 그런데도 그 학부모 회원은 감정이 많이 상했던 모양이다. 내게 솔직했다면 좋았을 텐데, 왜 앞에서는 아닌 척하고 뒤에서 딴청을 부리는지 이해하기 어려웠다.

　뒤바뀐 입장을 소환하고 보니, 이제야 그 아이의 심정을 알 것 같다. 내 빈정거림에 그 아이도 얼마나 속을 다쳤을지 헤아리게 된다. 미안하다는 말이 자꾸 입가에서 맴돈다.

그러니『괜찮아, 나의 두꺼비야』속 빨강처럼 용기 내어 그 애에게 사과를 전하려 한다. 삼십 년도 더 지난 뒤늦은 사죄지만, 이렇게나마 그때 그 소란들을 매듭짓고 싶었다고. 아주 미안했다고. 내게 없는 너의 당당함이 부럽고 샘이 나서 그렇게 얄궂게 굴었다고. 한 자 한 자 꾹꾹 눌러쓴 마음을 부쳐본다.

시샘 추위를 지나 이제는 꽃들의 축제가 벌어지는 완연한 봄이다. 비록 주소와 수취인 불명의 편지이지만, 지천으로 부는 명지바람을 따라 그 아이가 사는 곳에 닿아 주기를 소망해 본다. 그리하여 그 아이 마음에도 내 마음에도 꽃바람 한 자락 불어주면 더할 나위 없겠다고 화해의 추신을 덧붙여, 봄 하늘로 힘껏 날려본다.

불안

먹이다

 스물둘의 오월을 잊지 못한다. 집에서 공항까지 운행하는 왕복 버스 안에서, 인간 눈물제조기라고 불리지 않으면 서러울 정도로 눈물샘의 명령을 쉴 새 없이 따랐다. 갓 만들어진 눈물 줄기는 광대의 굴곡도 아랑곳하지 않고 아래턱까지 잘도 내리내리 흘렀다. 따사로운 봄날과 맞바꾼 이 눅진한 눈물은 심장이 에이는 슬픔에서 발원한 것도, 이별이 아파 사무치는 가슴에서 발원한 것도 아니었다. 고개를 주억거리지도 심장이 요동치지도 않은 그 요상한 눈물은 내 안에서 잘도 만들어졌다.
 배웅 길을 시작으로 한 달을 내리 발길이 닿는 곳이면 어디든 가리지 않고 눈물 공장이 가동되었다. 강의실, 도서관, 식당, 지하철, 버스, 집, 거리 등 하루의 모든 걸음이 울음바다가 되었다. 그 얄궂은 행태는 갑자기 떠난 동생으로부터 비롯되었다.

나와 동생은 일곱 살부터 스무 살, 스물한 살부터 스물두 살. 그러니까 총 14년을 한집, 한방에서 함께 지냈다. 매일 밤 한 침대에 나란히 누워 7, 8시간을 붙어서 잤다. 더군다나 태생부터 남다른 동생이었다. 아홉 달을 같은 뱃속에서 자란 특별한 존재였다.

그런 동생이 어학연수를 받기 위해 집을 떠나겠다고 말했던 날은 꿈에도 몰랐다. 이민 가방을 사러 동대문 시장에 동행했을 때의 덤덤한 모습은 온데간데없이 사라지고 배웅하던 날부터 한 달간 찌질이 울보가 돼버릴 줄은. 지금이야 그 까닭을 알지만, 당시에는 이유를 알아도 눈물을 멈추지 못했을 것 같다. 슬픔이 사라질 때까지 계속해서 우는 것만이 상실의 아픔을 위로하는 유일한 방법이었을 테니까.

동생이 떠나고 일주일의 시간이 지났지만, 나는 계속 이상한 눈물을 흘려야 했다. 친구들에게 속 사정을 얘기해도 슬픔은 줄어들 기미가 없었고 매번 들어가는 강의마다 나를 처연히 바라보며 말 한마디 못 붙이는 전공 교수님들께 미안함이 쌓여갔다. 그래서 이대로는 안 되겠다 싶어 교내 상담실을 찾았다. 일 학년 새내기 때 길게 상담을 받은 터라 상담 선생님은 나에 대해 잘 알고 계셨다. 사정 이야기를 다 들으신 선생님이 말씀하셨다.

"지금 분리불안을 겪고 있네요. 시간이 지나면 차츰차츰 나아질 테니 너무 걱정하지 말아요. 이야기가 하고 싶으면 언제든지 편히 와요."

상담실 문을 닫고 나올 때도 울먹이는 중이었지만, 찌질이가 된 이유를 찾아서 한편으로는 다행스러웠다. 칠흑 같은 밤길을 홀로 가다가 저 멀리 반짝이는 인가의 빛을 찾은 나그네의 심정을 알아줄 수 있을 듯했다.

비록 얼굴은 볼 수 없지만, 전화로 동생 음성을 듣고 이메일로 서로의 일상을 공유하자, 동생 생각만 해도 수압 좋은 수도꼭지를 튼 것처럼 콸콸 쏟아지던 눈물단지가 한 방울 두 방울 똑똑 떨어지는 잔수처럼 말라갔다. 때마침 기말고사 준비로 하루하루 딴생각할 겨를도 없이 지내다 보니, 어느새 이전으로 돌아와 있었다. 상담 선생님 말씀대로 나는 시간을 먹으며 슬픔을 비워내며 일상으로 복귀했다. 요상한 눈물 덕에 한 달짜리 분리불안을 멀리멀리 떠나보낼 수 있었다.

몇 해 전 동생의 만혼을 겪으며 다시 울보가 된 적이 있다. 그 일을 계기로, 스물두 살의 봄날 갑자기 들이닥친 분리불안의 실체를 이르집어냈다.

나와 동생은 대학생이 되고부터 자취를 했다. 자취와 동시에 그동안 몰라도 문제없던 집안일에 새로운 손길을 내주어야 했다. 그중 가장 많은 손이 필요한 일은 요리였다. 고향에서 엄마는 삼시 세끼 대부분을 직접 요리하셨고, 덕분에 우리 가족은 건강한 집밥을 자주 먹었다. 그런 엄마의 모습을 보고 자라서였는지 나는 귀찮더라도 손수 요리하는 자취생이 되었다. 하루에 한 끼, 주로 저녁을 만들어 동생과 함께 먹었다.

동생은 요리를 도통 좋아하지 않았다. 그래서 둘이 함께 장을 보러 다니긴 했어도 요리는 거의 언제나 내 몫이었다. 물론, 엄마가 때마다 보내주시는 맛있는 밑반찬들도 있었지만, 된장찌개, 무생채, 미역 줄기볶음 같은 간단한 반찬은 직접 조리했다. 동생이 떠나기 전까지 횟수로 치면 어림잡아도 족히 삼백 번은 되었을 것이다. 그러니 동생을 챙겨 먹이며 잘 보살펴야 한다는 언니의 책임감 삼백 번과 잘 먹는 동생을 보며 느낀 보람 삼백 번도 내 안에 차곡차곡 쌓여 나갔을 테다.

누군가에게 끼니를 해 먹이는 행위가, 사랑하는 상대를 위해 나의 시간과 마음을 들이는 대단한 일임을 주부가 되어 자연스레 체득했다. 그러나 스물두 살의 나는 그 중요한 사실을 미처 몰랐던 게 분명하다. 소설『어린 왕자』속 어린 왕자에게 자신의 시간을 들여 가꾼 장미가 그토록 소중해졌듯이, 나에게는 동생이 장미였을 것이다. 그런 애착의 대상이 일시에 곁에서 사라졌으니, 갈팡질팡 어쩔 줄 몰라 하며 눈물제조기가 돼버린 거다. 지극히 당연한 마음의 반응이라는 것도 모르고서.

나와 동생은 비록 어릴 때부터 한방을 쓴 사이였지만, 정은 각자의 친구들과 더 두터웠다. 그러다 타지에 둥지를 틀며 일상을 깊게 나누는 밀도 높은 시간을 함께하게 되면서 우리의 관계도 변모해 갔다. 룸메이트가 아닌, 사랑을 나누는 가족으로 진정한 자매애가 움트기 시작했다. 그렇게 동생은 낯선 서울에서 믿고 기대는 유일한 피붙이 가족이 되었다.

2년 남짓한 동거 시간 동안 위안과 안심을 느끼며 타향살이에 적응해 나가다 의지하는 각별한 존재가 갑자기 곁에서 사라지자 깊은 상실과 외로움이 몰려왔던 게 분명하다. 동생과 함께 지냈던 포근한 보금자리가 한순간에 고독과 불안을 주입하는 사투의 공간이 돼버렸으니 말이다.

하지만 애착과 의지의 대상을 한꺼번에 잃어버린 마음을 어떻게 추슬러야 할지 몰라 그저 마음이 시키는 대로 실컷 울었다. 그 덕에 외로움과 함께 살아가는 법도 터득할 수 있었다. 이별은 눈물의 씨앗이었지만, 씨앗이 뿌리내려 성숙이라는 꽃도 피워냈다. 헤어짐이 슬픔에만 머물지 않았으니, 이제는 그때의 눈물에 감사할 따름이다.

그림책 『된장찌개』를 보니 작은 자췻집에서 도란도란 이야기 나누며 동생과 함께 먹었던 된장찌개 냄새가 그리워진다. 멸치와 다시마로 육수를 내고 그 물에 된장을 풀어 애호박, 양파, 두부를 잘라 넣어 만든 슴슴한 된장찌개. 라면은 해로우니 건강을 위해 만들어 먹었던 우리만의 된장찌개. 동생이 유독 좋아해 자주 해 먹인 사랑의 된장찌개. 그 구수한 냄새가 코끝에서, 입안에서, 심장에서 금세 되살아난다.

그림책 속 너구리 아빠가 눈이 내리는 추운 겨울 저녁에 사랑하는 아이들을 위해 뜨끈한 된장찌개를 뚝배기 한가득 끓여내는 장면을 보니, 소박한 자매의 밥상이 된장찌개 하나만으로도 풍성해져 후루룩후루룩하며 떠먹던 그 마음이, 그 시절이 보고파진다.

다가오는 오월에 동생이 새로운 보금자리로 이사한다고 한다. 집들이 선물과 함께 동생이 좋아하는 잡채와 미역국을 만들어 가려고 했는데, 하나 더 추가해야겠다. 오랜만에 된장찌개를 끓여 우리만의 추억을 맛있게 가져가야겠다.

  그러면서 슬그머니 고마운 마음도 보태봐야겠다. 자매이자 친구이자 자식 같은 네 덕분에 요리하기와 이별하기는 아주 제대로 선행 학습되었다고, 그 경험이 엄마로, 어른으로 사는 내내 든든한 도움이 되고 있다고 너스레를 부려봐야겠다.

그림책 리스트

유혜율 글, 이수연 그림, 『너는 나의 모든 계절이야』, 후즈갓마이테일, 2022

김유강 글·그림, 『아무도 사랑 안 해』, 오올, 2021

양양 글·그림, 『계절의 냄새』, 노란상상, 2021

김지원 글·그림, 『따뜻이 흘러간 날들』, 팜파스, 2024

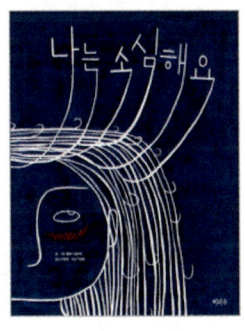

엘로디 페로탱 글·그림, 박정연 옮김, 『나는 소심해요』, 이마주, 2019

다니카와 슌타로 글, 나카야마 신이치 그림, 엄혜숙 옮김, 『거짓말』, 나무말미, 2025

유하정 글, 안효림 그림, 『또또나무』, 책고래, 2019

유지인 글·그림, 『엄마의 초상화』, 이야기꽃, 2014

이소영 글·그림, 『괜찮아, 나의 두꺼비야』, 글로연, 2022

천미진 글, 강은옥 그림, 『된장찌개』, 키즈엠, 2015

나를 만나는 시간

이재향

소개글

세 아들과 든든한 남편과 함께하는 일상 속에서 마음이 고요해지자, 늦게나마 상담 공부의 길을 걷기 시작했습니다. 배움에 대한 관심을 놓지 않으며, 끝까지 해내는 끈기와 회복탄력성으로 오늘의 길을 성실히 이어 가고 있습니다. 삶과 배움을 통해 단단해진 저의 이야기를 독자와 나누고, 저를 필요로 하는 자리에서 더 많은 이들과 경험 나누기를 소망합니다.

슬픔

미어지다

2007년 8월.

"백혈병일 수도 있으니, 좀 더 정확한 진단을 위해 서울의 큰 병원에서 정밀검사를 받아 보세요."

그 한마디에 머릿속이 새하얘졌다. '쌍둥이가 아프다고? 왜?' 아무것도 들리지 않았다. 마치 귀가 멈춘 것 같았다. 눈물은 멈출 수 없을 만큼 쏟아졌고, 아무 생각도 나지 않았다. 하늘이 무너진다는 말이 이럴 때 쓰는 말인가 보다.

제주도가 고향인 나는 남편의 직장 때문에 부산에서 신혼살림을 시작했다. 2000년에 큰아이가, 2003년에 쌍둥이가 태어났다. 시댁과 친정, 어느 쪽에도 쌍둥이는 없었기에 우리 가족에겐 신기한 일이었다. 세상이 우리를 축복해 주는 것만 같았다. 그러나 그 축복은 곧 걱정으로 바뀌었다.

　일란성 쌍둥이들은 태어난 직후부터 잦은 병치레가 시작되었다. 동시에 중환자실에 입원하기도 했고, 첫째는 몸속에 염증이 생길 때마다 수술을 받아야 했으며, 둘째는 중이염이 좀처럼 낫지 않았다.
　아이가 태어나도, 아이가 아파도, 먹고 살 일은 언제나 이글거리는 사자처럼 나를 노려 보고 있기에 그 와중에도 일을 쉴 순 없었다. 아이가 아플 때마다 사무실에 양해를 구하고 문을 열자마자 병원으로 달려가곤 했다. 치료를 받은 아이를 어린이집에 맡기고 나서야 하루가 시작됐다. 그즈음 진료 영수증을 확인해 보니, 공휴일을 제외한 거의 모든 날을 병원에서 시작했다. 병원에서도 '이렇게 매일 오는 아이는 처음 봐요.'라며 혀를 내둘렀다.
　우여곡절 끝에 우리 부부는 고향인 제주도로 이사했다. 고향으로 돌아가면 조금은 더 버터낼 힘이 생기지 않을까 하는 마지막 한 가닥 희망을 품은 채였다. 그러나 아이들의 병은 끝나지 않았다. 이번에는 아토피가 우리를 괴롭혔다. 가려운 곳을 긁고, 그 손으로 온몸을 긁다 보니 피부는 점점 더 심하게 헐어갔다. 아이들 몸 곳곳이 염증과 진물로 뒤덮여, 병원 치료는 물론 민간요법까지 닥치는 대로 시도했다. 하지만 아무 소용이 없었다.
　결국 여러 병원을 전전하던 중, 한 피부과 의사가 조심스레 말했다.
　"아무래도 아이들이 다른 병이 있는 것 같아요. 대학병원으로 가보세요."
　대학병원에서도 아이들의 병을 정확히 알아내지 못해 결국 서울의 상급병원으로 향했다. 일주일간의 입원과 정밀검사 끝에 아이들의 병명을 알아냈다. 아이들은 선천적으로 면역체계가 제대로 형성되지 않은 '일차 면역 결핍증'을 앓고 있던 것이다. 작은 약국 벤치에 주저앉아 남편에게 전화를 걸었다.

"여보…… 우리 아이들이, 아프대……."

눈물로 목이 메어 말이 끊겼다.

'희귀 난치 질환? 치료는 되는 건가?' 수많은 물음이 머릿속에 떠올랐다. 아이들이 이렇게까지 자주 아팠던 이유를 이제야 알게 된 것도 속상했지만, 이 병이 완치되지 않는다는 현실은 더 가혹하게 다가왔다. 그런데도 이상하게, 마음 한편에서는 정신을 붙잡고 있었다.

아이들은 스스로 면역을 생성할 수 없기 때문에, 살아가려면 일정 주기로 면역 주사를 맞아야 한다. 그것도 하루에 5~6시간씩. 처음엔 그 사실이 믿기지 않아 아이들의 몸 속으로 들어가는 주삿바늘을 보며 속으로 오열하는 날이 늘어만 갔다. 하지만 아이들은 그 시간을 꿋꿋하게 견뎠다. 어린이집에 다닐 무렵에는 간호사 선생님들에게 먼저 주사를 봐 달라고 웃으며 팔을 내밀기도 했다. 나보다 훨씬 더 강한 아이들이었다.

우리 부부는 늘 긴장의 끈을 놓을 수 없었다. 밤이면 아이들이 아토피로 온몸을 긁지 않도록 남편과 불침번을 섰고, 폐 상태가 좋지 않아 가래를 쉽게 뱉지 못하는 아이들의 등을 두드려가며 가래를 뱉게 도왔다. 아픈 아이들 곁에서 엄마라는 이름에 걸맞게 항상 웃는 얼굴을 하려고 애썼다. 이런 엄마를 보면 아이들도 조금은 건강해질 수 있으리라는 희망으로.

서울 병원에 입원하던 무렵, 아이들의 몸은 전신이 상처와 진물,

붉은 염증으로 뒤덮여 있었다. 의사 선생님은 조심스럽게 말하셨다.

"아토피 환자 중에서도 상위 1% 중 1%에 속할 정도로 심각한 상태입니다."

그 말을 듣고 한참을 멍하니 앉아 있다가, 나는 아이들에게 말했다.

"쌍둥아, 이 흉터는 혹시라도 엄마가 너희를 잃어버리게 되면, 꼭 다시 찾기 위한 표시야. 헤어지는 일은 없겠지만, 그런 일이 생겨도 걱정하지 마. 엄마는 이 흉터들을 보고 너희를 누구보다 빨리 찾을 수 있어."

그 말을 들은 아이들은 해맑게 웃으며 말했다.

"정말요? 앗싸! 그럼 우리 잃어버릴 걱정 없겠네요."

나는 그 순간, 흉터를 보고 부끄러워하지 않게 해준 아이들의 웃음이 고마웠다. 그리고 다짐했다. 이 흉터들이 아픔의 흔적이 아니라, 사랑과 생존의 증거가 되기를.

초등학교 4학년 무렵, 축구를 하고 싶다고 말하는 쌍둥이. 처음엔 단호하게 반대했다. 전지훈련에 참가해야 하고, 비가 오나 눈이 오나 쉬지 않고 뛰어야 해서 체력 소모가 큰 게 축구인데 면역력이 약한 아이들에게 과연 가능한 일일까 걱정이 앞섰다. 그런데 방문을 걸어 잠그고 시위를 하던 아이들이 이렇게 말하는 것이었다.

"왜 우리를 아프게 낳아서 하고 싶은 걸 못 하게 해요?"

그 말이 가슴을 깊숙이 찔렀다. 아이들의 병을 처음 알았을 때, '어떻게든 잘 키워야 한다'는 생각에만 집중했다. 그저 책임감으로 버텼지, 아이들의 마음과 꿈까지 충분히 들여다보진 못했던 것이다.

그제야 깨달았다. 아이들에게 필요한 건 보호만이 아니라, 원하는 걸 해볼 수 있는 기회를 줘야 한다는 걸. 결국 허락했고, 두 눈을 반짝이며 운동장을 뛰기 시작했다.

그렇게 시작된 축구로 현재는 체육대학에 진학해 자신이 선택한 길을 당당히 걸어가고 있다. 병이라는 무게를 등에 지고도, 스스로의 삶을 개척해 나가는 그 모습이 얼마나 대견한지 모른다.

아이들이 어릴 때 자주 말했다.

"그래도 우리는 보고, 듣고, 말할 수 있잖아."

그 말이 습관처럼 몸에 밴 덕분일까, 성인이 된 지금은 먼저 농담하듯 말한다.

"우리보다 안 아프면 아프단 말 하지 마세요."

아픔을 받아들이는 법을 배운 아이들은, 그 안에서도 웃음을 찾는 법을 스스로 익혀갔다.

『이상한 엄마』 속 호호 엄마는 아픈 아이 생각에 불안한 마음을 감추지 못한다. 나 역시 그랬다.

어느 날 어린이집에서 걸려 온 전화 한 통! '아이가 활동 중 기절했어요.'라는 말에 심장이 멈춘 것 같은 나는 그림책 속 엄마처럼 달려갔다.

세상의 무게를 혼자 지고 가는 듯한 어깨와 불안한 눈빛으로 비가 내리던 날 건널목을 급하게 건너는 호호 엄마의 모습은 응급실로 뛰어가는 내 모습과 꼭 닮아 있었다.

질병을 안 그날부터 지금까지, 매일이 전쟁이었다. 하지만 나는 슬픔에만 잠기지 않았다. 해결할 방법을 찾기 위해 움직였고, 행동으로 옮겼다. 그렇게 시간이 쌓이고, 세월이 흐르니 가슴 미어지던 슬픔도 조금씩 일상이 되었다.

나도 좀 더 나이가 들면 『이상한 엄마』 속 선녀처럼 아이들이 필요할 때 도움을 주는 엄마이고 싶다. 엄마의 무게에 짓눌려 불안과 초조로 의무로서의 엄마가 아닌 따뜻한 달걀 국을 끓여주고, 노른자가 터지지 않는 완벽한 달걀 프라이를 부쳐주는 편안한 엄마, 세상 속에서 크고 작은 마음의 흉터를 가지고 엄마에게 달려올 때 언제든 큰 품으로 안아주는 그런 여유로운 엄마가 이제는 될 수 있을 것 같다. 슬픔에 한없이 무너지고 미어지는 가슴이 아닌 강인한 가슴이 되어.

"쌍둥아! 병보다 더 쓴 인생을 맛보게 될지라도 언제나 그랬든 너희 뒤에 엄마가 있어. 몸의 흉터를 만져주었듯, 너의 마음속 슬픔들도 엄마가 다 품어줄게. 언제라도 엄마에게 달려오렴."

미움

확대하다

 내가 태어나던 해, 우리 집엔 처음으로 냉장고가 생겼다. 동네 유지였던 왕 할아버지는 언니가 태어난 뒤 또 딸을 보았어도 증손녀의 탄생을 기뻐하셨다. 두 명쯤이야, 살림 밑천이니. 그런데 할아버지의 희망적 예상은 여지없이 빗나갔고 그 밑으로도 딸, 또 딸이었다.

 아들을 원했던 아빠는 딸을 네 명이나 낳았다는 이유로 엄마를 때렸다. 엄마가 한약을 지어 먹고 드디어 아들을 낳았다. 아들을 낳았으니 이제 세상 부러울 게 없고, 잘 살 수 있을 거라 생각했지만 언제나 그렇듯, 세상은 뜻대로 되지 않는다.

 엄마를 때리는 것이 습관이 된 걸까? 아빠는 아들을 낳아도 엄마를 때렸다. 불행 중 다행이란 말이 이런 뜻일까? 모든 분노는 엄마에게만 향할 뿐, 우리에겐 털끝 하나도 손대지 않았다.

 아빠의 분노는 가지각색이었다. 술을 먹고 들어와 라면을 먹는데

무말랭이 반찬이 없다고 밥상을 엎고, 대답을 빨리 하지 않는다고, 기분이 나쁘다고 때렸다. 이유마저 추측되지 않는 폭력은 더 많았다.
 아빠는 왜 그랬을까……. 왜, 도대체 왜.

 아빠가 만 세 살 되던 무렵 할아버지께서 일본으로 이민을 가겠다고 선언했을 때, 왕 할아버지는 장손은 안 된다고 했다. 야속한 할아버지는 아빠를 간단히 제외시키고 이민을 가버렸다. 그리고 아이 넷을 더 낳았다. 우리 아빤 혼자 덩그러니 남겨졌다.
 졸지에 부모와 생이별을 했지만, 부유한 할머니와 할아버지 밑에서 자란 아빠는 하고 싶은 일은 무엇이든 하며 사랑을 독차지했다. 그러나 그 사랑은 끝내 메워지지 않은 빈자리가 되었는지, 학창시절부터 술과 담배에 손을 대고 친구들과 어울려 방황했다. 그렇게 아빠는 마음속 공허함을 채우기 위해 온갖 방탕한 방법으로 자신을 소모해 갔다.
 부모의 사랑을, 올바른 훈육을 받지 못한 아빠는 동질감을 느꼈는지 4·3 사건으로 한날한시에 부모를 잃은 엄마와 결혼을 했다. 엄마에게 '너도 고아, 나도 고아니 잘 살아보자'며 잘해 주었다고 한다.
 하지만 얼마 지나지 않아 악몽 같은 시간이 시작되었다. 아빠의 폭력은 점점 심해졌고, 엄마는 목숨을 부지하기 위해 집을 나갔다가 들어오기를 반복했다.
 그날도 엄마는 살기 위해 우리를 두고 잠시 몸을 피했다. 아빠는 엄마를 찾겠다고 우리를 데리고 곳곳을 헤맸다.
 얼마나 지났을까? 한참을 돌아다니다가 아주 우연히 엄마를 만났다. 차가 쌩쌩 달리는 건널목 한가운데서 먹잇감을 향해 달려가는 맹수처럼 아빠는 뛰어가 엄마를 무자비하게 때리기 시작했다.

그 순간, 우리는 아무것도 할 수 없었다. 무서웠다. 아빠가 엄마를 죽일 수도 있겠다는 생각에 두려웠다. 길에 발바닥이 붙은 듯 꼼짝할 수 없었다. 그저 울고 있을 때, 다행히 가까이에 있던 경찰들이 우리를 발견하고 파출소로 데리고 들어갔다. 씩씩거리는 아빠, 흐느껴 우는 엄마, 그리고 무서움에 벌벌 떠는 우리들. 지금 생각해보면 명백한 가정폭력이지만, 40여 년 전에는 그저 가족끼리의 다툼으로 치부되었기에 별다른 제재가 가해지지 않았다.

상황이 어느 정도 정리된 후, 아침나절에 아이들이 학교도 안 가고 길에 있었던 게 그제야 이상하셨던지 학교는 왜 안 가냐고 물었다.

"한글날 기념 그림 그리기 대회인데 스케치북과 크레파스가 없어서 학교 못 가요."

어디서 났는지 모르지만, 경찰 아저씨가 준 그림 도구를 손에 쥐고 동생들과 함께 버스를 타고 부랴부랴 학교에 갔다.

그런데 아빠가 우리를 데리고 다니던 바로 그날이, 엄마를 찾지 못하면 우리를 죽이려고 했던 날이라는 것을 성인이 되어서야 친척 할머니를 통해서 알았다.

만약 그 날, 그 도로에서, 엄마를 만나지 않았다면, 우리는 어떻게 되었을까? 엄마를 우연히 만난 건 우리에겐 정말이지 운수 좋은 날이었다.

아빠는 싸울 때마다 이불 속에서 숨죽여 울고, 무서워서 자는 척하고 있는 아이들의 모습은 안 보였을까? 아빠가 살아 계시다면, 한번 묻고 싶다. 하지만 어릴 적 우리는 아무도 그러지 못했다. 너무도 무서운 아빠였기에.『앵그리맨』의 보이처럼.

그림책 표지에 유리가 깨진 것처럼 회색 잿빛 물감이 아무렇게나 칠해져 있다. 물감의 붓 자국은 마치 우리 집 깨진 유리창이고, 겁에 질린 듯한 보이의 표정은 우리 다섯 남매처럼 보인다. '어?『앵그리맨』작가가 우리 집을 다녀갔나?'라는 생각이 들 정도다.

동생과 어린 시절 이야기를 하면, 기억이 나지 않는다며 말하지 말라고 한다. 전쟁통 같은 그 집을 어떻게 기억이 안 나는지 이해가 안 간다. 나는 생생한데. 우리는 어쩌면 각자의 방법으로 그 시간을 애도하고 있는지도 모르겠다.

분노하는 아빠가 엄마를 손에 쥐고 금방이라도 날려버릴 듯한 다음 그림에서는 보이가 새하얀 개와 놀고 있다. 즐겁게, 하하 호호 웃으며. 동생도 보이와 같은 마음이었을 것이다. 귀를 막아도 들리고, 눈을 감아도 보이니, 순간 이동해서 다른 곳으로 갔던 모양이다.

아빠는 왜『앵그리맨』이 되었을까? 상담 공부를 시작하며 원가족의 가계도를 그려보게 되었다. 아빠는 부모 형제와 관계선이 전부 단절로 나타났다. 그때 처음 알았다. 할머니, 할아버지가 계셨지만, 부모의 사랑만 했을까? 그렇다. 아빠는 정서적 고아였다. 안정적 애착을 형성할 만한 부모도, 심리적으로 힘든 상황에서 의지할 안전기지도 없었다. 자아 분화는커녕 자신의 감정을 통제하지 못한 채, 분노를 주체하지 못해『앵그리맨』이 되어버린 것은 어쩌면 당연한 일이었을지도 모른다.

결혼 후, 아빠와 엄마는 우리 집에서 싸운 적이 있다. '아, 또 시작이다'라는 생각에 화가 나기도 하고, 무섭기도 했다. 그 순간, 동네에서 아빠가 술을 마셨다는 이야기를 들으면, 부엌에서 칼을 숨기던 어린 시절이 떠올랐다. 어린 내 아이들이 있는 집에서 그때의 상황이 그대로 재현된 듯하여 끔찍했다.

어린 시절엔 엄마를 때리는 아빠에게 하지 말라고 말하지 못했지만, 이제는 더 이상 그럴 수 없었다. 한 걸음 앞으로 나아가, 아빠에게 덤벼들며 외쳤다. "엄마 아빠가 싸우는 걸 나만 보면 되지, 왜 우리 아이들한테까지 보여 줘요?"

처음으로 아빠에게 고함을 질렀다. 하고 싶은 말을 한 내가 대단하다고 느껴졌다.

그 말을 듣고 엄마와의 싸움을 멈추던 아빠는 결국 우리 집을 나섰다. 닫힌 문을 바라보며, 어린 시절의 불쌍한 내가 떠올랐다. 그리고 이 순간이 아무 일 없이 잘 지나가서 정말 다행이라는 생각에 한참을 울었다.

그 사건 이후로 엄마와 아빠는 별거를 하였다. 엄마는 아빠가 두려워서, 동생들은 아빠가 미워서 돌보지 않았다. 하지만 나는 그럴 수가 없었다. 사랑이나 연민은 아니었다. 단지 '제주시 반 지하 방에서 70대 노인 백골 된 채로 발견되다.'라는 신문기사를 보고 싶지 않아 생사여부는 확인해야지 하는 마음이었다. 결국 아빠가 폐암에 걸리자, 힘들어하는 나를 걱정하시며 엄마는 돌아가실 때까지 아빠를 정성껏 돌보셨다.

사람들 앞에서 가족 이야기를 할 기회가 있었다. 아빠가 돌아가셔서 다행이라는 말을 하는 나를 보고 아무리 미운 부모지만 어떻게 그런 말이 나오냐며 나무랐다. 무안하기도 했지만, 아무렇지 않은 척 미소를 지었다. 구구절절 설명하기도 싫었다. 안 당해본 사람은 모를 일이니까.

나는 그저 아빠가 안 계신 지금이 좋다. 아빠를 돌보는 일은 나에게 하지 않으면 안 되는 숙제, 우리 집에서 나만 꼭 해야 하는 숙제였으니까.

어느 날 남편이 아빠가 계신 납골당에 인사를 드리러 가자고 했다. 별로 내키지 않았지만 따라 나섰다. 남편이 아빠 사진에 절을 하자, 나도 '저 왔어요'라고 작은 인사를 읊조렸다.

2018년에 돌아가신 아빠의 납골당 사진은 증명사진이다. 장례를 치르고 손에 잡히는 사진을 그냥 들고 갔다. 다른 납골당은 확대된 사진과 정성스러운 장식으로 꾸며졌는데, 우리는 작은 꽃을 하나 걸어둔 게 전부다.

남동생이 결혼을 하고 올케와 함께 아빠에게 인사를 다녀왔다.

"언니, 아버님 사진이 너무 작은 것 같은데 다시 해야 하지 않을까요?"라고 말하자 "사진 안 붙이려고 했는데 주변 눈이 있어서 예의상 붙여놓은 거니까 크게 하라고 하지 마. 그리고 자꾸 말하면 사진 떼 버린다."고 웃으며 대답했다. 딱 그 마음이다.

'자식이 말을 듣지 않으면 가르치면 되지만, 부모가 자식을 힘들게 하면 어떻게 해야 할까? 왜 우리 아빠는 그렇게 살아야 했을까? 그런 사람이 왜 우리 아빠여야 했을까?'라는 생각이 여전히 끝나지 않는다.

공부를 하면서 아빠를 이해하려고 노력했지만 내 속에 그려진 그 거대한 앵그리맨이 사라지지 않는다. 조금 더 시간이 필요하다. 상처받은 그 어린 날의 나를 애도할 시간이. 그리고, 그 옛날 한순간에 부모의 사랑을 상실한 세 살바기 아이를 애도할 시간이.

시간이 흘러 내 마음이 움직이는 날, 아빠의 증명사진을 크게 확대해 주고 싶다는 생각이 들 수도 있지 않을까? 하지만 지금은 아니다. 언젠가 그날이 오기를 바란다.

외로움

맞춰가다

　남동생의 소개로 인연을 맺었지만, 서로를 알아가기엔 턱없이 짧았던 단 5일의 만남 후 남편은 군에 입대했다. 첫 만남에서 호감을 가졌던 우리는, 군 생활 동안 수많은 편지를 주고받으며 인연을 이어갔다. 제대 후 가까운 곳에서 지낼 수 있을 거라 기대했지만, 남편이 부산에서 직장생활을 시작하면서 다시 떨어져 지내게 되었다. 5년 동안 짧은 만남과 헤어짐을 수십 번 반복하고 결국 결혼하게 되었고, 드디어 우리 사이에서 언제나 자리한 외로움을 없애버릴, 그와 함께할, 부산으로 가게 되었다.

　낯선 부산에서의 삶은 쉽지 않았다. 친구도 없고, 만날 사람도 없고, 할 일도 없었던 낯선 도시. 오로지 남편과 떨어지기 싫어 가게 된 그 도시의 삶은 나를 또 다른 외로움으로 몰아넣었다.

남편이 퇴근할 때까지 주인을 기다리는 반려견처럼 오롯이 집안에 갇혀 남편을 기다렸다. 중학교 3학년부터 부산에서 살던 남편에게 이곳은 고향이자 집이었지만, 나는 그곳에서 객식구처럼 느껴졌다.

부모의 싸움을 밥 먹듯이 보고 자란 나는 부부가 무엇을, 어떻게 함께해야 하는지 몰랐다. 건강한 부부의 모습을 전혀 알지 못한 새색시의 나는 그저 그와 같이 있고 싶었다. 남편은 이미 부산에서의 삶이 있었고, 만나야 할 사람도, 하고 싶은 일도 많았다. 그런 남편에게 얼른 들어와라, 나가지 좀 마라, 끊임없이 요구하였다.

아이가 태어나고, 나도 부산에 익숙해졌지만 이제는 '왜 나만 아이들을 돌봐야 하지?' 하는 반발심이 들었다. 나도 뛰쳐나가고 싶었다. 하지만 언제나 아이들의 눈빛은 나의 발목을 붙잡았고, 완벽한 엄마상을 내려놓을 수 없었다.

그러던 어느 날, 사소한 말다툼으로 인해 남편이 집을 나갔다. 하루가 지나고 이틀이 지나도 돌아오지 않았다. 전화도 받지 않고, 메시지를 남겨 봐도 연락이 없었다. 처음엔 화가 났지만 시간이 흐르자 '혹시 사고라도 났을까?' 걱정이 되기 시작했다.

그런데 불현듯 지금 이 버릇을 고쳐놓지 않으면 계속 나갈 것 같은 생각이 들었다. '그래, 찾으러 가자.'

주위 도와줄 사람이 없는 나는 한참을 고민했다. 쌍둥이들에게 우유를 먹여 재운 뒤, 혹시 배가 고파 깰까 봐 미리 우유를 더 타서 머리맡에 두었다. 그리고 큰아이는 평소 즐겨보던 비디오를 틀어주었다.

"혹시 밖에서 누가 초인종을 누르면 절대 문 열어주지 말고 이거

보고 있어. 엄마 얼른 다녀올게."

큰아이는 근심이 가득한 엄마의 얼굴을 알아채지 못한 채 '네'라고 대답했다.

집 밖을 나서면서 마음이 불안했지만, 남편도 찾아야 했다. 아니, 걱정되는 마음보다 나도 이 사람에게 본때를 보여줘야겠다는 마음이 더 컸다. 전화를 안 받을 게 뻔하니 문자를 보냈다.

'당신도 안 보는 아이들을 내가 볼 거라고 생각하지 마. 나도 집 나왔으니 당신 아이들 책임져.' 그 문자를 보내자마자 남편에게서 전화가 왔다.

"어디야! 어디냐고! 당장 집으로 돌아가!"

"내가 왜? 당신도 내팽개친 아이들을 왜 나만 봐야 하지?"

"으악~!"

전화가 끊겼다. 다행이다. '이 사람이 살아 있구나' 하는 안도감이 몰려왔다. 그리고 어떻게 이 사람과 맞춰가며 살아야 할지 방법을 몰라서 한참을 울다가 터덜터덜 집으로 향했다.

쌍둥이들은 방 안을 돌아다니고 있었고, 큰아이는 비디오를 보며 미소를 짓고 있었다. 여전히 적요한 풍경이 이어지고 있었다. 그 풍경 속에서 달라진 것은 아이들을 바라보는 남편의 모습뿐이었다.

그날 이후 남편은 더 이상 집을 나가지 않았다.

언제나 남편만을 다그쳤던 나는 우리의 싸움 패턴을 분석해 보기 시작했다. 나는 끝까지 원인과 결과를 찾으려 하고, 남편은 감정이 격해지면 나를 밀쳐서라도 자리를 피했다. 남편은 생각을 정리하고 돌아오는 방법을 택했지만, 나는 나가 있는 남편에게 수십 통의 전화를 하며 돌아오기를 다그쳤고, 결국 등쌀에 못 이겨 돌아오면 또 싸웠다. 싸울 때마다 '왜 이 사람은 내가 원하는 대로 하지 않을까?'라는 생각밖에 없었다. 그렇게 관계를 오래 들여다보자 나의 모습이 보이기 시작했다.

『두 사람』속 두 사람처럼 우리는 그야말로 한 사람이 아닌 두 사람이다. 두 사람이 하나처럼 살려니 당연히 가슴앓이는 기본값이어야 한다.

그림책의 표지는 픽사의 애니메이션 영화 〈업(Up)〉처럼 옆모습을 한 두 개의 애드벌룬이 집을 매달고 하늘을 날고 있다. 다른 방향을 바라보며 한 곳으로 날아가는 모습에서 서로의 생각과 감정이 다르긴 해도 같은 방향으로 갈 수 있다는 희망을 보여주기도 한다.

이 장면은 지금의 우리 부부 모습과 닮아 있었다. 만약 결혼 초기 나라면 이렇게 소리쳤을 것이다. '여보, 거기 아니야, 이쪽이야!'

두 사람이 함께 사는 일이 어렵기도 하고, 또 한편으로는 쉽다고 말하듯, 서로의 다름이 때로는 갈등을 일으키지만 그 다름을 이해하고 존중한다면 오히려 큰 힘이 될 수 있음을 보여준다. 그렇다. 이것이 바로 결혼생활이다.

수많은 낮과 밤을 함께 보내며 우리는 때로는 서로의 의견을 주장하며 싸우고, 때로는 부드러운 대화를 통해, 또 때로는 깊은 침묵 속에서 서로를 이해하게 되었다.

그림책의 내지를 보면, 게슈탈트의 컵과 사람 그림처럼 사과와 사람의 얼굴이 보인다. "여보, 이 그림에서 뭐가 보여?"

"사람 얼굴이 보이는데."

"그래? 사과가 안 보여?"

"사과가 있기는 한데 남자와 여자 얼굴이 먼저 보이네."

"오~ 여보, 우리가 통했네!"

올해는 남편을 만난 지 꼭 30년이 되는 해다. 이번 12월에는 처음 만났던 장소에서 다시 데이트를 즐기고 싶다. 서로 멋지게 보이기 위해 애썼던 스물둘, 스물셋 그 시절로 돌아가, 서로의 다름을 존중하며 앞으로의 30년을 새롭게 시작하고 싶다.

두려움

걱정하다

엄마가 시장에서 통닭 한 상자를 사 오셨다.
"엄마, 돈 어디서 났어요?"
"어떻게 생겼어. 너네 아빠가 쓰기 전에 우리가 먼저 써버리자."
돈이 어디서 나든, 우리 다섯 남매는 통닭을 먹을 수 있다는 사실에 그저 행복했다. 어린 시절, 동네 유지의 손녀로 남부럽지 않게 살았지만, 아빠의 흥청망청한 생활로 인해 점점 궁핍한 삶을 살게 되었던 우리 집. 돈이 있으면 쓰고, 없으면 못 쓰는 생활에 익숙했던 어린 시절의 기억은 걱정을 넘어 두려움으로 내 세포에 녹아있게 된 것일까? '돈이 없다'는 사실은 그 이후 오랜 시간 내게 무덤 같은 두려움을 안겨주었다.

붕~ 샷시 문을 열자 자동차가 연기를 내뿜으며 지나갔다. 순간적으로 들이닥친 먼지에 기침이 나올 것 같아 얼른 문을 닫았다. 결혼 후, 남편과 나는 차가 다니는 도로변 가겟집에서 살았다. 창문조차 없는 집에서, 어떤 도움도 없이 마이너스 인생을 시작했다. 답답한 공간에서 생활하며 숨이 막힐 것 같았지만, 더 막막했던 건 끝없이 부족한 돈이었다. 맞벌이를 했지만 처음부터 생긴 구멍을 채우기엔 역부족이었고, 우리는 한 달 한 달을 버티듯 살아내야 했다. 그것이 우리의 신혼이었다.

가장의 무게에 눌린 남편은 투잡을 시작했다. 남편을 볼 시간은 줄어들었지만, 두 배의 돈이 생겼다는 것은 생각보다 큰 여유로움을 선사했다.

평소 동네의 허름한 마트에서 장을 보던 우리는, 차로 30분 거리의 멋있는 대형마트로 향했다. 그곳에는 그동안 속으로 사고 싶었지만, 엄두도 내지 못했던 것들이 가득했다. 문득 드라마 속에서 가족들이 화목하게 식사한 후, 후식으로 과일을 먹는 장면이 떠올랐다. 남들에겐 일상이 우리에겐 드라마 속에나 나오는 장면이었던 시간들을 짜릿한 현실로 만들어 보기로 했다.

'그래, 오늘은 과일도 사고, 먹고 싶은 것 전부 다 사자!'

차 한가득 먹을 것을 잔뜩 사 온 그날 이후, 냉장고 문을 열 때마다 가득한 과일과 간식들, 인스턴트 음식들이 나를 행복하게 만들었다.

한 달, 두 달……. 큰 부자는 아니었지만 일상의 작은 것들을 하나둘 사는 소소한 행복을 누리게 되었다. 하지만 큰아이가 태어나고도 우리는 여전히 차가 코앞을 지나가는 작은 집에서 살았다.

돈을 모아야 한다는 생각조차 하지 못한 채 살다 보니, 시간이 흘러 다섯 식구가 된 뒤에도 아이들은 한 방을 쓰고, 남편과 나는 화장실 문이 코앞에 보이는 거실에서 잠을 자야 했다. 열심히 일했지만 삶은 좀처럼 나아지지 않았다.

그러다 마음을 고쳐먹고, 이제는 작은 것 하나라도 아끼며 다시 처음부터 차근차근 살아보기로 했다.

'돈이 없으면 안 되는데, 어떻게 하면 모을 수 있을까?'

그때부터 온종일 돈 생각뿐이었다. 잠을 자면서도, 길을 걸으면서도, 머릿속엔 늘 돈 걱정이 가득했다. 누군가는 돈 걱정이 가장 편한 걱정이라고 했지만, 내겐 가장 힘든 일이었다. 모으지 못하면 안 써야겠다는 생각에 점점 아이들에게까지 강요하기 시작했다.

"아껴 써야 해."

"외식은 안 돼."

어느 날, 학교 가는 큰아이 가방을 어깨에 메 주는데 짤랑 동전 소리가 들렸다.

"이게 뭐야?"

"……."

"말 안 해?"

나의 다그침에 아이는 문방구에서 게임을 하고 싶었지만, 용돈을 주지 않아 저금통에서 몰래 돈을 가져갔다고 실토했다.

아이들을 위해 돈을 모아야 한다는 생각에 열심히 일만 했는데, 정작 내 아이는 집에서 돈을 훔친 것이다. 돈 버는 것에만 급급해서 아이들에게 경제 교육을 해주지 못했던 부모라니. 머리를 한 대 맞은 기분이었다.

그날 이후, 아이들에게 용돈을 주기 시작했다. 돈을 어떻게 쓰고, 아껴야 하는지, 그리고 어떻게 모아야 하는지, 돈보다 더 중요한 것이 무엇인지 알려주었다. 피부로, 삶으로 느꼈던 돈의 경제학을 아이들에게 교육하면서 나 스스로도 돈에 대한 생각을 다시 정립하였다. 그렇게 조금씩 나를 두렵게만 하던 두려움은 성장의 동력으로 조금씩 작용하기 시작했다.

그림책 『걱정 상자』에서, 축 늘어진 도마뱀 주주가 내 모습 같아 마음이 아팠다. 커다란 걱정 상자 위에서 아무것도 하지 못하는 나. 그 상자 속엔 1년 치 집세, 공과금, 각종 지출이 빼곡히 들어차 있었다. 무거운 짐이 앞에 있는 듯한 기분이 들었다.

주주 친구 호가 커다란 새총으로 걱정 상자를 날려 보내주었다. 바람이 불면 걱정이 날아간다고 했다.

"괜찮아, 잘될 거야."

그 한마디면 걱정 상자가 펑 하고 터진다고 했다. 정말 그럴까?

바다 위를 표류하는 난파선에 내가 타고 있다고 상상해봤다. 손엔 '돈, 건강, 희망, 유머, 지식, 명예, 화목'이라는 일곱 개의 가치가 들려 있다. 배가 침몰하기 직전, 나는 살기 위해 하나씩 버려야 한다. 무엇을 버릴까? 한참 고민하다가, 결국 돈을 버렸다.

'그래, 돈을 버리자. 목숨이 먼저니까. 살아야 돈도 있는 거니까.'

위태로운 순간에 돈이 아닌 다른 것들이 더 소중하다는 생각이 들었다. 하지만 일상에서 과연 그렇게 할 수 있을까? 돈의 두려움은 그렇게 간단하지 않다.

주주의 걱정 상자를 마술사가 없애려고 주문을 외웠지만, 걱정 상자는 그대로였다. 그럴 줄 알았다. 없어질 리가 없지. 그런데, 지나가던 사자 부가 펄쩍 뛰어올라 상자 위에 앉았다. 주주와 호도 상자 위에 올라앉았다.

걱정 상자가 푹 찌그러지자, 내 안의 걱정들이 조금씩 흩어지는 듯한 느낌이 들었다.

'괜찮아, 잘될 거야.'

언어의 힘은 위대하다. 별 말도 아닌 이 말이 그림책 한 권을 읽은 이후로 내 가슴에 강한 울림으로 시시때때로 하울링 되었다.

'괜찮아, 잘될 거야.'

'괜찮아, 잘될 거야.'

한 번 한 번, 속삭일 때마다 어린 시절부터 내 속에 차곡차곡 쌓였던 가난의 두려움이 희석됨을 느꼈다. 말 한 마디로 현실이 달라지진 않았지만, 말 한 마디로 천냥 빚을 갚는다는 것은 아주 틀린 말이 아님을 안다.

내 안에 무거운 바윗덩이처럼 짓누르던 돈을 벌어야 한다는 생각, 돈을 아끼지 않으면 안 된다는 생각, 죽음과 같은 그 생각이 조금씩 깎여나가기 시작했다.

급기야, 이런 말을 하는 엄마가 되기도 한다.

"애들아, 오늘은 치킨 1인 1닭 할까?"

"엄마, 돈 많아요?"

눈이 똥그래지는 아이들! 치킨쯤이야 먹을 수 있음에도, 아직도 치킨에 부들부들한 나의 모습을 반성하며, 가끔은 넉넉히 치킨을 주문해 버린다. 여전히 내 마음속 언저리에는 아까운 마음이 도사리고 있지만, 오늘 하루는 다른 걱정 하지 않고 아이들과 치킨을 맛있게 먹고 싶다.

부끄러움

모르다

이불을 빨았음에도 불구하고 네 귀퉁이는 여전히 시커멓다. 손끝으로 몇 번이고 문질러보지만, 오래 묵은 얼룩은 좀처럼 지워지지 않는다. 마치 그 속에 담긴 시간과 기억이 사라지지 않겠다는 듯이.

"넌 나이가 몇인데 아직도 이불을 만지작거리니?"

내 말에 아이가 환하게 웃으며 대답한다.

"엄마, 저 애정 결핍이에요."

장난스러운 말투였지만, 그 안에 담긴 진심을 나는 몰랐다. 아니, 애써 모른 척하고 있던 건지도 모른다.

큰아이가 다섯 살이었을 때, 쌍둥이 동생들이 병원에 입원해야 했다. 맞벌이 하느라 큰아이를 돌볼 여력이 없어 제주도 시댁으로 보냈다. 중환자실에 들어간 쌍둥이들을 챙겨야 하는 나에게는 하루하루가 전쟁 같았다. 시댁에 있는 아이는 '잘 있겠지'하는 생각에 몇 차례의 짧은 전화가 전부였던 시간도 있었다. 내 마음은 아픈 아이만 큼이나, 멀리 있는 아이에게도 아려왔다.

　멀리 전화상으로 들려오는 쓸쓸한 아들의 음색에 가슴이 아파왔다. 동생들이 퇴원을 한 후에도 큰아이와 지내는 시간이 거의 없어 미안한 마음에 단둘이 시간을 보내기로 했다. 처음 있는 일이었다. 큰아이는 영화를 보고 돈가스를 먹고 싶다고 했다. 조조 영화를 보러 간 극장에서 아이와 나, 단둘이 앉아 영화를 기다리며 아이에게 얘기했다.

　"엄마가 오늘 너를 위해 영화관을 통째로 50만 원 주고 빌렸어."

　나의 농담에 큰아이는 깜짝 놀라며 바라보더니 이내 환하게 웃었다. 그 웃음을 보며, 아이가 나를 온전히 느낄 수 있도록 더 많은 사랑을 표현해야겠다고 다짐했지만, 연일 병원 신세를 지는 쌍둥이들로 현실은 언제나 전쟁터여서 큰아이에 대한 다짐들은 쉬이 삶 속에서 희석되어 버렸다. 내 나름의 사랑과 아이가 원하는 사랑의 양이 차이가 있었음을, 그때는 미처 알지 못했다.

　볼비의 애착 이론에 관해 공부할 기회가 있었다. 인간의 애착이 생애 전반에 걸쳐 얼마나 중요한 영향을 미치는지 이해했다. 하지만, 정작 나는 내 가까운 사람, 나의 아이를 이해하지 못하고 있었.

　강의를 듣던 중, 큰아이가 성인이 되어서도 이불을 만지작거린다고 하자, 강사는 질문했다.

　"그 아이가 어린 시절 부모와의 관계에서 힘든 경험을 한 적이 있나요?"

나는 당연하다는 듯이 우리 가족은 화목했고, 사랑을 주었다고 대답했다. 하지만 다시 물었다.

"그렇다면 아이가 그 사랑을 충분히 느꼈을까요?"

그 순간, 머릿속이 멍해졌다.

집으로 돌아온 후, 아이에게 조심스럽게 물었다. 성인이 되어서도 이불을 만지는 특별한 이유가 있냐고. 아이는 아무렇지 않게 대답했다.

"이불을 만지면 마음이 편해요."

그리고 이어진 말.

"어릴 때 동생들이 아파서 병원에 있을 때, 아빠랑 제주도 갔잖아요. 아빠가 자기 전에 내일 같이 놀러 갈 거라고 했는데, 아침에 일어나 보니 아빠는 없고, 또, 우리 집이 아니어서 울었어요. 그런데 할아버지가 울지 말라고 혼내서 또 울고, 그때 정말 많이 울었어요. 엄마…… 모르셨죠?"

처음으로 들었던 아들의 마음. 무너져 내렸다. 이론으로야 애착이 인간에게 얼마나 중요한지 알고 있었다. 나름 공부하는 엄마지 않는가! 그 이론대로 잘 살고 있다고 생각했다. 하지만 가장 가까운 존재, 내 아이의 애착이 흔들리고 있었다는 사실을 전혀 인지하지 못하고 있었다. 아이가 실제로 어떤 감정을 느꼈는지, 어떤 생각을 하는지 관심을 두지 않았고, 그저 내가 준 최선만을 기억하는 모자란 엄마였다.

그림책 『너는 기적이야』 표지에 엄마 품에서 환하게 웃고 있는 아이가 보인다. 그렇다 큰아이는 나에게 기적이었다. 열 달을 품고 밖으로 나오던 날, 남편은 지인들에게 문자를 보냈었다. '만세! 나 아이 낳았다'며. 존재 자체만으로도 우리에게 기쁨이었는데, 그 아이를 사랑으로 키우지 못한 내가 바보 같다.

큰아이가 처음 웃던 날 우리 부부도 웃었다. '엄마' 하고 나를 부르던 날, 세상을 다 가진 듯했다. 아이가 아프던 날에는 같이 아파하며 대신 아프게 해달라고 빌었다.

이 모든 날들이 나에겐 기적이었는데, 그렇게 한 순간이 아까워 마음을 들여 키운 시간도 있었는데……. 언제부턴가 건강하단 이유로 뒤로 밀려난 아이.

자신만만의 아집에 망치로 한 대 얻어맞고, 그림책을 통해 큰아이가 내게 어떤 존재였음을 다시 한번 들여다본 후, 또 한번 엄마가 되었다. 잘못을 인정하는 엄마, 부끄러움을 아는 엄마, 사과하는 엄마로. 그런 엄마를 가지게 된 아이는 나름 잘 큰 청년이 되었다.

이제는 20대 중반이 된 큰아이는 여전히 동생들 없이 우리 부부와 함께 외출하는 것을 좋아한다. 거리를 나란히 걸으며 활짝 웃는 모습 속에서, 나는 문득 다섯 살 큰아이가 여전히 그 안에서 뛰놀고 있는 것이 보인다. 아빠만큼 자라 어른이 되었지만, 부모와 함께 있는 순간만큼은 세상을 다 가진 듯한 그 표정. 어쩌면 그 웃음 속에 이제야 안도하며 마음껏 사랑받고 있음을 확인하는 편안함이 담겨 있는 듯하다.

사랑을 주었다고 생각했다. 하지만 아이가 필요했던 사랑과 내가 주었던 사랑의 방식은 달랐다. 이제라도 더 봐주고, 더 들어주고 싶다. 그림책 속 주인공이 터널 속 아이를 꺼내 안아주듯, 이제라도 더 품어야겠다. 그리고 말해줘야겠다.

"엄마가 너의 힘든 마음을 몰라줘서 미안해. 그리고 사랑한다."

분노

끊어내다

　주변 지인들과 함께 공부하는 날이다. 오늘은 그냥 넘어가게 해달라고 기도했지만, 여지없이 미션이 주어진다.
　"인생에서 가장 기억에 남는 다섯 장면을 떠올려 볼게요."
　머릿속이 새하얘진다. 어느 순간을 떠올려야 할까? 한 사람씩 앞으로 나가 자신의 이야기를 풀어낸다. 고요한 공간을 가득 채운 침묵. 그리고 그사이를 뚫고 새어 나오는 흐느낌. 모두 자신의 삶 속에서 묶인 채 풀지 못했던 감정을 끄집어낸다. 나 역시 피할 수 없다. 내 안의 기억과 마주해야 한다.

　가족들과 함께 떠났던 나들이가 떠오른다. 햇살은 유난히 따뜻했고, 웃음소리가 가득했던 그 날은 내 유년기 중 몇 안 되는 행복한 기억으로 남아 있다. 그 순간만큼은 마음이 평온해졌다. 그런데 다음 장면이 떠오르자 가슴이 요동친다. 신문지를 돌돌 말아 툭 툭 의자를 친다. 어색함을 감추려는 행동이다. 그러자 누군가 말한다.

"정말 힘들었겠네."

나만 알고 있던 기억인데, 다른 사람의 입을 통해 들으니 그 감정이 더 선명해진다. 당신이 좋아하는 반찬이 없다고 밥상을 엎어 뜨거운 국물이 엄마 허벅지로 쏟아지고, 그 아픔보다 아빠의 화냄이 무서워 아무 말도 못했던 엄마가 보인다.

또 다른 목소리가 들려온다.

"어떻게 그럴 수 있어? 그러면 안 되지."

밖에서는 아주 좋은 사람처럼 보이다가도 집에만 오면 순한 양의 탈을 벗고 본래의 모습으로 돌아온 늑대처럼 자기 마음에 들지 않는다고 부수고, 깨고, 던지던 아빠가 보인다.

북소리가 둥둥 울린다. 마음 깊은 곳까지 파고든다. 그 순간, 지금까지 자라온 내 삶의 장면들이 주마등처럼 스친다. 팡! 팡! 신문지 방망이가 너덜너덜해질 때까지 내려치자 누군가가 흔들리는 의자를 붙잡아 준다. 기억이 폭풍처럼 몰려든다.

술에 취해 온 집안을 난장판으로 만든 아빠. 그 모습은 마치 악몽처럼 내 머릿속에 각인되어 있다. 덜덜 떨면서도 우리를 지키려 온몸으로 막아내던 엄마. 그녀의 눈빛은 두려움과 결단으로 가득 차 있었다. 혹여 동생들이 소리내며 울까 봐 우리 입을 틀어막던 언니. 그리고 무엇보다 아빠의 모습을 닮아버린 나 자신이 더 크게 다가온다.

"다 아빠 때문이야! 아빠 때문에 힘들고, 나도 아빠를 닮았고, 내 인생에 도움이 되는 게 하나도 없어!"

내 안에서 끓어오르던 말이 터져 나온다. 한참을 소리친 후에야 숨이 가빠지고, 몸도 마음도 탈진한 듯 힘이 빠진다.

부산에서 친구도 없이 집구석에만 있던 나는 오늘도 친구들과 만나고 늦게 들어온 남편에게 한 소리를 해댄다. 나의 비아냥거림에 남편은 자신이 늦은 일에 대한 변명 아닌 변명을 하지만, 그 말들은 내 마음에 스며들지 않았다. 화가 치밀어 오르면서 내 가슴은 답답해지고, 숨이 막힐 듯 한 기분이 들었다. 내 마음대로 되지 않는 것과 내가 원하는 대로 하지 않아서도 화가 났다.

뭔가라도 던져야만 답답한 마음이 풀릴 것 같았다. 순간 리모컨이 벽을 향해 날아갔고, 둔탁한 충돌음과 함께 부서진 조각들이 소파 밑과 방 구석으로 흩어졌다. 그 순간, 내 안의 분노가 폭발한 듯 한 기분이 들었다. 하지 말아야지, 다짐하고 또 다짐했지만, 화가 날 때면 손이 먼저 움직인다. 내 모습이 싫다. 내 마음속의 괴물이 다시 고개를 들고 있었다.

다음 날, 방바닥에는 리모컨 조각들이 널브러져 있었다. 아주 작고 날카로운 유리 조각처럼 흩어져 있었다. 그 조각들을 바라보자, 지난밤 내 몸에 빙의된 듯한 아빠의 모습은 사라지고, 아빠의 난동에 울던 어린 시절의 내가 떠올랐다.

한참을 울다 소중한 내 아이들 발이 다칠까 걱정스러워하는 모습과, 화내는 내 모습에 울고 있는 아이들이 생각났다. 조각들을 하나하나 주웠다.

나는 끊어내야 했다. 그렇게 살고 싶지 않았고, 그렇게 살아서도 안 되었다. 아이들에게 그런 모습을 보이고 싶지 않았다. 내 안의 괴물을 잠재우고, 진짜 나로 살아가고 싶었다.

　그림책 『그렇게 나무가 자란다』에 나오는 아이도 원하지 않는 나무 때문에 얼마나 힘들었을까? 그 아이는 매일 아빠가 심어주는 나무를 보며, 자신의 마음속에 자라는 불안과 두려움을 느꼈을 것이다.
　나 역시 아빠가 심은 나무 때문에, 나에게 자라는 나무에서는 폭력성이라는 열매가 열렸다. 그 열매는 내 마음을 아프게 하고, 내 삶을 어둡게 만들었다. 그 나무를 베어내고 싶었지만, 잘 되지 않았다. 뿌리가 내 뼛속까지 파고들었기에, 그 나무를 없애는 것은 마치 내 일부를 잘라내는 것과 같았다. 그 고통은 내 마음속 깊은 곳에서부터 올라오는 찌르는 듯한 아픔으로, 숨을 쉴 때마다 나를 괴롭혔다.
　리모컨 사건으로 인해 한 겹 벗겨진 듯하지만, 그 안에 깊이 박힌 기억들은 여전히 존재할 것이다. 그 기억들은 마치 나를 붙잡고 놓아주지 않는 쇠사슬처럼, 내 마음을 억누르며 괴롭혔다. 하지만 나는 나무를 베어내고 새로운 씨앗을 심을 것이다. 그 씨앗이 자라, 내 아이들에게 건강한 나무가 되기를 바라며 오늘도 다짐한다.
　나는 닮지 않을 것이다. 절대로 닮지 않을 것이다. 그 다짐은 내 마음속에서 불꽃처럼 타오르며, 나를 앞으로 나아가게 하는 힘이 된다. 나는 내 아이들에게 더 나은 세상을 보여주고 싶다. 그들이 자라나는 동안, 그들의 마음속에 심어줄 나무는 사랑과 이해로 가득 차기를 바란다. 그렇게, 나는 새로운 시작을 향해 나아가고 있다.

좌절

버티다

　버틴다는 건 단순히 시간이 지나가기를 기다리는 일이 아니었다. 무너진 마음을 부여잡고, 오늘 하루도 어떻게든 견뎌보자는 다짐이었다. 끝을 알 수 없는 어둠 속에서도, 내일이 조금은 나아질 거라는 희미한 희망 하나로 버텼다.
　한 발짝만 더, 단 하루만 더.
　그렇게 우리는 인생이라는 낯선 풍랑 속에서 서로를 잃지 않기 위해 버티고 또 버텼다. 돌이켜보면 그 시간은 고통이었지만, 동시에 다시 살아내기 위한 가장 단단한 연습이었다.

　남편이 선수 생활을 은퇴하고 일반 직장을 구하는 것이 어려웠던 그 즈음, 쌍둥이 아이들의 잦은 병치레로 나조차도 직장을 다니지 못하고 있었다. 수입이 끊긴 우리는 벼랑 끝에 선 기분이었다.

이런저런 고민을 하던 중, 학창 시절 남편을 지도했던 코치이자 친한 운동 선배로부터 팀을 맡아 운영해 보라는 희망적인 제의가 들어왔다. 중학교 때부터 평생 해오던 운동을 직업으로 삼을 수 있다는 생각에 남편은 기뻐했다. 후배들에게 좋은 지도자가 될 거라며 마치 인생의 새로운 기회를 얻은 사람처럼 설레어 보였다. 우리 가족의 생계를 이어갈 희망이 생겼다는 안도감에 나도 한숨 돌릴 수 있었다.

새로운 일을 준비하는 남편은 밤낮없이 사람들을 만나고 늦게 귀가했다. 어느 날, 오늘이면 일이 마무리된다고 말하고 문을 나서는 남편의 뒷모습을 보며 '이제 됐구나'라고 생각하자 안도감이 밀려왔다. 하지만 그 믿음은 너무나도 쉽게 깨져버렸다.

평소보다 늦은 시간에도 돌아오지 않던 남편은 새벽 2시가 넘어도 소식이 없었다. 바빠서 늦을 거라고 생각했기에 큰 걱정 없이 아이들을 재우다 나도 깜빡 잠이 들었다. 그러다 문이 열리는 소리에 일어났다. 밝게 웃으며 들어올 거라 예상했지만, 남편의 얼굴은 전장에서 패배하고 돌아온 병사의 얼굴처럼 무너져 있었다. 힘없이 고개를 떨군 채, 흐느끼며 서 있었다.

"왜? 무슨 일이야?"

다그치듯 물었다. 남편은 말없이 한참을 흐느끼다 힘겹게 입을 열었다.

"우리…… 앞으로 어떻게 살지?"

간신히 내뱉은 한 마디에 가슴이 철렁 내려앉았다. 차가운 절망이 방 안을 가득 채웠다. 남편과 가깝게 지내던 기존 지도자를 해임하기 위한 도구였을 뿐, 남편에게는 처음부터 없던 자리였다. 남편을 이용한 거짓된 희망이었다.

"어떻게 이럴 수가 있지……. 내가 믿었던 사람이었는데……."

남편의 절망에 나도 눈물이 났다. 그의 상처는 단순히 직장을 잃은 것이 아니었다. 평생을 함께했던 사람들에게서 버림받은 상처였다. 그날 이후 우리 가족은 정적에 갇혔다. 밥을 먹어도, 집 안에 있어도 우리는 마치 시간 속에 갇힌 듯 고요했다. 남편과 나는 서로 눈을 마주쳐도 말을 잇지 못했다. 가끔 아이들이 천진난만하게 웃을 때, 억지로 미소를 지었지만, 그마저도 오래가지 못했다.

남편을 이해하고 기다려 주기로 마음먹었지만, 현실적인 문제에 부딪히게 되었다. 대책을 세우자고 말했지만, 그는 깊은 한숨만 내쉬며 고개를 숙였다. 그의 눈빛에서 느껴지는 절망감은 나를 더욱 답답하게 만들었다. 서로의 감정이 격해지면서 싸움이 일어났지만, 그 순간에도 우리는 당장 해결할 방안이 없다는 사실에 더욱 무력감을 느꼈다. 마음속의 불안과 두려움이 커져만 갔다.

그렇게 두어 달이 흘러 설이 다가왔다. 연휴 마지막 날에 서둘러 돌아올 일이 없던 우리는 시댁에 한동안 머물기로 했다. 하지만 그때는 몰랐다. 우리가 다시 돌아가지 못하고 정착하게 될 줄은.

제주도에서의 생활은 쉽지 않았다. 갈 곳이 없어 우선 시댁에 머무르기로 했다. 부산에서 있었던 일을 전혀 모르고 계신 시부모님은 반갑게 맞이해 주셨지만, 우리 다섯 식구가 돌아갈 이유가 없다는 걸 아신 순간 걱정스러운 표정을 지으셨다.

나는 다행히 결혼 전 다니던 직장에서 다시 일을 할 수 있었지만, 남편은 마음의 상처 때문인지 마땅한 일을 찾지 못했다. 그런데 직장을 구하기 위해 노력해야 할 사람이 어느 날부턴가 일주일에 다섯 번씩이나 한라산을 오르기 시작했다. 힘들게 직장과 육아를 병행하는 나와 달리 내 눈에 남편은 한가로이 한라산을 오르고 있는 것처럼 보였다. 화가 치밀었다. 시댁에서 나와 남동생이 사는 집에 얹혀살고 있는데, 남편은 현실을 외면하는 것만 같았다.

설상가상으로 쌍둥이들이 서울 병원까지 가게 되고, 결국 면역이 없이 태어났다는 희귀 난치 진단을 받았다. 경제적으로 어렵고, 아픈 아이들과 하루하루를 버티는 일이 기적처럼 느껴졌다. 나는 매일 밤 울며 잠들었다. '이게 바닥이겠지? 더 떨어질 곳이 없겠지?' 하지만 다음 날이 되면 더 깊은 절망이 찾아왔다.

사람에게 치여 마음의 근육이 모두 소진된 남편은 세상과 단절한 채 열 달을 보냈다. 아무리 세상 밖으로 끄집어내려 해도 꿈쩍 않던 그가 어느 날 갑자기 배달 일을 시작했다. 낯선 일이었지만 묵묵히 최선을 다하는 그의 성실함을 알아본 사장님은 더 나은 조건으로 일할 수 있도록 배려해 주셨고, 남편이 중단했던 공부도 다시 시작할 수 있도록 도와주셨다.

가까운 사람들에게 배신당했던 남편이 생면부지의 사람들에게 도움을 받고 있었다. 혼자서는 결코 할 수 없는 일이었다. 그 과정이 나에게도 큰 위로가 되었다.

그림책 『알바트로스의 꿈』 속 알바트로스는 무거운 날개 때문에 날지 못한다. 자유롭게 나는 새들을 부러워하며, 어디로 가는지도 모른 채 굽이굽이 험한 산길을 걷고, 어둠 속에서 헤맨다. 두려움 속에서도 걷기를 멈추지 않지만, 때로는 절벽에서 떨어지기도 한다. 그렇게 지쳐 쓰러진 새는 충분한 시간이 지나고서야 다시 일어나고, 바람을 타고 비로소 날아오른다.

사람에게 받은 상처로 날갯짓조차 하지 못했지만, 결국 바람을 타고 다시 날아오를 수 있었다. 세상에서 가장 크고 멋진 날개를 가졌다는 걸 깨닫게 된 새처럼, 남편도 다시 자신을 찾았다.

수많은 시간이 흘러 한라산을 그렇게 주야장천 간 이유를 물었다. 그러자 돈도 없었고, 산에 오르면 시간이 잘 흘러갔다고 했다. 무엇보다 남들이 일하는 시간에 길거리를 떠도는 게 싫어 산을 찾았다고 했다. 그리고 운동할 때 늘 되뇌던 말, '버티는 게 이기는 거다. 그 순간을 피하고 포기하면, 승자가 아니니 버티게 해 달라고' 기도를 했다고 했다.

그가 한라산 고목 앞에서 버틸 수 있게 해 달라고, 그의 무거운 날개가 조금이라도 가벼워지기를 바랐는지 몰랐다는 사실에 미안함이 밀려왔다. 그리고 그 시간을 포기하지 않고 버텨준 남편이 고마웠다.

각자의 자리에서 버텨낸 것처럼 인생이 우리를 내몰아도, 절대 포기하지 않을 것이다.

앞으로 우리 가족의 가훈은 이렇게 정해야겠다.

'버티는 게 이기는 거다.'라고.

질투

깨우다

"어, 저 친구…… 대학 동기인데…… 텔레비전에 나오네?"

남편과 마주 앉아 밥을 먹던 어느 평범한 저녁, 흘러가듯 켜놓은 뉴스 화면 속 익숙한 얼굴 하나가 나의 시간을 멈춰 세웠다. 대학교 시절, 함께 학생회 활동을 하던 친구였다. 도의원이 되어 당당한 목소리로 주민들의 삶을 대변하고 있었다.

나는 숟가락을 내려놓고 화면을 오래 바라봤다. 그리고 나도 모르게, 깊은 한숨이 흘러나왔다. 잊은 줄 알았던 오래된 감정이, 조용히 고개를 들었다.

그 친구는 언제나 빛나는 사람이었다. 단과대 부회장으로 늘 중심에서 활동했고, 사람들 사이에서 주목받는 존재였다. 벌레에 놀라 바지를 찢었던 소동조차 모두의 웃음과 관심을 끌 만큼 유쾌하고 당당했다. 나는 그런 그녀를 곁에서 바라보는, 늘 한 발짝 뒤에 있는 사람이었다.

　그리고 그날 저녁, 나는 마주했다. 나도 모르게 움켜쥐고 있었던 감정, 질투였다. 부끄럽고 초라한 감정 같았지만, 그 감정은 내 삶을 흔들고, 나를 일으켜 세운 강력한 자극제가 되었다.

　어릴 적, 나는 대통령이 되고 싶었다. 아니, 대통령 부인이라도 좋다고 말하던 당돌한 아이였다. 하지만 너무 일찍 어른이 되어야 했다. 매일 밤 아빠의 폭력 속에서 집은 전쟁터였고, 공부보다 하루가 조용히 지나가길 바라는 게 우선이었다. 학교에서는 웃고 떠들었지만, 속에는 늘 조용한 어른 하나가 함께 있었다.
　중학교 첫 시험, 반에서 15등을 한 것이 유일한 성취였다. 원하던 고등학교에 진학했지만 불안한 환경은 여전했고, 대학에 들어가서는 생계를 위해 아르바이트를 해야 했다. 졸업반이 되던 해엔 수업을 포기하고 취업을 택했고, 성적표에 찍힌 F는 실패가 아닌 생존의 증표였다.
　결혼 후엔 맞벌이, 육아, 정신없는 일상 속에서 나를 위한 시간은 사치였다. 그러던 중 상담 관련 일을 시작하며, 직장 상사의 권유로 대학원 진학을 고민하게 되었다. '이 나이에 무슨 공부냐'며 웃었지만, 마음 한구석에서 오래된 불씨가 다시 피어오르고 있었다. 한 번도 온전히 해보지 못했던 공부에 대한 갈망, 그리고 언젠가 나도 사람들 앞에 서고 싶다는 소망이었다.
　결국 나는, 오십을 앞두고 다시 학생이 되었다. 익숙한 캠퍼스를 다시 걷는 날, 졸업한 단과대 건물 앞에서 발걸음을 멈췄다. 젊은 날의 기억이 스쳐 지나가며, 문득 눈물이 났다. 그건 지난 시간의 아픔이 아니라, 지금 여기, 나의 새로운 시작을 위한 눈물이었다.

대학원 생활은 내 인생에서 처음으로 온전히 나를 위한 시간이었다. 진심으로 공부했고, 사람들과 진심으로 관계를 맺었다.

동기들은 말했다.

"선생님이랑 같이 공부할 수 있어서 너무 좋아요."

그 말을 듣자 마음속 깊이 되뇌었다.

'이제 나는 누군가의 옆자리가 아니라, 나만의 길을 만들어가는 사람이 되어가고 있다고.'

그리고 마침내, 석사 졸업식 날 나는 졸업생 대표로 석사모를 쓰고 연단에 섰다. 그 순간의 벅참은 어떤 말로도 다 표현할 수 없었다. 오랜 시간 마음속에 그려왔던 그 무대 위에, 나는 결국 나 자신의 발걸음으로 올라섰다.

사람들 앞에서 진심을 다해 강의할 때면, 가끔은 예전의 내가 믿기지 않았다. 한때는 그저 부러움의 눈길로 세상을 바라보던 내가, 이제는 누군가에게 작은 힘이 되어 주는 사람이 되었기 때문이다.

하지만 나는 거기서 멈추지 않았다. 배움에 대한 갈증은 여전히 내 안에서 자라났고, 지금도 나는 그 길 위를 걷고 있다. 이제 배움은 내 삶의 한 부분이 아니라, 곧 나 자신이 되었다. 누구의 그림자도 아닌, 내 이름으로 서 있는 지금, 나는 온전히 '나'로 살아가고 있다.

그림책 『마트료시카』처럼, 나는 내 안에 수많은 나를 품고 살아왔다. 책상 앞에 앉고 싶었지만 앉지 못했던 아이, 겉으로는 아무렇지 않은 척 웃었지만 속으로는 우는 아이까지. 그 아이들을 오랫동안 눌러 담고 외면하며 살아왔다.

하지만 그날, 텔레비전 속 친구를 본 순간, 마치 인형 하나가 '톡' 하고 열리듯, 내 안의 나들이 하나씩 고개를 들었다. 그 감정을 정면으로 마주하면서 나는 다짐했다.

'그래, 나도 나의 무대에 서 보자. 나만의 이야기로, 나만의 목소리로.'

질투는 나를 무너뜨리지 않았다. 오히려 나를 깨우고, 앞으로 나아가게 했다. 지금 나는 다른 무대에서 빛나고 있다. 예전엔 배경이었지만, 이제는 주인공이 되었다.

사람들은 그 나이에 공부해서 뭐 하냐며 묻는다.

그럴 때마다, "그냥요."라고 대답하고 마음속으로는 '오래 기다렸던 나를 만나러 가는 중이에요.'라고 대답한다.

여전히 누군가를 향한 질투는 내 안의 가능성을 흔들어 깨운 감정이었고, 나를 더 나은 나로 끌어올린 힘이었다. 지금 나는, 내 이름으로 내 무대에 서 있다.

그리고 언젠가는 나도, 누군가의 텔레비전 화면 속 울림이 되는 사람이 되고 싶다. 질투에서 시작된 이 여정은, 결국 누군가의 마음에 닿는 메시지가 될 것이다.

나만의 길을 따라 계속 나아가고 싶다.

죄책감

자라다

4·3 추모제에 같이 가자고, 엄마가 전화를 걸어왔다.
"시간 없어요. 동생이랑 가세요."
나는 그렇게 말하고, 아무 일 없다는 듯 하루를 이어갔다. 그 순간 엄마의 감정은, 내게 중요하지 않았다. 전화를 끊은 뒤, 마음 한구석이 살짝 울렸지만, 모른 척했다.

엄마는 4·3 사건으로 부모를 한날한시에 잃었다. 그때 엄마의 나이는 겨우 한 살. 부모가 없는 엄마는 할아버지, 할머니 밑으로 호적이 옮겨졌고, 초등학교도 들어가지 못하여 평생 글도 모른 채 일만 하면서 살아왔다. 시장에서 옷가게 점원으로 일하며 버텨냈고, 그 와중에도 아빠를 만나 결혼이란 걸 했지만, 지옥 같은 결혼생활이 기다리고 있었다. 아빠의 폭력에서 도망치지 않고, 아이 다섯을 오롯이 지켜낸 엄마. 그랬다. 엄마는 그런 맷돌같은 여인이었다.

그 삶을 견뎌낸 사람 앞에서, 나는 무감했다. 냉담함이라고 해도 좋을 그 무감함은 어쩌면 나를 지키기 위한 방어였는지도 모른다. 아빠가 세상을 떠난 후, 엄마는 처음으로 말했다.

"세상이 이렇게 재밌고, 자유로운 곳이구나."

그 말이 나를 얼어붙게 했다.

그동안 엄마의 세상은 얼마나 캄캄하고 추웠을까? 그 한마디에 담긴 무게가 내 어깨에도 내려앉았다.

그때부터 엄마는 괜찮다고 말하면서도, 우리에게 조용히 기대기 시작했다. 동생들은 엄마를 물심양면으로 보살폈지만, 아이들이 있는 나는 자연스레 가정을 우선하게 되었다. 그런 탓에, 엄마의 하소연을 들어주는 역할에 머물렀다. 같은 이야기를 반복하는 엄마에게 시간을 들이는 일이 부담스럽고 불편했지만, 그게 엄마가 바라는 것을 채워줄 수 있는 내가 할 수 있는 유일한 방식이라 생각했다. 솔직히, 그 시간이 버거웠다. 엄마가 우리에게 명확하게 보상을 요구한 적은 없지만, 엄마의 말속에서 늘 '나는 이렇게 살아왔으니 이제 너희가 나를 보살펴야 해'라는 마음이 보였다.

결혼 후 삶도 버거웠다. 아픈 아이를 키우고, 가정을 돌보며 정신없이 살고 있는데, 엄마는 늘 자신을 이해해주길 바라는 듯했다. 그 마음을 받아들이기가 어려웠다. 내 삶 하나도 겨우 감당하고 있는 나로서는, 엄마의 외로움과 상처까지 끌어안는 게 버거웠.

아빠를 미워하고, 그 감정을 우리에게까지 연장하려는 듯한 말투가 때때로 느껴졌다. 그럴 때마다, 엄마로부터 한 걸음 더 멀어지고 싫어졌다. 명절이면 더했다. 자식의 도리를 해야 한다고 생각해서, 시댁, 엄마 집, 아빠 집 이 순서로 하루를 쪼개며 돌았다. 늦은 밤이 되어서야 집에 도착하면, 아이들은 지쳐 있었고 남편에게도 미안했다. 그런데도 아빠 집에 다닌다는 말을 하지 않았다. 엄마가 싫어할까 봐.

텔레비전에서 엄마 이야기로 울고 웃는 사람들을 보면, 좀처럼 감정이 따라가지 않았다. 삶은 선택의 연속이라 믿었기에 엄마들이 걸어온 길 역시 스스로 선택한 몫이라 여겼다. 그런데도 그 지나간 시간에 대한 위로를 자식에게 기대하는 건 왠지 불공평하다고 느꼈다. 그런 생각을 품은 내가 문득 죄스럽게 느껴질 때면, 그 마음을 조용히 밀어두었다.

아무 일 없는 척, 모른 척.

성인이 된 후, 엄마와 목욕탕에 가본 적이 없다. 엄마의 등을 밀어주는 일조차 함께 무언가를 하는 것조차 나에겐 숙제 같은 일이었다. 엄마가 모르는 내 진심. 사실은 나조차 잘 모르는, 내 감정. 이런 마음을 알면 엄마는 상처받을까 봐, 가면을 썼다. 좋은 척, 괜찮은 척.

거리에서 연극 〈친정엄마〉의 플래카드가 펄럭였다.

남편이 말했다.

"어머니랑 같이 보러 가. 어머니 좋아하실 텐데."

"나 바빠서 안 돼. 그리고 나 엄마 별로 안 좋아해."

그 말이 입에서 그렇게 쉽게 튀어나오다니 놀라웠지만, 낯선 언어는 아니다. 내 마음 한구석에서 오래전부터 반복되고 있던 말이었으니까.

가족 그림을 그리라고 하면, 나는 언제나 우리 다섯 식구만 울타리 안에 그린다. 엄마는 늘 밖에 있다. 멀어져 있는 엄마를 바라보며, 마음속으로 '짐'이라 여겨왔다. 엄마가 짐이 된 게 아니라, 내가 내 마음에 울타리를 먼저 쌓아두어서 짐이 된 것이다.

엄마는 나를 가장 사랑한 사람이었지만 나는 그 사랑보다 먼저, 피곤함과 불편함을 떠올리는 사람이었다. 그 사실이 서글펐다. 하지만 그것이 지금의 나였다. 그런 생각이 많아질 무렵, 나는 엄마에게 내 마음을 건네보기로 했다.

통장에 용돈을 보내며 큰맘 먹고 '사랑해요'라는 메시지를 적었다. 엄마는 동생이 보낸 줄 알고, 한참 동안 그 이야기를 했다. 잠자코 듣다가 내가 보냈다고 하자 엄마는 한참을 놀란 듯 조용했고, 이내 웃으며 말했다.

"네가 그런 말 할 줄 몰랐다. 고맙다."

엄마 집에 갔을 때 엄마는 이것저것 챙겨주시며 얼른 가라 하셨다. 그날은 그냥 좀 더 있어도 될 것 같았다. 하지만 나는 늘 먼저 나갔고, 엄마는 그걸 기억한 듯 먼저 등을 떠민다. 그날따라, 나는 쉽게 발걸음을 떼지 못했다. 이상하게도 마음이 붙잡혔다. 머물고 싶다는 감정. 그건 내게 처음 드는 마음이었다.

그 마음 안에서 나는 봄을 느꼈다.

그림책 『엄마의 계절』에서 엄마는 묵묵히 사계절을 살아냈다.

자식들이 찾아오지 않는 봄,

혼자서 모든 일을 감당해야 했던 여름,

무언가라도 전하고 싶어 하는 쓸쓸한 가을,

살아 있는 동안 하나라도 더 건네고 싶은 겨울.

아무도 오지 않아도, 엄마는 그 계절마다 스스로를 조용히, 그리고 단단하게 세워갔다.

나 역시 그 계절 속에 없었지만, 이제서야 조심스레 따라가고 있다. 한 걸음씩. 아주 천천히 겨울을 지나, 봄을 기다리는 마음으로.

엄마를 사랑하고 싶다. 아직은 서툴고 어설프지만, 그 마음을 표현하고 싶다.

내 마음이 자라고 있다.

불안

움직이다

　남편의 퇴근 시간이 가까워질수록 마음은 점점 조급해진다. 몸은 부지런히 움직이지만, 생각은 그보다 훨씬 앞서 달린다. 설거지를 하려다 멈추고, 청소기를 잡았다가 내려놓고, 뭔가를 하긴 해야 할 것 같은데, 손이 따라주지 않는다. 허둥대다 결국 소파에 주저앉는다. 퇴근 후 밀려드는 피로 속에서 저녁 한 끼를 간신히 차려낸다.
　현관문이 열리는 소리, 낯익은 인사말.
　"여보 먼저 왔네."
　남편은 아이들과 자연스럽게 어울린다. 그리고 그날도, 아무 일도 일어나지 않았다. 하지만 내 안에는 늘 누군가의 시선을 앞질러 나를 단죄하는 목소리가 있다. 그 목소리는 말한다. '실패하지 마, 잘못하지 마.' 그건 현실의 남편도, 상사도 아닌, 오랫동안 함께 살아온 내 안의 또 다른 나였다. 마음속에서 혼나는 리허설이 먼저 시작되었다. 그렇게 살아온 시간이, 내 몸에 익어버렸다.

고등학교 1학년 영어 첫 시간 가족을 소개하는 글을 써오라는 과제가 있었다. 그날, 집안은 어느 때처럼 싸움으로 가득했고, 나는 책상 위에 놓인 아빠의 명함을 들춰 거기 적힌 문장을 그대로 옮겨 적을 수밖에 없었다.

며칠 후, 수업 시간. 선생님이 내 이름을 불렀다.

"이런 회사 이름이 있어? 이게 고등학생이 쓴 영어야?"

"도대체 ABCD는 쓸 줄 알아?"

순간, 교실 전체가 얼어붙은 것 같았다. 친구들의 시선이 선생님의 손에 들린 과제 위로, 아니, 내 존재 위로 와르르 쏟아졌다. 숨이 턱 막히고, 손끝이 떨렸다. 심장은 귀를 때릴 듯 요동쳤다. 세상이 천천히 무너지는 것 같았다.

교탁 위에 올려진 건 한 장의 숙제가 아닌 나였다. 그날의 이야기를 집에 와서 이야기 하고 싶었지만, 아무도 내 말을 들어줄 사람은 없었다.

대학 시절, 집집마다 방문하며 가구원 등을 조사하는 통계청 아르바이트를 했었다. 조사표를 들고 어느 골목으로 들어서 초인종을 눌렀다. 문이 열리는 순간, 그 자리에 얼어붙었다. 고등학교 시절 교실 한복판에서 나를 무너뜨렸던 그 얼굴, 영어 선생님이었다. 심장이 쿵 하고 내려앉았다.

몸 안의 피가 싸늘해지는 기분이었다. 열여덟 살의 내가 그 순간 그대로 되살아났다. 눈을 피하고, 숨을 삼키며, 아무 일 없는 사람인

척 조사를 마쳤다. 현관을 나와 골목 끝에 이르렀을 때, 그제야 숨을 몰아쉬었다.

마치, 그날 교실에서 도망치지 못했던 내가 이제야 겨우, 그 공간을 빠져나온 듯한 느낌이었다. 나는 아직도, 그 장면 안에서 살고 있었다.

누군가의 지적은 곧 내 존재를 부정하는 일처럼 느껴졌다. 작은 지적 한마디에 온몸이 얼어붙는 이유는 아마도 그때 무방비로 내던져졌던 소녀 하나가 아직도 움츠리고 있었기 때문일 것이다.

직장에서도 누군가의 말투가 조금만 날카로워도, 작은 실수가 생기기만 해도, 내 몸은 먼저 반응한다. 등골을 타고 내려오는 싸늘한 기운, 손바닥에 차오르는 식은땀, 어깨가 본능처럼 움츠러든다.

특히 상사가 나를 부를 때면, '이번엔 뭘 잘못한 거지?', '누군가를 실망시켰나?' 하는 수많은 상상이 꼬리를 문다. 막상 들어보면 별일 아니다. 비난도 아니고, 다시 하면 그만인 일이 대부분이다. 그런데도 벌을 기다리는 사람처럼 몸을 움츠린다. 마치 혼나기 위해 살아가는 사람이 된 것처럼.

긴장 상태는 결국 몸에도 나타났다. 어느 날부터인가 귀에서 쳇소리가 들리기 시작했다. 병원에 가보았지만, 청력에는 아무 이상이 없었다. 약을 먹으며 고치려했지만, 사라지지 않았다. 그 소리는 마치 나를 지적하던 사람들의 목소리 같았다. 아주 가까운 곳에서, 아무도 없는 순간에도 괴롭혔다. 사람들이 입을 열지 않아도, 이미 내 안에서 스스로를 꾸짖고 있었던 것이다.

실수를 줄이기 위해 매 순간을 점검했고, 더 나은 내가 되기 위해 끊임없이 노력했다. 맡은 일마다 진심을 담고 또 담았다. 그것은 단순한 성실함을 넘어, 진심의 한계를 시험하는 일이었다.

살얼음 위를 걷듯 팽팽한 긴장 속에서 하루하루를 버티던 어느 날, 뜻밖의 말 한마디가 내 마음에 스며들었다. 그 말은 마치 얼어 있던 마음 한켠을 살짝 녹여내는 따뜻한 바람처럼 다가왔다.

"감사해요, 덕분이에요."

사소한 말이 주는 안심은 그 따뜻한 울림이 되어 스며들어, 천천히 나를 변화시켜갔다. 조금씩 달라지기 시작했다.

그러던 어느 날, 남편의 코 고는 소리에 귀가 잠깐 고요해졌다. 신기했다. 그날따라 유난히 크게 들리던 남편의 숨소리가, 내 안의 쇳소리를 덮고 있었다.

이명은 어쩌면 내 안의 오래된 목소리가 만들어낸 소리일지도 모른다. 나만 듣는 고통이 아닌 모두가 각자의 방식으로 듣고 있는 소리, 없애야 할 소리가 아니라, 함께 살아야 할 소리라는 생각이 들었다. 마음이 달라지자, 몸이 달라졌다. 내가 변하고 있다는 걸, 처음으로 느낄 수 있었다.

한 장의 숙제로 교실 전체의 시선에서 무너진 날부터 나는 아주 작은 방 안에 갇혀 살았다. 아니, 갇혀 있었다는 사실조차 모르고 지냈다. 그 방은 작고 어두웠지만, 너무나 익숙했다. 문을 열고 나올 생각조차 하지 못한 채, 조용히 그 안에 머물렀다.

하지만 다시 움직이게 만든 건, 조금씩 무너져도 다시 일어났던 순간들, 무섭지만 한 발 내딛던 기억들, 그리고 사람들로부터 들었던 따뜻한 말 한마디였다. 그 말들이 나를 흔들었고, 결국 문을 향해 걸음을 떼게 만들었다.

그림책 『가끔씩 나는』의 주인공처럼 움직이고 싶다. 점점 빠르게, 점점 느리게.

속도는 중요하지 않다. 중요한 건 내가 멈추지 않는다는 것이다.

오늘도 나는 움직인다.

그림책 리스트

백희나 글·그림, 『이상한 엄마』, 스토리보울, 2024

그로 달레 글, 스베인 니후스 그림, 황덕령 옮김, 『앵그리맨』, 내 인생의 책, 2014

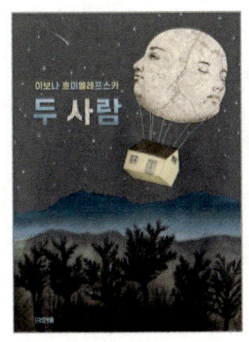

이보나 흐미엘레프스카 글·그림, 이지원 옮김, 『두 사람』, 이지원 옮김, 사계절, 2025

조미자 글·그림, 『걱정상자』, 봄개울, 2019

최숙희 글·그림, 『너는 기적이야』, 책읽는 곰, 2010

김흥식 글, 고정순 그림, 『그렇게 나무가 자란다』, 씨드북, 2019

신유미 글·그림, 『알바트로스의 꿈』, 달그림, 2021

유은실 글, 김지현 그림, 『마트료시카』, 사계절, 2022

최승훈 글·그림, 『엄마의 계절』, 이야기꽃, 2021

조미자 글·그림, 『가끔씩 나는』, 핑거, 2020

내게로 흐르는 길

허미정

소개글

문학을 사랑했지만 정반대의 길을 걸었습니다. 두 딸과 함께 그림책을 만난 후, 잊고 있던 책과 글쓰기가 다시 제 곁으로 돌아왔습니다. 십여 년째 그림책을 읽고 동시 모임을 이끌면서 그 작은 이야기들이 삶과 맞닿는 순간을 기록하고 있습니다. 아이들을 위한 이야기를 짓고 다정한 마음을 건네며, 쓰는 걸음을 이어 가고 싶습니다.

슬픔

건너가다

"그렇게 죽는 병이지 뭐."

무심히 툭 뱉고는 혀끝이 썼는지 잠시 휴대전화 너머로 정적이 흘러들었다. 평소였다면 무슨 그런 소릴 하냐고 가볍게 핀잔을 날렸을 나였지만, 가시 박힌 말보다 잦아든 숨소리에 더 속이 상해 입을 다물고 말았다.

검지에서 시작된 마비가 오른쪽 손과 팔 전체로 번지는 동안, 아빠의 정확한 병명이 나오지 않았다. 단칼에 잘린 평범한 일상. 시퍼렇게 드러난 단면 위에 덩그러니 올라서서 몇 겹의 시간 속을 헤매는 기분이었을 거다. 운동신경병증의 범주는 워낙 넓어서 얼마 전 돌아가신 친구분과 똑같은 루게릭만큼은 아니길 바라셨는데, 겨우 특정된 진단명이 하필 그것이었다. 잘 버텨오셨던 마음이 크게 휘청이는 소리가 멀리 내게까지 들리는 듯했다.

그리고 며칠 뒤부터 내 전화에 불이 붙기 시작했다. 이미 예정되어 있었던 산행을 다녀오시겠다는 아빠와, 바로 주사 치료를 시작해야 하니 취소해야 한다며 설득을 부탁하는 엄마의 전화였다. 불편한 몸으로 어딜 가느냐 답답해하는 주장도, 치료 시작하면 꼼짝없이 붙잡힐 몸이니 산행은 계속하겠다는 주장도 모두 틀린 말이 없어 곤란했다. 그러나 한편으로는, 아빠를 응원하고 싶었다.

의사 말이 옳을 것이다. 한쪽 손과 팔의 신경만 죽어가는 게 아니다. 어깨를 움직이기에도 점점 힘이 드는 눈치다. 진료실에선 대번에 '괜찮다' 큰소리치셨지만, 다리는 물론 최악의 경우 호흡기 근육까지 영향을 받을 수 있다는 진실이 너무도 가까이 있다. 다초점 운동신경병증 쪽으로 일말의 희망을 걸고 1년 가까이 치료를 시도했지만, 효과를 보지 못한 채 나빠졌다. 결국 다시 복잡한 검사를 거쳐 '루게릭'이라는 이름 앞에 멈춰선 것이다. 게다가 운동신경세포 파괴를 늦추는 주사 치료가 긍정적 결과를 가져올지, 마비 수순이 어떤 속도로 덮쳐올지는 아무도 모른다.

아빠가 직면한 모퉁이 담벼락 너머에 작은 불빛이라도 있으려면 누군가의 믿음이 필요하지 않을까? 그러니 더욱, 산행에 힘을 실어 드릴 수밖에 없다.

누구보다 건강한 삶의 루틴이 있으셨다. 가벼운 조깅과 팔굽혀펴기로 아침을 시작하고, 낮 동안 농부의 삶으로 땅에서 정직한 땀을 흘리는 하루가 수십 년간 당연한 일과였다. 덕분인지 늘 건강하셨기에, 지인분들과 올레길을 걷거나 오름을 오르고, 등산 모임을 만들어 늘 몸을 움직이셨다. 우리나라 100대 명산 중 국립공원이 있는 산들을 골라 몇 년에 걸쳐 모두 올랐다. 이제 그다음 작은 줄기들을 이루는 산을 오르자며 지역별로 계획해 놓은 사람도 바로 당신이셨다.

몇 번의 전화를 반복하며 거들어드린 덕분인지, 엄마의 걱정도 잦아들고 날씨 걱정으로 주제가 넘어갔다. 하필이면 등반을 시작하는 날부터 기온이 뚝 떨어진다는 소식에, 골라주시는 대로 단단히 챙겨 올라오시라고 마침표를 찍어드렸다. 묵직해진 배낭을 살피는 엄마 옆에서, 아빠는 아마도 추가 인원 티켓을 정리하고 등반 코스를 점검하며 몰래 환호하셨을지도 모른다.

다음 날, 역성들어준 딸에게 메시지가 날아들었다. 마니산 정상에 오르면 사진 한 장 찍어 보내시라고 당부했던 말을 기억하셨나 보다. 단풍 운운하며 농담하기는 했지만 사실 불편한 팔이 흔들리다 다치거나, 한 손으로 지팡이를 짚어야 하니 위험할 수 있기에 이런저런 수다를 덧붙였던 것인데……. 다 알고 계시겠지.

"아빠, 가을 산에 단풍 사진은 없고, 왜?"

멀리 바다가 보이는 능선 풍경에 괜한 단풍 타령을 해 보았다. 아빠는 불편한 데 전혀 없고, 산이 너무 좋다며 목소리를 세워 말씀하셨다. 참성단이 단군을 위해 제사 지내던 곳이 아니라 단군이 내려왔을 때 직접 하늘에 제사 올리던 곳이라더라, 너는 알았느냐며 지인분께 듣고 신기했던 이야기들을 풀기 시작하셨다.

서로 다른 이야기를 하고 있지만, 알고 있다.

"다리도 괜찮았고 호흡도 그대로야. 걱정 마라."

평소였다면 누구보다 거뜬했을 산세. 왼손을 쓸 수 없으니 오른팔

하나에 의지해 등산 스틱을 짚으며 어떤 마음이셨을까 생각하니 가슴이 저릿했지만 웃으며 통화를 마무리했다. 이 정도라면 내일 산행도 문제없으시겠네 안심하는 웃음이라는 걸 아빠도 아셨을 거다.

  늘 어렵고 부족했던 시절을 지나, 자식들 모두 잘 성장하여 각자의 가정을 이루었으니 얼마나 뿌듯하셨을까. 이제 좀 평안하다 싶으니, 삶이 또 한 번 무릎을 꿇린다. 한번 죽은 신경을 되살릴 방법은 없으니 치료나 후퇴는 없는, 앞으로 전진만 하는 병 앞에서 얼마나 불안하실지 짚어볼 뿐이다. 마비와 함께 근육이 소실되어 앙상해진 왼쪽 팔이 옷소매 안에서 힘없이 흔들리는 모습이 자꾸만 눈앞에 아른거린다. 그 팔이 나무에 스쳐 긁히기라도 하면 어쩌나 싶은 걱정이 밀려온다. 하지만 모두 괜찮다는 아빠. 커다란 바위를 넘고 산길에 지팡이를 꾹꾹 짚어 오르는 걸음은 조금이라도 더, 삶을 살아내려는 의지라고 바꿔 생각하는 게 옳을지 모른다. 감히 짐작할 수 없지만 부디 희망을 품고 계시기를 바라며 나 또한 농을 섞어 응원의 메시지를 보내 드렸다.

  새빨간 표지 위에 하얀 뒷모습과 그림자가 덩그러니 눈길을 끄는 그림책. 『슬픔을 건너다』의 첫 장면은 아빠를 향한 내 마음과 닮아 불쑥 떠오르고는 한다. '당연했던 일상이 간절한 희망으로 변해' 버린다는 말이 어떤 모습인지, 그림책 면지 가득 뚝뚝 잘려 서 있는 사각기둥을 보는 순간 알 수 있다. 그 위에 홀로 웅크린 듯 서 있는 외로운 그림자 하나. 그리고 아득히 먼 기둥 위에, 한때 내 것이었는지도 모를 또 다른 그림자가 서 있다. 누구나 삶에서 한 번쯤 마주할 그

날이 검은 그림자로 떠올라 마음을 흔든다. 어둠으로 침잠하여 고립된 '나'를 알아채더라도 달라질 게 없는 암흑의 시간. 그저 견디기에도, 빠져나오려 애쓰기에도, 마치 무중력의 꿈처럼 아무것도 감촉되지 않는 막막함. 그것이 바로 '슬픔'의 질감이 아닐까.

다행히『슬픔을 건너다』속 검은 그림자에게는 빨간 새 한 마리가 다가와 의식을 깨운다. 작은 날갯짓을 따라간 끝에 마주한 새로운 기억, 어둠을 뚫고 나올 빛을 발견하는 과정이 아빠의 등산이길 바라며 한참을 읽었다. 모든 것을 잃을지 모르지만, 아직은 '지금'을 짚어가며 산을 오르는 걸음. 그림책의 검은 그림자가 먼 과거의 빛을 끌어안았듯, 아빠도 당신 안의 빛으로 찬찬히 삶의 결을 다듬고 계시리라 믿는다.

삶은 건너가는 여정이다. 반짝이는 순간에 잠시 머무르기도 하지만 깊은 수렁과 슬픔을 만나는 일을 피할 수 없다. 나는 과연 어떤 방식으로 건너갈지 스스로에게 물어야 한다. 보폭을 가늠하고, 한 발씩 내딛는 순간들의 연결. 그것이 삶일지도 모른다.

아빠는 마비 부위가 더 넓어지기 전에, 전국의 산들을 계속 오르겠다고 하셨다. 몇 년간 꾸준히 다니시던 파크골프도 심판 자격증까지 도전해 시험에 모두 통과하셨다. 누군가는 이제 그 일이 불가능하지 않냐고, 더 이상 무가치하다며 의아해하겠지만 아빠는 슬픔과 불안에 지지 않고 지금 할 수 있는 일을 선택하셨다. 삶이 건너갈 방향을 스스로 정한 것이다.

가장 크게 좌절했을 당신이 먼저 용기 내어 단단히 짚고 일어나 주셔서 감사할 뿐이다. 앞으로 몇 번의 산행이 계속될지 알 수 없지만,

아빠의 의지만큼은 미끄러지지 않기를 바란다. 튼튼한 등산화 하나 보내드려야겠다. 뚜벅뚜벅, 이어갈 걸음을 오래도록 보고 싶은 바람을 담아.

미움

사라지다

　미워하는 마음이야말로 내밀한 것이라 생각했다. 서로 닿을 거리에서 흐르다 어긋난 파편들이니, 시작은 애정이라 여겼던 것일까. 그러니 살면서 내 안에 미움을 둘 자리는 많지 않았다. 옳고 그름으로 가르거나 불합리한 일들에 화를 내었지만, 내 마음 한자리를 차지하는 '미움'을 품고 싶지 않았다. 회피하거나 잘라내었다. 마음을 주는 범위가 점점 좁아졌다는 표현이 더 정확할지도 모른다. 그럼에도 미움을 떠올리니 단박에 들려오는 목소리가 있다.

　"엄마 미워, 영원히 미워할 거야!"
　아끼던 인형의 머리카락을 다듬어주다가 뭉텅 잘려 나갔던 날, 눈물로 외치던 어린 딸의 모습이 선명하다. 왜인지 그 외침이 너무 귀여워서 꼬옥 안아주었는데, 아이에게 영원한 미움이란 찰나와 같았다. 한 번의 포옹으로 스르륵 녹아 없어질 만큼 순수하고 가벼웠던 것이다. 애정도 미움도 쉽게 품지 않았다고 자조했지만, 그러고 보니 내게도 그렇게 순수한 미움이 있었다.

"인연이 아니었다고 생각해요."

이 말을 반복해 들었던 날을 기억한다. 처음은 산부인과 의사였다. 뱃속의 아기, 아니 아직 아기라고 할 수 있을까 싶을 만큼 작은 동그라미를 가리키며 말했다. 계류 유산이었다. 임신 초기에 흔히 생기는 일이라고, 자연 유산과 달리 임신 종결을 위한 수술이 필요하다며 절차를 설명했다. 놀라고 당황해 아직 슬픔에 이르지도 못한 젊은 부부에게 그것이 위로가 된다고 생각했던 것일까. 오히려 정신이 더 아득해진 나는 수술을 미루고 돌아왔다. 만에 하나의 가능성을 붙잡고 싶은 마음을 숨긴 결정이었다. 하지만 곧 똑같은 이야기를 들어야 했다. 인연이 아니라 생각하고 얼른 수술 날짜를 잡으라는 말이었다.

원망 가득한 미움이 밀려왔다. 잃어서 아주 사라질 존재. 다음에 다시 찾아올 인연이 있다 해도, 이것과 다를 테지만…… 결국 나는 잃어버려야 했다. 그리고 이후에도 비슷한 순간들이 반복되었다. 뛰는 심장 소리를 듣고 안심했던 9주 차 이후에, '인연이 아닌' 걸 알게 되어 이별했던 순간에는 견딜 수 없어 무너지고 말았다. 원망과 억울함이 너무 커서였을까, 마취가 제대로 되지 않았는지 수술 중에도 고통을 느끼고, 내 흐느낌을 들으면서 깨어났다. 그동안 참았던 울음이 소리로 터져 나왔다. 회복실에서 내 손을 잡고 고개 숙인 남편 역시, 보이지 않는 누군가를 원망했으리라.

차라리 뚜렷한 대상이 있다면 힘껏 주먹을 휘둘러 속이라도 편했을 테지만, 내 몸 안에서 일어나는 일이었다. 유산의 이유를 알 수 없지만 산모의 잘못은 아니라는 말은 앞뒤가 맞지 않는 궤변처럼 들릴 뿐이었다. 초월적 존재를 탓하기보다 나를 원망하는 게 쉬웠는지, 결국 미움은 나를 향했다.

그때 알았다. 사랑이 부드럽게 스며들어 영역을 넓힌다면, 미움은 날카로운 파편으로 깨어져 날아드는 것이었다. 틈마다 깊게 박혀서 온 마음이 까끌해졌다는 걸 알면서도, 무엇부터 뽑아내야 할지 엄두를 못 내고 포기했다. 무뎌지고 덤덤해질 때까지 기다릴 수밖에 없었다. 결국에는 내 의지가 아니라 시간이 해결해 준 것이다. 그렇게도 듣기 싫고, 어설픈 위로라 여겼던 말들이 끝내 옳았다.

"살다 보면 많은 것들이 사라진단다.
변하기도 하고, 휙 지나가 버리지."
— 베아트리체 알레마냐 글·그림, 김윤진 옮김, 『사라지는 것들』,
비룡소, 2021

그림책 『사라지는 것들』에서 말하는 시간의 흐름과 변화를 가끔 생각한다. '모든 것은 지나간다'는 순리를 짙은 터치와 따뜻한 질감의 그림으로 담아낸 그림책이다. 잠시 머물렀다 사라지는 일시성이 슬픔에만 묶이지 않고 따스함으로 스미는 전개가 철학적이면서도 아름다워 여운이 오래 머문다.

그림책은 반투명 트레이싱지를 넘길 때마다 숨겨진 변화를 드러낸다. 커피잔 위 연기나 손가락 끝의 새가 페이지 너머로 사라지지만, 이전의 그림과 겹치며 새로운 존재로 이어지는 가능성을 일깨운다. 늘 그대로일 것 같던 기대는 때로 어긋나지만, 사라짐 뒤에서 비로소 성장하고 치유되는 순간을 손끝으로 느낄 수 있다.

그래서 작가는 말하고 싶었을까. 우리가 움켜쥐고 있는 사소한 불안, 지금 흔들리는 어지러운 마음도 결국 시간의 흐름 속에 사라질 거라고. 그러나 그 중심에 끝내 변하지 않는 한 줄기가 있으니, 다시 일어설 수 있다고.

나 역시 가만한 마음으로 과거를 돌아보면 그랬다. 누군가를 원망하던 마음이 결국 내게 몰려들어 괴로웠을 때 변치 않고 붙들어준 남편이 있었다. 그와 함께 시간의 흐름에 기대어, 사라져서 해소되고 회복되는 삶의 면들을 깨달았다. 누구를 원망해야 좋을지 몰라 나를 탓하던 터널을 뚫고 나왔을 때, 늦게나마 다시 아이가 와주었고 무사히 태어나 벌써 어엿한 사춘기 소녀가 되었다. 진심 없는 가벼운 위로라고 원망했던 젊은 나는, 시간이 해결할 수밖에 없는 일들이 많다는 걸 아는 중년이 되었다. 깊게 박혀 뽑을 수 없을 것만 같던 날카로운 미움들도 반드시 없애야만 사라지는 게 아닌, 그 자리에서 다른 마음으로 다듬어질 수 있다는 걸 배우고 있다.

시간의 흐름이 원망과 상처를 흐릿하게 만드는 동안, 나 또한 스스로를 키우고 변했다는 의미다. 여전히 서툴고 가끔 조급해지더라도 한 걸음 물러서서 바라보며, 더 이상 미움에 묵직한 추를 달지 않는다. 적어도 오늘은 그러하리라 노력 중이다.

외로움

흔들다

 아이 등 뒤로 쾅 하며 문이 닫혔다. '바람이에요!' 샐쭉한 외침조차 돌아오지 않는 걸 보니, 마음이 어지간히 힘든 모양이다. 문밖으로 새어 나온 무거운 고요함이 스멀스멀 내게 닿는 듯해 시선을 거두고 식탁에 앉았다. 접어두었던 책을 다시 펼치며 집중하는 듯 보이겠지만, 일종의 위장 전술이기도 하다.
 작은 도움도 부담으로 느껴질 수 있는 시험 기간인데다, 인후염으로 열이 올라 병원에 다녀와서 해가 질 때까지 자고 일어났으니 예민해질 만도 했다. 중학생이 되면서 시험 때마다 아파서 고생했었기에, 이번에는 처음으로 자신이 계획한 대로 공부해 본다고 넘치던 의욕이 더 마음을 짓누르는 듯 보였다. 그러니 더욱 거리를 두고 내 자리를 지키려는 것이다.
 '필요하면 언제든지 부르렴.'

닫힌 문밖에 빛을 켜 주고 싶은 엄마의 마음과, 일부러 애쓰는 것이 절대 아니라는 뉘앙스를 모두 지킬 수 있도록 위장하기에 책만 한 게 없었다. 독서토론 책이 밀렸다거나 당장 내일까지 써야 할 리뷰가 있다는 핑계는 자연스러웠고, 어느 정도는 사실이었으니까. 아이의 긴장과 스트레스가 느껴져 나도 속도가 나질 않았으니 말이다. 마냥 사랑만 퍼부어 주면 족하던 시간은 이미 저만치 멀어져 있었다. 나는 아직 우리가 함께 놀던 얕은 물가에 서 있는데, 아이는 벌써 높은 파도에 거침없이 올라탔다는 걸 실감한 밤이었다.

방 안에서 홀로, 자기 세계를 이리저리 굴리며 애쓰는 아이는 '에르고'와 다름없었다. 그림책 『에르고』의 좁고 동그란 세상(알). 샛노란 몸으로 알 속을 꽉 채운 에르고는 자신을 감싼 세상에서 '나'를 발견하고 탐색한다. 눈앞의 벽도 '나'일까 궁금해하며 온몸으로 밀었더니, 에르고가 이쪽저쪽으로 데구루루 움직이는 장면이 떠올랐다.

"내가 세상을 움직일 수 있구나!"
— 알렉시스 디컨 글, 비비안 슈바르츠 그림, 노은정 옮김, 『에르고』,
비룡소, 2023

그저 감탄스러웠던 발견의 순간에 아이 모습이 겹쳐지니, 마음이 울컥 치솟아 나도 함께 기우뚱거렸다. 어지럽게 흔들리던 알 속에서 푸르스름 창백해지고 일그러진 에르고는, 이제 막 사춘기를 지나고 있는 첫째의 복잡한 얼굴 그대로였다.

자신이 세상을 움직일 수 있다는 사실을 깨닫고 결국 알을 깨고 나온 에르고는 과연, 다른 세상을 만나 행복했을까? 벽을 깨고 마주한 세상에서 자신을 닮은 누군가를 만나 안심했을지 오히려 낯선 두려움이 더 커졌을지, 그림책의 뒷이야기가 궁금해진다.

자신을 온전히 품어주던 세상 안에서, 아이는 평온했을 것이다. 그 안온한 향기가 아직 내게 남아있으니 의심하지 않는다. 하지만 그것에 기대지 않고 궁금한 것을 몸으로 부딪혀 알아내고, 힘껏 성장하려는 몸부림이야말로 외로운 과정이 아닌가? 부모가 지켜 주던 세계 너머에서 '진짜 나'를 찾고 싶겠지만, 친구들과의 관계에서 만들어지는 모습 또한 중요한 시기이니 쉽지 않을 것이다.

호기심에 거침없이 내달리는 에르고를 보며, 나는 여태껏 아이가 기를 쓰며 굴리고 있는 작은 세계를 그저 '알' 껍데기 밖에서 내려다기만 했던 건 아닌가 움찔했다. '대체 왜 이렇게 흔들리나' 쩔쩔맬 필요가 없다는 걸 알지만, 나 역시 아직 흔들리는 중이니 이 어둠 속에 빛을 켜고 아이 곁을 지키고 있나 보다.

쫑알쫑알 달려와 내 무릎을 베던 아이가 이제 홀로 턱을 괴어 고민한다. 어떻게 하면 좋을지 백만 스물한 번씩 질문을 쏟아내던 아이가 자신의 경험 안에서 방법을 찾으려 골몰한다. 그 기세가 자연스럽게 내 걸음을 뒤로 물리고, 물러난 거리만큼의 외로움이 살짝 끼어들지만 그것은 나의 몫이다. 아마도 그 자리는, 우리 사이의 새로운 믿음과 탄성이 채워 주겠지.

단단한 껍데기 안 세상의 양분을 담뿍 먹고 잘 자란 아이를 믿는다. 이 외로운 흔들림 앞에서 알을 감싸주고 싶은 마음을 참으며 기다려 주는 것은 나의 일이겠다. 계절에 맞춰 옷을 입듯이, 지금 아이가 만드는 새로운 계절에 알맞게 내 옷을 찾아 입고 가만히 빛을 켜두어야지. 이제는 나의 해결책이 아니라, 묵묵히 기다려 주는 시간이 더 큰 사랑이 될 차례다.

흔들리고 흔들려야 비로소 내 공간을 가늠할 수 있고, 그래야 바깥으로 나올 수도 있다. 살면서 경험으로 배운 진리를 자꾸 잊는다. 아이 덕분에 나도 내 계절들을 돌아보며 진심의 응원을 남겨본다.

뚫고 나와 네 세상의 동그라미를 넓혀봐. 네가 서 있는 세상에 안주하지 않고 한 발짝 더 넓힌다는 건, 누군가의 세상 가까이 다가간다는 뜻도 되는 거야. 서로 부딪쳐 네 세상이 조금 찌그러질 수도 있고, 혹은 상대의 동그라미와 겹쳐서 새 빛을 내기도 하겠지. 불안보다 설렘의 한 발짝이길 바라는 마음으로 응원할게.
'너'라는 세상의 크기를 정하는 건 주인공인 너 자신이라는 걸 잊지 말았으면 해. 지금처럼 스스로의 의지로 노력하는 마음이 동력이 되어줄 거란 걸 믿는다.
마음껏 흔들어 보렴, 네 세상!

두려움

인사하다

"죽음은 작고 상냥해요."
— 키티 크라우더 글·그림, 이주희 옮김, 『작은 죽음이 찾아왔어요』,
논장, 2025

 그림책『작은 죽음이 찾아왔어요』를 펼치자마자 멈칫했다. 작고 상냥한 죽음이라니, 얼토당토않은 말에 당황했는지도 모른다. 내가 겪은 죽음은 대체로 갑작스럽고 날카로웠기에 작가가 어떤 이야기를 하려는지 더욱 궁금해졌다.
 그림책에는 검은 옷을 뒤집어쓰고 커다란 낫을 든 존재, '작은 죽음'이 등장한다. 대부분은 그를 보면 기겁하거나 눈물짓지만, 엘스와 이즈라는 아이는 먼저 말을 걸고 친구가 되어 준다. 이 만남을 통해 죽음 너머의 새로운 면들을 보여주는 이야기다.

나는 기겁하며 눈물을 흘릴 사람 중 하나였을 것이다. 감사하게도, 아직 '작은 죽음'을 만나지 않았지만, 그 순간을 수없이 상상하던 시절이 있었다. 내가 두려웠던 건 죽음의 손을 잡고 강을 건너가는 일이 아니었다. 어느 날 정적을 뚫고 갑작스레 울려오는 전화벨 소리, 다급하게 떨리는 목소리, 심장이 꺼질 듯한 채 정신을 붙들며 달려가야 할 마지막 장소. 그곳에 남겨질 내 사람들의 고통과 막막함을 떠올리면 견딜 수 없으면서도, 자꾸만 그 장면들에 사로잡히고 마는 것이다.

"이게 대체 무슨 일이야."
소식을 듣고 모였을 가족들 사이에서 나는 한눈에 언니를 찾았다. 그대로 달려가 마른 얼굴을 감싸안고 같은 말을 반복할 수밖에 없었다. 정말, 이게 다 무슨 일이야.
전화를 받자마자 아이들을 챙겨 비행기를 탔지만, 어스름한 저녁에야 도착했던가. 겨울 한기 가득한 병원 복도에서 언니는 이미 눈물조차 다 말라버린 듯한 얼굴을 하고도 다시 눈물을 흘렸다. 그리고 저 건너편에서 닮은 눈을 하고 앉은 또 몇 사람. 넋이 나간 얼굴들이 서로를 어루만지며 며칠을 버텼다. 형부의 마지막 가는 길에 유난히 하얗게 눈이 흩날렸고, 그 위로 흙이 덮였다. 차갑게 떨어지는 마른 흙 소리를 견디며, 나는 언니를 부축해 서 있었다. 애끓는 슬픔을 겨우 붙들어 안으며 그 고통과 두려움이 고스란히 흘러와 박히도록 두었다. 다른 도리가 없었다.
내게 죽음이란 이렇듯, 하루아침에 커다란 구덩이가 파헤쳐지듯

벼락처럼 덮쳐 온 일이었다. 더 오래된 기억을 떠올려 보아도 마찬가지였다. 긴 투병 끝 죽음 역시 예상하지 않은, 어느 평범한 날에 찾아왔던 것 같다. 집에서 치른 할머니의 장례는 어린 나에게 육신의 소멸을 고스란히 보여주었고, 이후에 맞닥뜨린 갑작스러운 죽음들은 이별 후 남겨진 절망에 대한 두려움을 심었다. 육신의 부패 따위와 비교할 수 없는 괴로움이었다.

떠난 사람은 한 번의 마침표로 이별이 끝나지만, 남겨진 이에게 마침표는 의미 잃은 검은 점처럼 끝없이 반복된다. 잊힐 듯 띄엄띄엄 찍히다가, 때로는 거대한 산처럼 앞을 가로막는다. 당사자도 아니면서 왜 그렇게 힘들어하냐고 누군가 내게 물었다면 나는 뭐라고 답했을까. 그 큰 불안과 책임 앞에서도 아이들을 끌어안고 뚜벅뚜벅 나아가는 언니가 산보다 더 커 보여서, 라고 했을지도 모른다. 그 속은 이미 까맣게 타버린 걸 누구보다 잘 알면서도. 나는 그러지 못했을 거라는 두려움, '내가 견디지 못했다면 내 아이들은 어떻게 됐을까'라는 상상이 매 순간 나를 흔들던 시절이었으므로.

'작은' 죽음이란 없다. 다만 한 치 앞을 모를 인생에서, 죽음 또한 그저 수많은 갈래 중 하나일 뿐이라는 걸 알았다. 언니는 골목이 다시 앞을 막으면 그 벽을 뚫고서라도 나아갈 듯 보였고, 그 사랑 아래에서 조카들 역시 일상에 단단히 발을 딛고 잘 커 주었다. 지금도 우리는 가끔 눈물 섞인 안부를 하늘에 전하며 서로 기대어 이야기하지만, 그것 또한 자연스러운 일이 되었다.

나는 여전히 죽음 너머의 세계를 떠올린다. 아이들을 슬픔에 남겨

놓고 떠날까 두려운 순간을 만나기도 한다. 하지만 오늘의 인사를 전하면서 하루를 더욱 단단히 채우고 있다. 허공을 떠도는 위안에 그치지 않고, 단단히 붙들어 두기 위해 글을 쓰기 시작한 것도 그즈음이었다.

짧은 글일지라도 하루하루를 남기는 인사라 생각하니, 건강한 일상을 떠받치는 단단한 바닥처럼 느껴졌다. 그래서 더욱 쓰고 싶어졌다. 삶과 죽음의 얄팍한 경계를 두려워만 하지 않고, 지금 내게 소중한 기억을 그러모아 글로나마 엄마의 당부를 남겨줄 수 있겠다는 희망이 생긴 것이다. 글을 쓰다가 문득 영영 닿지 못할 어느 날이 두려워질 때도 있다. 그럼에도 나는 여전히 미래를 향해 인사하고 싶어졌으니, 꽤 많은 모퉁이를 씩씩하게 돌아 나온 덕분일 것이다.

키티 크라우더 작가 역시 이 '작은' 마음을 전하고 싶었던 게 아닐까. 거대한 슬픔과 절망의 구덩이도 시간이 흐르면 작은 양말 구멍만큼 줄어든다고. 가끔 양말이 늘어나 다시 커져버린 구멍 때문에 슬퍼질 날이 있어도, 그 구멍 너머의 알 수 없는 빛을 믿어볼 일이다. '어라, 오늘은 구멍이 좀 커졌네?' 피식 웃으며 발가락을 매만지고 다시 걸어봄직도 하다. 그렇게 성큼성큼, 환한 곳을 향해 오래도록 걷고 싶다.

부끄러움

토닥이다

"응, 꿈이야. 괜찮아. 엄마 여기 있어."

반사적으로 중얼거리고 돌아눕기도 전에 아이가 파고든다. 몇 번째인지 모르겠다. 아직 한밤중인지 새벽인지 눈꺼풀을 움직여 보려다 그만 힘을 뺀다. 둘째까지 깨우지 않으려면 일단 울음이 커지기 전에 재워야지……. 토닥이는 내 손목의 움직임이 점점 어둠에 흡수되며 사라진다. 몇 년을 반복했는지 모를, 깊은 우물 같은 시간이었다.

야무진 눈매를 반짝이며 세상을 탐구하던 에너지는 한낮의 차지였던 것일까. 어둠이 내리기 시작하면 새로운 감각이 깨어난 듯 다른 아이가 되어, 오롯이 육아에 쏟으려던 열정을 희석시켰다. 주말부부를 끝낸 것도 다시 시작했던 일을 그만둔 것도 모두 내 선택이었지만, 밤새 얕은 잠을 자는 첫째 덕분에 매일 깨어있던 새벽은 문득 공허했고 자주 화도 났다.

둘째가 태어나자마자 부산으로 이사 오면서 아이의 밤은 더 길어졌다. 낯선 환경과 동생이 차지한 엄마 품을 한꺼번에 맞닥뜨린 탓일까. 세 살 아가의 힘든 마음이 터져 나오는 곳은 꿈결이었는지, 긴 시간 공들여 잠든 보람 없이 울면서 깨기를 반복하는 밤이 이어졌다. 원하는 만큼 애정 어린 손길을 듬뿍 줄 수 있다면 꿈속 불안까지 꺼안아 주었겠지만, 아직 시간마다 먹이고 재워야 할 신생아가 있으니 불가능에 가까운 일이었다. 더구나 당장 입소 가능한 어린이집이 없어서 다 함께 집에 있으니, 온종일 엄마와 동생 곁을 맴돌아야 했다. 아니, 첫째와 둘째 사이를 내가 끝없이 오가며 채운 날들이었다.

동생 기저귀를 갈거나 목욕시키느라 자리를 비우면, 첫째도 인형을 들고 따라왔다. 수유하는 내 근처에 앉아 그림을 그리다가, 왼손으로 아기 침대를 흔들며 재우기 시작하면 내 오른팔과 다리를 차지하고 앉았다. 손에는 늘 좋아하는 그림책이 들려 있었다. 둘째에게는 자장가가, 첫째에게는 더없이 달콤한 엄마의 사랑 노래가 되었을 그림책들이 우리 마음 사이에 길을 놓아주었다. 짧은 시간을 모아 조물조물 요리 놀이도 하고, 욕실 유리 벽에 물감을 문지르며 깔깔 웃기도 했다. 마음을 안정시켜 준다는 이런저런 촉각 놀이를 찾아보고, 함께하며 아이를 다독였다. 불러도 바로 달려가지 못할 때가 많았지만, 사이사이 만들어 낸 작은 틈을 아이 손에 쥐어 주며 진심을 보여주고 싶었다. 그리고 나는 그 일을 '잘 해내고 있다'고 철석같이 믿고 있었다.

『오늘아, 안녕』이라는 그림책을 읽다가 잊었던 그날들이 떠올랐다. 잠들기 싫어하는 아이와 노란 손바닥 머리를 한 '토닥이'가 나누는 이야기들이 귀여워서 웃다가, 마지막 장면에서 얼굴이 확 달아오르고 말았다. '토닥이'가 아이의 상상 속 친구가 아니었다니. 함께 누워 가만히 아이 가슴을 토닥여주는 아빠의 손을 보여주는 순간, 모든 게 이해되었다. 아이가 늘어놓는 이야기들을 가만히 들어준 아빠가 있으니, 잠들기 싫은 밤에도 행복하게 재잘거릴 수 있었던 것이다.

우리의 밤은 행복하지 않았다. 해가 지면서 그날의 행복도 저물어 버렸다. 분명하게 떠오른 기억은 누군가 손가락을 들어 나를 지목하는 듯, 부끄럽게 만들었다. 온종일 두 아이와 씨름하면서도 최선을 다해 사랑을 채워주려 애썼지만, 밤이 되면 무너졌던 엄마의 모습을 아이도 기억할까.

"똑바로 누워야지!" "얼른 눈 감아!" 목소리가 점점 커지고야 말았던, 수많은 밤이 있었다. 잠들지 못하고 무언가 불편감을 호소하는 아이를 받아주다 결국은 시작할 때 다정했던 서로의 밤 인사는 잊히고 눈물로 끝나고는 했다.

여름이면 특히 홑겹의 이불이 구겨진 것을 참지 못하고, 몇 번이고 일어나 이불을 다시 활짝 펼쳐 덮으며 괴로워하던 아이. 이불이란 원래 몸을 부드럽게 감싸며 덮고 흐르는 것인데, 구겨진 이불자락을 잡고 결국 울음이 터지고야 마는 것이다. 그러면 나 역시 어두운 방과 함께 깊은 땅속으로 푹 꺼져 들어가는 기분이었다.

겨우 달래고 일어서서 벽을 따라 서성였다. 내 품에는 아직 잠들지 못한 더 작은 아기가 안겨 있었다. 세상과 단절된 듯한 이 밤이 또 시작되는구나, 벽에다 한숨을 쉬고 나면 마음까지 닳아서 나 또한 어둠이 되는 듯했다.

차라리 힘들다고 털어놓았다면 다른 방법이 생겼을까? 힘든 마음을 감추고 빠르게 해결하려고만 했으니, 점점 더 화를 내어 상황을 덮는 데 급급했던 것 같다. 긴 씨름 끝에 겨우 재웠어도 밤새 얕은 잠에서 깨며 시간마다 나를 부를 첫째와, 아직 수유 중인 둘째. 너무나 훤하게 그려졌기에 잠들기를 기다리는 그 시간이 더욱 무의미하고 가혹하게 느껴졌던 것 같다.

그럴수록 마치 아이가 엄청나게 큰 잘못이라도 한 것처럼, 반드시 제시간에 잠을 자야 옳다는 듯 다그쳤다. 그 순간, 훈육을 핑계로 잘못된 정의감에 휩싸인 내 모습에 머리가 쭈뼛했다. 언어도 폭력이 아닌가? 나 역시 끝없는 악역이 될 수도 있겠다는 생각에 부끄러움이 날카롭게 내리쳤다. 밤마다 냉정하고 차가워지는 엄마의 다그침은 낮에 받은 사랑을 흔적 없이 지워버리고 말았을 텐데, 나는 무리한 노력으로 에너지를 소진하고 있었던 것이다.

"네가 행복한 만큼만 해."

자꾸만 화가 많아지던 무렵, 이사 간 곳에서 잘 지내는지 안부 전화 주셨던 이모님이 해 주신 말씀이다. '엄마가 행복해야 해.' '엄마가 행복한 만큼만 해.' 내가 다 소진되어 버리면 그 괴로움이 아이들을 향하고, 아이들의 괴로움은 다시 나를 향하게 될 테니 못 견딜 만큼 용쓰지 말라는 다독임이었다. 그 말을 듣고 무엇이 문제인지 바로 깨달았으니 진심으로 감사한 통화였다.

　그날부터 둘째를 재우며 나도 잠깐씩 다리를 펴고 눕는 것부터 시작해 보았다. 곁에 누운 첫째는 쉽게 잠들지 않았지만, 음성으로 책을 읽어주는 '세이펜'으로 자신만의 시간을 즐기는 법을 터득했다. 가끔 〈방귀대장 뿡뿡이〉와 〈뽀로로〉가 육아를 대신해 주었다고 이야기하곤 하는데, 우스갯소리가 아닌 진담이었다.

　저녁 취침 루틴도 바꿨다. 조금 늦어지더라도 둘째를 먼저 재우고 그동안 첫째는 아빠와 거실에서 좀 더 자유롭게 시간을 보내며 즐거워했다. 둘째가 잠든 후 조심스레 안방 문을 열고 나오면, 어느 날은 '엄마와 읽고 싶은' 그림책을 문 앞에 한가득 쌓아 놓고 배시시 웃으며 그 위에 앉아 있기도 했다. 우리 셋이 동동거리는 평일에는 활동을 조금 줄이는 대신, 주말에는 남편과 함께 첫째의 에너지를 발산하는 데 좀 더 시간을 들였다. 그러자 서서히 평온이 찾아왔다.

　아무리 사랑하는 마음이 커도 체력과 정신이 모두 지쳐버렸으니, 어둠이 찾아오기 쉬웠던 시절. 아무에게도 보이지 않았던 불같은 차가움을 들켜버렸던 시간이 부끄럽지만, 다행히 일찍 깨달을 수 있어서 감사했다.

　아이의 예민한 잠투정도 옅어지고, 매일 밤 엄마와 단둘이 갖는 그림책 여행은 아이의 마음을 키워주었다. 나란히 누워서 듣는 이야기들이 아이에게도 각별했겠지만, 사실 그림책을 읽는 것은 내게도 에너지가 충전되는 일이었다. 그렇게 내 마음까지 감싸주던 밤들은, 마치 둥그렇게 만져질 듯한 공감각적 심상으로 특별한 '시간'이 되어 우리를 치유했다.

해가 바뀌자 첫째는 어린이집 생활을 시작했고, 둘째도 제법 자라 활동량이 늘어나면서 잠과의 싸움도 점점 느슨해졌다. 부끄러움으로 세게 뒤통수를 얻어맞았지만, 아이를 향한 폭발적인 화를 조심하는 마음을 갖게 되었으니 마냥 어두운 시절만은 아니었다고 말하고 싶다.

어느새 두 아이 모두 중학생이 되었다. 잠 못 들어 서로 괴롭던 시간이 있기는 했냐는 듯 잘 자라는 가벼운 인사로 각자의 잠을 청한다. 대신『오늘아, 안녕』그림책 속 아이처럼 오늘 있었던 시시콜콜한 이야기들을, 잠자리가 아닌 식탁에서 들려준다.

한창 사춘기인 두 딸이 엄마에게 이야기보따리를 풀어주는 것은, 욕심을 낮추고 서로가 행복할 만큼만 바라며 느슨하게 지내온 덕분일 것이다. 억지로 애쓰며 만든 행동보다, 무심한듯해도 다정한 말 한마디를 더 소중히 여기는 취향이 닮아 다행이다.

서로의 하루를 묻고 들어주는 우리 마음의 길이 오래도록 막히지 않길 바란다. 언제든 빼꼼 인사할 수 있도록.

분노

열다

스윽, 얼굴 옆으로 검은 그림자가 들어왔다. 반사적으로 벌떡 일어섰다. 우당탕 의자 소리가 울리는 파티션 너머로 기웃거리는 기척이 느껴진다. 잔뜩 인상을 구기며 범인을 쳐다보면, 어떻게 매번 놀라느냐고 웃으며 사라질 뿐이었다.

사무실 가득 키보드 소리만 울리는 오후의 고요와 나른함. 어떻게든 이 시간을 타파해 보려는 몸부림이 하필 이런 식의 장난이라니. 아, 지금 생각해도 정말 싫다.

나는 불쑥 나타나는 것에 유난히 취약하다. 예고 없는 그림자, 갑자기 툭 튀어나오는 누군가 때문에 심장이 철렁하며 뒷걸음치고 만다. 손끝까지 파르르 차가워지는 건 내 사정이다. 대부분 그 누군가는 장난이었다는 듯 웃고 있었다.

"아, 뭘 그렇게까지 놀라." 이럴 때마다 속이 끓었다. 정색하며 싫다고 설명하면 '너무 예민하다'라거나 '기가 약하다'라는 반응뿐. 차가워졌던 손끝이 활활 타오르며 놀람이 화로 바뀌었다. 그럼에도 장난은 드문드문 이어졌다. 밤샘 프로그래밍에 지친 그들에게도 잠시 유치해질 틈이 필요했을 것이고, 나 역시 일로 만난 관계라는 거리를 좁히고 싶지 않아 화를 삼켰기 때문이다.

남편은 달랐다. 체면과 예의도 필요 없는 순도 백 퍼센트의 화를 감내해 줄 관계이니 정색으로 끝내지 않았다. 그럼에도 그 역시 이런 장난을 즐겨 했으니, 알 수 없는 일이다. 잘 놀라는 걸 알면서도 자꾸만 반복되곤 했다. 방문을 열 때, 냉장고 옆에서, 화장대에서, 설거지하느라 등 돌린 순간에 스윽 나타났다. 장난기를 감추지 못한 등장이 반, 전혀 의도치 않은 등장이 반이었으니 타박받는 본인도 억울하겠지만, 어느 날 결국 터져버렸다.

"그만하라고 했잖아!"

고무장갑을 벗어 던졌던가. 순식간에 화가 터져 나왔다고 생각했는데, 다리에 힘 풀려 주저앉자마자 눈물이 쏟아졌다. 아빠가 다가온다고 알려주려던 딸들도 놀랐지만, 정말 놀란 것은 나였다. 남편이 사과하고 아이들도 쭈뼛쭈뼛 눈치를 살피다 혼자 남았을 때까지도 눈물이 멈춰지지 않았다. 그날 밤 혼자 식탁에 앉아 한참을 생각하다 먼 기억에 닿았다.

"삐빅, 삐, 삐삐삐."

잠결에 도어락 누르는 소리를 들은 듯했다. 벌떡 일어나 앉으니 더욱 선명했다. 내 집 문밖에서 나는 소리다. 뭐지? 생각을 가다듬을 틈도 없이 '쾅쾅! 쾅!' 현관문까지 두드리기 시작한다. 무어라 외치는 남자의 목소리가 섞였다. 손이 떨렸다. 심장이 목구멍 밖으로 튀어나올 듯 날뛰니 숨 쉴 때마다 통증이 느껴지는 듯했다.

'112 신고!' 멈추지 않는 도어락 소리에, 이제 발로 차는 소리까지 더해지니 다급했다. 한 골목만 나가면 경찰 지구대가 있는 집을 선택한 것이 얼마나 다행인가. 멀리 순찰 나가지 않았다면 곧 도착할 거란 희망만 붙잡고, 흔들리는 손잡이를 찌를 듯이 노려보고 있었다. 방에 불을 켜면 현관문 틈으로 불빛이 새어나갈지 모를 작은 원룸. 이 정도 소음이면 같은 층 누구라도 내다봐 주었으면 좋겠지만, 사실 그들도 떨고 있었을 것이다.

새하얗게 질려갈 때쯤 잠잠해진 어둠을 뚫고 경찰이 도착했다. 손잡이가 부러지기라도 할 듯 거칠게 흔들던 자는 어디론가 사라진 후였다. 경찰관 두 분이 원룸 5층을 다 돌고 주변을 살피고 오셨지만, 아무도 찾지 못했다. 집을 잘 못 찾은 취객일 가능성이 크다고 했다. 내일이라도 수상한 사람이 있거든 연락하라며 개인 연락처까지 적어주셨는데, 이 위로가 가능성이 되어 한동안 나를 괴롭혔다.

수상한 사람이라니. 야근이 일상인 직업이라 퇴근길은 늘 어둠과 함께였는데! 지하철 계단을 올라와 큰 교차로 앞에 서면 호흡이 가빠졌다. 맞은편에 서 있는 사람, 방금 눈이 마주친 것 같은데 혹시 내 퇴근 시간을 지켜보고 있나? 갑자기 다가오는 인기척은 다시 나를 해칠 수 있는 수상한 그림자가 아닐까? 온 신경을 곤두세우고, 휴대폰이라도 무기 삼아 단단히 쥐고 걸었던 이십 대의 내가 떠올랐다.

꼬불꼬불한 언덕길을 올라야 했던 예전 동네는 원룸촌이라 불리며 여러 사건들의 배경이 되었다. 뉴스에 나왔을지 모를 한밤의 비명을 듣고, 도망치듯 이사 온 동네에서 겪은 일이기에 다시 공포의 막다른 길에 몰렸던 것 같다.

나는 단순히 잘 놀라는 사람이 아니었다. 놀랄 때마다, 무서웠던 그 순간으로 단번에 돌아가는 것이었다. 몸이 얼어붙고 온 신경이 치솟아 심장이 튀어나오던 그때로. 그러니 더욱 진심을 눌러 담은 '화'로 폭발할 수밖에 없었다. 내게는 상처가 된 밑바닥 감정이 존중받지 못하고 장난스럽게 다뤄진다고 느꼈으니까.

화라는 게 한 번 시작되면 쉽게 끝나지 않는다. 흙 속에 숨어 있다가 줄줄이 엮여 올라오는 감자들처럼 다른 기억들까지 달려와 덧붙는다. 더구나 가장 가까운 남편의 장난이니, 그날의 화에서 멈춰지지 않는 것이다. 남편이 나를 놀라게 만든 순간에서 시작해, 예전 회사에서 내 이야기를 우습게 넘기던 동료들의 장난으로, 또 그것을 가볍게 지나쳤던 내 태도까지 이어지며 마음이 시끄러워진다. 화가 나 꽉 닫아버린 마음은, 결국 내가 참아 넘겼던 많은 순간들을 불러와 팽팽하게 부풀었다.

"다친 마음은 나을 수 있고, 닫힌 마음도 언젠가 다시 열 수 있어요."

— 코리나 루켄 글·그림, 김세실 옮김, 『내 마음은』, 나는별, 2019

그림책 『내 마음은』의 장면은 이렇게 갑갑한 마음에 틈을 내준다.

어떤 날은 창문이 되고, 또 어떤 날은 물웅덩이나 얼룩이 되기도 하는 마음을 노란빛의 따스한 그림으로 표현했다.

화로 가득 차 금방이라도 터질 듯한 마음으로 그림책을 펼친다. 그리고 빛을 받으며 활짝 창을 연 아이가 있는 장면을 내려다본다. 나도 아이 등 뒤에 선 듯 창밖을 향해 천천히 숨을 내쉰다. 그대로 두면 견디기 힘들었을 마음에서 푸스스 바람이 빠져나와 조금 말랑해진다. 그림책 장면들을 넘기는 동안 마음에 숨 쉴 공간이 조금씩 생겨난다.

작가는 '마음을 열고 닫는 것'은 바로 나에게 달려있다고 말한다. 화가 나는 진짜 이유와 그 안에 감춰 놓은 내 목소리를 들어보라고 속삭이는 듯하다. 벌떡 일어나 실제로 창문을 열어 감정들을 풀어놓고 싶어진다.

예전 기억을 꺼내며 내가 놀람에 약해진 이유를 알았듯, 남편 역시 쉽게 변하지는 않겠지. 애정에서 비롯된 장난이란 걸 알기에 결국 서로의 선을 존중하는 적당한 타협이 필요하겠다.

"내가 화를 내거든, 창을 여시오." 귀띔이라도 해 둘까.
"미안, 근데 바람이 좋네." 사과의 말도 미리 일러둘까.
"그래도 난 역시, 화는 날 거야." 경고는 필수겠다.

나는 나대로, 막아두었던 기억에 작은 구멍을 내듯 마음의 창을 살짝 열어두기로 한다. 창을 연다고 모든 문제가 해결되진 않겠지만, 가끔은 그걸로 충분하다. 열린 창으로 바람이 들면, 어두운 마음도 흘러나가 언젠가 다시 가벼워지기를 기대해 보기로 했다. 나를 위한 창이지만 드는 바람은 나만의 것이 아니어서, 내 주변에도 스 밀 테니.

좌절

나아가다

    8년 전 겨울, '걷는 사람'이 되었다. 함께 책 읽는 분들의 걷기 모임에 슬쩍 관심을 내비쳤다가, 일사천리로 정식 멤버가 되어 지금까지 걷고 있다. 걸음 수와 운동량을 기록하며 정해진 목표를 채워 인증하는 모임이다.

    처음에는 실내 러닝머신 위에서 걷기 시작했지만, 곧 밖으로 나서게 되었다. 이사 온 후에도 여전히 낯설던 외곽과 산책로가 조금씩 익숙해졌고, 땀 흘린 뒤 천천히 돌아오며 생각을 정리하는 시간이 좋았다. 꾸준한 아침 걷기는 내 일상에 큰 자리를 차지했다.

    익숙해지니 욕심이 생겼다. 이제 '뛰는 사람'이 궁금해졌다. 언젠가부터 갑자기 늘어난 뛰는 사람들의 뒷모습이 부럽기도 했고, 나도 달릴만한 체력이 생겼을지 모른다는 생각으로 설렘이 앞섰다. 러닝 인증 앱을 설치하고, 모임 분들의 조언대로 빠르게 걷다 잠깐 뛰는 인터벌 방식의 초보자 코스부터 시작하기로 했다.

내 몸의 세포들은 뛰는 기억을 망각했는지 시작부터 숨이 찼다. 그래도 몇 년을 꾸준히 걸었는데 제아무리 비루한 체력이라 하더라도 이것밖에 안 되나 싶었지만, 심장이 튀어나올 듯 뛰는 짧은 구간만으로도 충분히 벅차올랐다.

걸으며 땀이 나는 것과는 전혀 다른 성취감이었다. 땅을 박차는 발끝, 스치는 바람까지 모든 것이 심장 박동에 맞춰 뛰는 듯했다. 아침이면 설레는 마음으로 운동을 나섰고, 사람들을 피해 바깥쪽 조용한 길에서 고군분투 달리기를 이어갔다. 심장이 터질 듯한 한계점에 익숙해질수록 조금씩 늘어나는 시간, 그 맛이 달콤해 멈출 수 없었다.

"아니, 어쩌자고 달리기를 하셨대요!"

딱 한 달 인증 달력을 채웠을 때 왼쪽 무릎에 통증이 생겼다. 오래 치료받은 적 있는 무릎이라 다니던 병원 의사를 찾아갔더니 대뜸 목소리를 높인다. 마치 아무나 달리기를 해도 되는 게 아니라는 듯 잔소리를 늘어놓으니 진상 환자가 되어버린 기분이었다. 손사래를 치며 '맨땅 걷기'만을 권하는 말에, 진료실 책상 모서리만 노려보다 무력하게 일어서야 했다.

뛰기를 포기하고 다시 '걷는 사람'으로 돌아갔다. 초콜릿 맛을 알아버렸는데 손에 쥔 초콜릿을 통째로 빼앗긴 듯 분하고 서글펐지만, 걷기라도 해야 했다. 끌어올리기는 어렵지만 한순간에 사라지는 것이 체력이니까.

조금씩 걸으면서 치료를 받던 중, 물리치료사 한 분이 솔깃한 이야기를 해 주셨다. 사실 걷고 뛸 때 중요한 것은 허벅지 근육과 골반을 감싼 근육이라는 것. 그 힘이 약해 무릎 관절 혼자 애쓰다 보니 마모가 심할 수밖에 없다고 말이다.

 집에 돌아와 관련 정보를 찾아보니 근력 회복 후 다시 달리게 된 사례들이 있었다. 치료 영상들을 찾아 나도 허벅지와 고관절, 대퇴근 운동을 시작했다. 차차 익숙해지니 움직임이 더 큰 동작을 곁들이고 싶었지만, 작년에 찢어졌던 허리 디스크가 아직 회복 중이라 참아야 했다. 등을 굽히거나 젖히는 운동은 피해야 하니 선택의 폭이 넓지 않았다. 그때 '플랭크' 영상이 눈에 들어왔다. 팔꿈치와 발끝만 바닥에 닿은 채 몸을 일직선으로 곧게 펴는 자세. 코어 힘만 제대로 준다면 지금의 내 몸에도 무리가 없을 완벽한 운동처럼 보였다.

 '플랭크가 뭐라고. 그냥 버티면 되는 거지.'
 하지만 5초 만에 깨달았다. 고작 5초를 버틸 코어 근력도 내겐 없었다. 직립보행이 자연스러운 인간이니 걷다가 뛰는 것은 문제가 아니었지만, 바닥과 수평을 이루고 버텨내는 것은 전혀 다른 힘이었다. 좌절할 만했지만, 이상하게 오기가 생겼다.
 '5초씩 늘려보자.' 플랭크 운동 영상마다 최소 1분이 기본이었지만, 나는 조금씩 늘려가기로 했다. 아주 조금씩이라도 시간이 늘 것이란 확신이 들었다. 자세를 몇 번이고 확인하며 배우는 데 공을 들인 만큼, 부들부들 떨리는 몸을 더 단단히 받치는 힘이 생겼다. 플랭크 몇 번 만에 찾아오던 근육통 대신 '할만한데?' 자신감이 싹텄다.

그렇게 조금씩 시간을 늘려가면서 마음도 함께 단단해졌다. 5초, 10초……. 이 짧은 순간들은 그냥 버텨 흘러보낸 시간이 아니었다. 버틸지 포기할지를 고민한 매 순간이 작은 결단이었다. 그리고 드디어 1분을 거뜬히 넘어서게 되었다. 내게 필요했던 건 '여기까지'가 아니라 '조금만 더'였다.

"날마다 플리에부터 연습해요."
— 김윤이 글·그림, 『오늘은 오늘의 플리에부터』, 한울림어린이, 2021

『오늘은 오늘의 플리에부터』 그림들이 떠올라 문득 울컥했다. 발레의 동작들이 아름다운 색채로 그려진 그림책이지만 내 눈길을 끈 건 인물들의 작은 발짓 손짓이었다. 이제 막 발레를 배우기 시작한 아이부터 세계적인 발레리나까지, 모두 날마다 기본 동작인 플리에로 하루를 연다. 각자의 삶이 있지만, 어려움 속에서도 좌절에 빠져 있지 않고 플리에로 손을 쭉 펴고 발끝을 쭉 내밀어 자신을 펼친다.

그 몸짓으로 이룬 작은 변화들을 생각하니 나의 하찮은 '5초'가 굉장한 가치로 느껴졌다. 숨 가쁘게 뛰거나 격한 운동으로 희열을 느껴야만 나를 사랑하는 게 아니다. 몸이 멈추라며 선을 그어도, 다른 방식으로 우회하며 조금씩 나아가는 것 또한 사랑의 방식이다.

나이가 들수록 배우는 게 많아지는 만큼, 하지 말라는 제약도 늘어난다. 늘 건강함을 부러워해야 했던 나는 그런 순간들을 자주 만난다. 쉽게 좌절할 수도 있었지만, 자기연민에 빠지는 대신 빼꼼 다른 길을 찾는 나를 보듬어주기로 했다.

오늘도 플랭크와 더 오래 걷기에 도전하는 나는,
"살짝, 드미 플리에. 크게, 그랑 플리에."

나만의 5초를 지나고 다시 1분을 만들어 가는 법을 배우며 나아간다. 다시 멈추고 싶은 날이 오더라도 잠시 멈췄다 일어나 새롭게 시작할 수 있기를. 아직은 나 스스로 5초를 결정할 힘이 있다는 것만으로 충분하다.

질투

마주하다

"엄마도 엄마라서 속상했어?"

아이가 달려와 뜬금없는 질문을 던졌다. 잔뜩 흔들리는 눈동자로 올려다보는 분위기가 예사롭지 않다. 무슨 일인가 뒤돌아 둘러보니, TV가 켜져 있었다. 아이를 키우며 '나'를 잃었다고, 육아의 시기가 얼마나 고되고 외로웠는지 토로하는 한 여성의 젖은 얼굴이 보였다.

이제 그만 잃어버린 나를 찾고 싶다는 인터뷰를 듣다가, '혹시나 우리 엄마도 그렇다면 어떻게 하지?' 잔뜩 불안한 마음으로 달려온 것이었다. 이 진지한 눈빛을 더 마주했다가는, 나도 과거로 불려갈 듯해서 얼른 대꾸했다.

"아니, 엄마는 잃었다는 생각은 안 들어."

식탁을 정리하며 최대한 가볍게 말했지만, 진심이었다. 물론 서툴고 부대끼고, 때로는 괴로울 정도로 힘들었지. 그래도 늘 나를 위한 여지를 남기며 아이를 키웠다는 걸 그 순간 다시 한번 깨달았다. 물론 처음부터 베테랑 엄마이자 '나'였던 것은 아니다. 변화가 없었다면 나 역시 저 인터뷰이들 중 한 명이 되어 있었을 것이다.

 그들을 만난 곳은 동네 카페였다. 신생아와 세 살배기 딸을 데리고 긴 겨울을 보내니 이제 짧은 산책 정도는 가능한 봄이 되었고 아이들도 여물었다. 당장에 유모차를 밀고 나왔지만, 아직 공원까지 다녀오기는 둘째에게 먼 거리가 될 듯해 쉬어가던 참이었다. 오랜만에 느껴보는 향긋한 소란함. 발로는 잠들락 말락 가물거리는 둘째 유모차를 앞뒤로 살짝씩 밀었다 당기면서 두 손은 첫째의 아이스크림 컵을 챙겨주느라, 얼핏 부산스러워 보였을 우리 테이블. 하지만 나는 고요하게 충만함을 만끽 중이었다. 커피 향과 음악만으로 이미 행복했다.
 그러다 아이들 자리 뒤쪽 단체석으로 자연스럽게 눈길이 갔다. 다섯 명이 맞댄 머리가 웃으며 흔들릴 때마다 테이블 중앙에 놓인 책들이 보였다. 책을 함께 펼치고, 각자의 종이를 넘기거나 무언가를 기록하며 이야기를 나누고 있었다.
 '내 또래인 듯 보이는 분들도 있는데…… 이 동네 책 모임인가?' 나도 모르게 귀를 쫑긋 기울였지만, 그들을 그토록 진지하고 즐겁게 만드는 이야기가 무엇인지는 들리지 않았다. 분별할 수 없이 전해지는 뒤섞인 웅성거림 때문인지 점점 답답해졌다.
 '부럽다!' 질투 섞인 부러움이 폭죽처럼 터지는 걸 막을 재간이 없었다. 점점 거슬리기 시작한 그녀들의 웃음소리를 외면하며, 손에 쥐고 있던 아이스크림 묻은 휴지를 슬쩍 내려놓았다. '어떻게 저런 여유가 있는 거지?', '아이들은 다 큰 걸까?' 무릎이 튀어나온 바지를 테이블 안으로 거둬들이며 깊은 한숨이 나오고야 만다. 자꾸만 녹아 아이 손에 흐르는 아이스크림을 탓하며, 툴툴거리는 걸음으로 카페를 빠져나왔다.

어쩔 수 없었다. 함께 책을 읽고 어른의 말을 나누는 그들이, 눌러 왔던 내 마음을 터뜨려버렸다. 내 인생 최고의 인내심을 발휘하며 최선을 다하고 있지만, 세상과 단절된 듯한 기분까지 숨길 수는 없었던 시기. 나도 여전히 '나'를 말하고 싶었나 보다. 어른들과 밀도 있는 생각을 나누는 관계도 부러웠지만, 그들은 앞으로 나아가는 성취를 이어가고 있다는 생각이 들어 알 수 없는 박탈감이 함께 밀려왔다.

며칠을 헤매다 온라인 카페를 생각해 냈다. 아이들과 온종일 함께 있으면서도 관계의 접속이 가능한 곳. 다행히 검색만으로도 내가 원하는 모임들을 찾을 수 있었고, 고민 끝에 그림책 카페와 영어 원서 카페에 가입했다. 바쁜 회사 생활에서 육아로 건너오는 동안 까무룩 잊고 말았던, 읽고 배우는 즐거움을 향한 욕구가 깨어나기 시작한 것이다. 카페에서 함께 모였던 분들처럼 아직 훌훌 나를 내세워 밖으로 나설 여유는 없지만, 온라인이 최선이라면 여기서 찾으면 된다. 그렇게 내 자리와 내 목소리를 만들어 나갔다.

그림책『똑, 딱』의 두 친구가 내 안에 있었다. 늘 함께였던 둘도 없는 친구가 사라져, 내가 아닌 다른 세계의 즐거움에 빠져든 모습을 발견했을 때, '똑'이가 느꼈던 질투와 분노는 사라짐이 예견된 마음이었다. '딱'이 역시 자신만의 즐거움을 찾아내고는 친구를 향해 달려가게 될 테니까.

"똑이야! 똑이야! 나 독수리만큼 높이 날았어!"
"딱이야! 딱이야! 나 땅에서 솟아오른 꽃을 봤어!"
— 에스텔 비용 스파뇰 글·그림, 최혜진 옮김, 『똑, 딱』, 여유당, 2018

그림책 카페에서 보낸 시간이 흐를수록, 내게도 점점 다른 세계가 열렸다. 아이들과 함께 읽던 그림책을 어른들과 나누기 시작했다. 읽고 나누며 생각이 확장되는 즐거움이 고전과 인문학으로 이어졌고 아이들이 잠든 후 모인 한밤중의 독서토론은 끝을 몰랐다. 글쓰기 모임도 만들어져 쓰기의 세상으로 나오는 출구가 되기도 했다. 혼자 있는 짧은 시간이나 걷기 운동 중에는 EBS 영어회화 스터디 모임에 참여했으니, 자연스럽게 원서 읽기로도 연결되어 두 카페를 오가며 나를 채웠다.

낮 동안 아이들과 부둥켜안으며 지낸 나와, 어둠 속에서 홀로 깨어 나를 채우던 나. 마음속에 '똑'이와 '딱'이 모두를 품고 있었던 것이다. 매일 밤 내 안의 두 친구가 서로에게 달려와 마주 앉았다. 각자 그날의 발견들을 조잘조잘 펼쳐내느라 피곤한 줄도 모르고 그 시절을 보냈다.

돌아보니 나는, '엄마'로 고립되지 않고 나의 성장과 취향을 지키고 싶어서 두 시간을 함께 살아가고 있었나 보다. 아이들 역시 함께 북클럽을 만들고 오랫동안 참여하며 자랐으니, 그 시간은 우리 모두에게 든든한 뿌리가 되었다. 카페를 박차고 나오게 했던 작은 질투가 나를 더 단단하게 키워낸 것이다.

그러니, '엄마도 엄마를 잃었다고 생각해?' 걱정스레 묻는 작은 눈빛에 진심으로 답할 수 있었다. 그 반대였다고. 오히려 너희들 덕분에 새로운 문을 열었고, 좋아하는 것을 찾았고, 꿈꾸게 되었다고 말이다. 그제야 얼굴이 환해진 아이가 선물 같은 말을 툭 던지며 웃는다.

"다행이다! 난 엄마가 내 엄마라서 너무 좋거든!"

아이고 이 사랑둥이 녀석아, '엄마도 너희들이 내 딸이라 감사하거든!' 외치며 아직 보들보들 작은 몸을 감싸 안고 웃어본다.

성장한 것은 나만이 아니었다. 언제 이렇게 자라서 나를, 엄마 너머의 '한 사람'으로 마주 보게 되었을까? 그러니 아이들을 위해서라도 더 나은 어른이 되고 싶어진다. 이 아이들도 '똑'이와 '딱'이처럼 자신만의 세계를 품고 달려와 내게 환하게 내보일 날이 머지않았음을 알기에, 내 자리를 더 단단히 가꾸고 싶다.

가끔 나도 알아채지 못한 불안을 먼저 느끼고 등을 도닥여주는 작은 손 앞에 부끄럽지 않은 내가 되기를. 그곳에 이르기 위해 꾸준히 읽고 쓰면서, 오늘도 더욱 '나'로 살아가려 한다.

죄책감

쓸어내리다

  동네 사람들은 나를 '점빵 손지'라 불렀다. 제주 촌구석 작은 마을의 유일한 구멍가게가 외할머니 집이었으니, 그 손녀인 나는 자연스럽게 이름 대신 '점빵 손지'가 되었으리라.

  모두가 바쁜 시골이 그렇듯, 외할머니의 구멍가게 역시 한낮엔 드르륵 문 여는 소리조차 뜸했다. 나 홀로 앉혀두고 한참 어딘가를 다녀오시거나 흙먼지 날리는 버스에 어린 나를 싣고 오르셨는데, 어느 날은 깨, 또 어떤 날은 고추 보따리와 함께였다. 큰 동네에 도착하고 버스 뒷문이 열리면, 오일장 상인들이 할머니를 알아보고 먼저 보따리를 휘잡아 당기며 반기고는 했다. 바로 거래가 성사되어 돌아오면 좋으련만, 할머니 옆에서 남은 상인들과 흥정하는 동안 기다리는 일은, 흩어지는 먼지만큼이나 지루했다.

  이 까마득한 기억을 되살린 것은 그림책 심리학 수업에서 만난 질문 하나였다. '생애 최초의 기억은 무엇인가.' 시간을 거슬러 짚어나가다 문득 구멍가게의 한낮 풍경이 생생하게 떠올랐다.

다섯 살쯤 되었을까? 작은 내 등 위로 따뜻한 해가 비치고 있는 장면이었다. 고요한 구멍가게 문 앞 마루에 엎드린 내가 보였다. 오래된 마루에 햇빛이 쏟아지면 달궈진 나무에서 피어오르던 열기. 문앞에 널어둔 깨가 바싹 마르며 코끝을 파고들던 뜨겁고 고소한 냄새. 긴 시간 동안 바래지도 않고 내 어딘가에 박혀있었는지, 그 냄새들이 깊은숨을 타고 한 번에 쏟아져 나왔다.

낡은 바닥 위에서 달궈지던 오후, 맨들맨들한 마루 끝을 꾹꾹 누르며 지루함을 달래고 있으면 할머니가 돌아와 기특하다며 나를 쓸어내린다. 유난히 새까맣고 동글동글했던 내 얼굴을 연신 쓸어주시면, 슥슥 둥그렇게 닦아내는 손길에 얼굴을 내맡기면서도 거친 손바닥에 얼굴을 찡그리며 웃었던가. 흙길에서 놀다 지쳐 들어서면, 가겟방 아랫목 이불에서 꺼낸 공깃밥에 정체 모를 나물들을 상에 올려주셨던 할머니.

"너 네 살 때는 말이야……."

손님이 요구르트 사면 가만히 보고 있다가, 빨대를 콕 꽂는 순간 달려가 빼앗아 먹곤 했다는 도돌이표 이야기가 늘 이어졌다. 값을 무르지도 못하게 꼭 빨대를 야무지게 물고 도망치던 손녀딸이 뭐가 귀여우셨던 걸까. 마치 내가 큰 상이라도 받은 듯 껄껄 웃으며 들려주신, 내게 없는 그 기억들은 할머니 목소리를 타고 선명한 장면으로 살아났다.

구들장 아래 묻어둔 밥그릇보다 더 뜨겁다 못해 누렇게 익은 사랑을 어떻게 잊고 있었을까. 수업 중에 어린 시절의 기억을 나누며 눈물이 날 뻔했지만, 덕분에 생생한 기억 한 조각을 다시 품을 수 있었다.

첫째를 낳고 얼마 지나지 않았을 때, 외할머니가 돌아가셨다. 반복된 유산으로 힘들어하던 손녀가 안쓰러워 직접 계곡을 찾아 임신에 좋다는 무언가를 수소문해 구해오시던 분. 첫째가 건강히 막달을 채우자, 곧 증손주를 보겠다며 누구보다 기뻐하셨지만 결국 얼굴을 보지 못하고 떠나셨다. 제주로 내려가야 하는데, 아직 귓속이 여물지 못한 갓난아이라 비행기를 태우면 좋지 않다고 온 가족이 만류하여, 남편 혼자 장례식에 다녀와야 했다.

할머니가 누구보다 나를 좋아하셨다는 걸 아는 친지들이 남편을 볼 때마다 인사를 대신했다고 했다. 따뜻한 말들이었지만, '네가 왔어야 했는데······' 안타까워하는 짧은 말이 마음 깊이 내려앉아 나를 괴롭혔다. 어렵게 태어난 첫째, 이 아이를 지킨다는 이유로 마지막 가는 길을 쉽게 포기했던 건 아닌지 후회가 밀려왔다. 그땐 어쩔 수 없었다고 스스로를 설득해도 '그래도 내가 갔어야 했다'는 생각이 자꾸만 마음을 찔렀다. 슬픔에 죄책감이 스며들어 마음에 진 무게가 점점 묵직해져만 갔다.

그러던 어느 날, 가만히 잠든 첫째 얼굴을 보다 눈물이 왈칵 솟구쳤다. 태어날 때부터 눈가에 있는 분홍 점이 마치 나를 쳐다보는 것만 같았다. 사실 첫째의 태몽 역시 외할머니의 구멍가게였다. 할머니의 가게 문을 열고 들어서자, 어디선가 복슬복슬 하얀 강아지가 폴짝 내 품으로 뛰어올랐다. 깜짝 놀라 내려다보니, 한쪽 눈가에만 분홍 털이 난 예쁜 강아지가 눈을 반짝이며 나를 올려다보았다. 그 꿈이 현실이 된 듯 내 품에 잠든 딸이, 아직 인사도 드리지 못했다는 슬픔이 밀려왔던 듯하다.

결국 명절에 시간을 내어 산소에 다녀왔다.

"서울 손지가 전화를 해서!"

풀숲 우거진 돌담 아래 산소에 서자, 할머니 목소리가 들리는 듯했다. 퇴근길에 전화를 드리면, 주변 분들께 육지 사는 우리 손녀가 전화를 했다며 크게 자랑하시는 웃음소리가 먼저 들렸다. 아마 그 웃음이 내게 기쁨이고 더 큰 반가움이라 자꾸만 전화로 하릴없는 안부를 묻게 되었던 것 같다. 세월이 그 걸걸한 웃음소리도 다시 작아지게 만들었지만, 내게는 늘 구멍가게에서 호령하고 내 머리를 연신 쓸어내려 반질반질 빛을 내주시던 시절만 남아있다.

"할머니, 제 딸이에요." 생전에 좋아하시던 과자를 펼치고 소주를 뿌리며 인사드렸다. 한참 눈물을 쏟으며 주절거리고도, 눌려있던 죄송한 마음에 쉽게 자리를 떠날 수 없었다. 내 아이 얼굴을 바라보시고, 바람으로라도 이 작은 이마를 쓸어내리고 가실 것만 같아 한참을 머물렀다. 휘감기는 바람을 타고, 할머니와 내가 함께 쥐고 있던 기억의 줄이 아이에게로 건너가는 듯했다.

그림책 『기억의 풍선』을 읽다가 그날의 기분이 무엇이었는지 선명하게 알게 되었다. 치매가 깊어지는 할아버지와 둘 사이의 기억이 사라지는 게 두려운 손자의 이야기를 '풍선'을 매개로 들려주는 그림책이다. 풍선 하나하나에 저마다의 추억이 담겨있지만, 풍선이 터지거나 날아가 버려도 결국 사랑은 우리 안에 머무른다는 작가의 메시지가 따스하게 전해졌다.

"할아버지가 나눠 주신 추억을 이제 네가 가지고 있는 거야."
― 제시 올리베로스 글, 다나 울프카테 그림, 나린글 편집부 옮김,
『기억의 풍선』, 나린글, 2019

아이가 새로운 풍선을 가만히 바라보는 장면에서, 나 또한 외할머니 산소에서 느꼈던 감정이 밀려왔다. 할머니가 내게 주었던 기억들이 내 아이에게 흘러가며 새로운 풍선이 만들어졌던 것일까? 그날 나는 할머니에게 마지막으로 '새로운 기억'을 선물 받았다는 사실을 뒤늦게 깨달았다.

이제 무거운 마음은 내려놓고 받았던 사랑만 품으면 된다고, 또 한 번 나를 쓸어내리며 안아주셨겠지. 어쩌면 내가 받은 손길을 다시 내 아이들에게 건네는 모습을 지켜보며, '잘하고 있다' 속삭이셨을지도 모른다.

내 삶에 들어와 흔들리는 풍선들을 억지로 붙들려 애쓰지 않기로 한다. 다만 그 안의 기억과 사랑을 어루만지며, 내가 품었던 따뜻한 기억이 누군가를 둥그렇게 쓰다듬는 손길로 녹아들기를 바란다. 언젠가 다시 아이 손에 쥐여 줄 풍선 줄이 될 테니까.

그렇게 저마다의 사랑을 건네며 살아가는 것, 그것이 삶인가 보다.

불안

돌보다

집 안에 초록을 들이기 시작했다. 처음엔 그저 거실 창 앞을 좀 채워볼까 싶은 마음이었다. 남향 거실 가득 들어오는 오후 빛을 그대로 두기 아까워서, 하나둘씩 작은 화분들을 골라 창틀에 올려두었다.

그러는 동안 아침 걷기 운동으로 몇 번의 계절을 반복해 만나면서, 초록에 뺏긴 마음은 더 깊어졌다. 매일 아침 산책로에서 만나는 나무들은 항상 나보다 계절을 먼저 알아채 나를 놀라게 했다. 작게 움트는 잎, 말없이 부풀고 미련 없이 초록을 벗는 존재들에 자주 마음이 붙잡혔고, 그 장면들을 더 가까이 데려오고 싶은 욕심이 생겼다.

어느덧 크고 작은 화분들이 대가족을 이루었다. 거실 창 앞을 가득 메우고 서로 다른 초록을 뽐내던 겨울, 코로나 바이러스로 바깥세상이 멈췄다.

갑자기 시작된 세상과의 단절은 불편을 뛰어넘어 불안과 공포를 불러왔다. 날마다 전해지는 세상의 뉴스들이 닫힌 문을 열고 들어와, 너도 예외는 아니라는 듯 예측 불가능한 내일을 들이밀었다. 방학이 끝나도 아이들이 학교에 갈 수 없었다. 나 또한 잠시 쉬어가려던 공부방 문을 완전히 닫기로 했다. 건강 문제로 이미 휴직 중이던 남편까지, 네 식구가 함께 '안쪽' 세상에 갇혔다.

불안은 때로 감정이 아니라 몸의 감각에 가깝다. 아무 일도 없지만 심장이 먼저 조여 오는 듯한 느낌. 아직 아무에게도 털어놓지 못했지만, 호흡기 질환인 코로나는 내게 판도라의 상자와 다름없었기 때문이다.

"잠깐만요! 엑스레이 다시 한번 찍어봐요!"

병원 정문 앞 주차장까지 나섰던 우리를 누군가 불러세웠다. 허겁지겁 펄럭이는 하얀 가운 기억만 남았으니, 의사였을 것이다. 아빠와 함께 다시 병원으로 들어간 나는 검사실을 거쳐, 곧바로 수술실로 이동하는 바퀴 침대에 눕혀졌다. 주변의 긴박함과 여러 외침의 파편들 속에서, 나는 아빠와 점점 멀어지며 수술실 문을 향해 떠나가고 있었다. 고등학교 1학년, 여고의 설렘이 채 가시지도 않은 봄이었다.

"기흉입니다. 2시간도 안 남았었어요."

폐포가 터지고 한쪽 폐가 쪼그라들어 완전히 붙어버리면 숨이 멎는다고 했다. 처음 엑스레이 검사에서 놓쳤던 것을 의심의 눈으로 다시 들여다보지 않았다면, 그 병원에 입원 중이셨던 할머니의 퇴원일이 아니었다면, 아빠가 차 문을 닫고 조금만 빨리 출발해 버렸다면…….

 수많은 가능성에도 불구하고, 우연 하나가 나를 살렸다. 하지만 천방지축 왈가닥이던 나는 내 몸에 불안 하나를 달고 살게 되었다. 더 이상 게임 벌칙으로 '인디언 밥'을 외치며 등을 우다다 두드려서도 안 되고, 호흡 압박이 심한 등산을 해서도 안 되며, 심지어 성인이 되어 아이를 갖더라도 자연분만이 힘들 수 있다는 말이 꼬리표로 달렸다. 무엇보다, 재발하는 순간 '끝'이라고 단정하는 의사의 눈을 잊을 수 없었다.

 그 불안은 오래 숨어 있다가 뉴스마다 삼엄한 복장의 의료진이 경고를 쏟아내던 시기에 되살아났다. 평온했던 날들에 돌이 던져진 것이다.

 홀로 누운 방에서, 이렇게까지 아플 수 있을까 싶을 만큼 기침을 하며 불안에 떨었다. 남편이 살뜰하게 챙겨서 문 앞에 가져다주는 식사도 모래알처럼 입안에서 겉돌았다. 밤이면 기침이 심해지면서 통증이 오니, 혹시나 폐에 무리가 올지 모른다는 불안이 불확실한 결말로 나를 몰아넣었다. 대수롭지 않은 척, 그저 심한 감기일 뿐이라 되뇌어도 마음은 이미 심연에 닿아있었다.

 격리 기간이 어느 정도 지나고 조금 나아진 정신으로 거실로 나왔을 때, 반기는 아이들 뒤로 펼쳐진 풍경에 깜짝 놀랐다. 꽃망울이 한창이던 데이지는 꽃은 물론 작은 잎들마저 까맣게 타들어 있었고, 겨울 끝자락에 꽃대를 올리던 제라늄도 기세가 꺾인 채 말라버렸다. 물주기가 짧은 꽃 화분들은 불과 며칠 사이에 차마 보기 힘든 모습으로 변해 있었다.

마른 줄기를 잘라내고, 다시 물을 주어 볕을 쬐도록 옮겼다. 며칠 동안 창가를 오가며 거치대와 테이블을 정리하고, 화분마다 생기가 돌아오는지 살피다 보니 내 마음도 조금씩 누그러졌다. 그제야 알았다. 이 초록이들은 그저 창 앞을 장식하기 위해 가꾸던 대상이 아니었다는 것을.

하루를 어떻게 보낼까 고민하며, 아침마다 화분 앞을 서성이던 걸음. 오전 해를 잘 받는 자리에 여린 잎 쪽을 돌려놓고, 오후 해가 깊이 드는 무렵엔 다시 자리를 옮겨주며 내 마음도 함께 온기를 받았다. 분갈이를 위해 흙을 털고 화산석을 골라 넣는 동안, 나 또한 불안을 털고 마음결을 천천히 가다듬었다.

"엄마는 화분들이 꼭 아기 같아?"

창가 앞을 서성이는 내게 질투 어린 질문을 던지는 딸에게 그저 웃어주었었는데, 식물들을 '돌본다'고 가볍게 생각했었나 보다. 사실 이 초록이들도 마찬가지였다. 우리는 서로를 돌보며 함께 지내고 있었다는 걸 깨달았다.

"이제 당신은 여유를 찾은 것 같습니다."

— 권정민 글·그림, 『우리는 당신에 대해 조금 알고 있습니다』,
문학동네, 2019

그림책 『우리는 당신에 대해 조금 알고 있습니다』 속 화분처럼, 나의 초록이들도 조용히 내게 말을 거는 듯했다. 주변에 흔히 있지만,

방치되거나 때론 버려지기도 하는 식물들이 조용히 사람들을 관찰한다. 누구보다 가까이에서 지켜보며, 우리에 대해 많은 걸 알고 있는 식물들의 독백을 보며 뜨끔했다. 작가가 말하고자 했던 지점에 내가 겹쳐진 걸까?

나만 돌보고 있다고 여겼지만, 사실 첫걸음부터 하나씩 나를 일깨워 주던 첫째 아이처럼 식물들도 마찬가지였다. 하루의 시작에 힘을 보태고, 내일의 불안을 조용히 다독여 주던 존재들. 그림책 속 다양한 표정의 식물들처럼, 돌보는 내 손길이 수월하도록 줄기를 꼿꼿이 세우려 애쓰는 모습이 그려졌다. 넓은 잎을 닦아내는 손을 향해 좀 더 빳빳하게 잎을 들어 올렸던 건 아닐까? 무성한 줄기를 다듬는 가위질에도, 틈 사이로 바람이 드는 이치를 보여주며 내심 뿌듯해했을지 모른다. 그런 상상을 하다 나도 모르게 픽 웃음이 났다.

'식물들이 사실 나를 돌보고 있었구나.' 오히려 '돌봄의 시간'이 나를 키우고 있었다는 생각에 더 애틋해졌다.

불안을 없애기 위해 자꾸 무언가로 나를 채우려 애쓰는 대신, 잠시 멈추는 하루도 필요하다. 빼곡한 잎을 솎아내고 가지치기한 뒤에야 비로소, 노곤한 햇살을 고루 받아내던 식물이 가르쳐 주었다. 가만한 마음으로 나를 들여다보면 불안 속에서도 천천히 흔들리며 나아갈 수 있다는 것을.

매일 물을 준다고 해서 매일 눈에 띄게 자라지 않는다. 꽃대를 올린다고 모두 꽃이 되는 것도 아니다. 보이지 않는 곳에서 부지런히 힘을 모아 빼꼼 초록을 내미는 식물들 덕분에, 눈앞의 결과만으로 쉽게 마음이 휘던 날이 줄어들었다. 내 안에도 여유를 끌어올릴 줄기 하나 자란 걸까. 작은 걸음이지만 꾸준히 나아가는 오늘을 스스로 응원해 본다.

가끔은 어떤 변화도 없지만 그저 가만히 바라보는 일. 있는 그대로 지켜봐 주는 것 또한 돌보는 일이라며, 마음에 빈자리 하나 남겨둔다. 어두운 흙 속에서 아직 모습을 드러내지 않았을 뿐, 내 안에 심은 씨앗도 자라고 있다는 믿음. 오늘의 작은 움직임이 햇살처럼 쌓여 나를 돌볼 것이다. 마침내 초록으로 움틀 수 있도록.

그림책 리스트

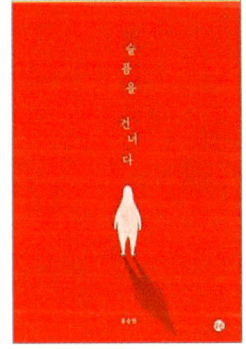

홍승연 글·그림, 『슬픔을 건너다』, 달그림, 2018

베아트리체 알레마냐 글·그림, 김윤진 옮김, 『사라지는 것들』, 비룡소, 2021

알렉시스 디컨 글, 비비안 슈바르츠 그림, 노은정 옮김, 『에르고』, 비룡소, 2023

키티 크라우더 글·그림, 이주희 옮김,
『작은 죽음이 찾아왔어요』, 논장, 2025

김유진 글, 서현 그림, 『오늘아, 안녕』, 창비, 2018

코리나 루켄 글·그림, 김세실 옮김,
『내 마음은』, 나는별, 2019

김윤이 글·그림, 『오늘은 오늘의 플리에부터』,
한울림어린이, 2021

에스텔 비용 스파뇰 글·그림, 최혜진 옮김, 『똑, 딱』,
여유당, 2018

제시 올리베로스 글, 다나 울프카테 그림,
나린글 편집부 옮김, 『기억의 풍선』, 나린글, 2019

권정민 글·그림,
『우리는 당신에 대해 조금 알고 있습니다』,
문학동네, 2019

| 맺음글 |

유은숙

 글을 다 쓰고 나서 '아웅' 하고 긴 기지개를 켰습니다. 까맣던 창밖이 민들레 홀씨가 바람을 타고 날아오를 때처럼 하얗게 밝아오고 있었습니다. 두어 달을 꼬박 글 생각만 했습니다. 그러다 보니 창가에 놓인 식물들이 '봄앓이'를 하고 있는 줄도 몰랐습니다. 주인의 손길이 아쉬웠을 텐데 여릿여릿한 연두색으로 새잎을 터트린 뱅갈고무나무가 고마웠습니다. 하엽을 떨궈내야만 새잎이 나는 것을 나무는 알고 있었습니다.
 글을 쓰면서 저도 노랗게 바랜 하엽은 보내야만 한다는 것을 받아들이게 되었습니다. 미련스럽게 하엽을 붙들고 싶었던 적이 많았습니다. 하지만 훌훌 떠나보냈을 때, 새롭게 차오르는 잎을 만날 수 있다는 것을 깨달았습니다. 글쓰기는 저에게 연못 밑바닥에 묻어두었던 감정들을 들춰보게 해주었습니다. 연못이 흙탕물이 될까 봐 두려웠던 감정들을 일으켜 세워 마주 보게 해주었습니다. 떠나 보낼 감정과는 이별을 하고, 맞이할 감정과는 포옹을 하면서요. 그리고 기다리려고 합니다. 연못 밑바닥의 것들을 빨아들이며 화사하게 피어날 수련을요.

이동현

그림책과 감정을 마주한 이 여정은, 내 안에 숨어 있던 오래된 마음의 조각들을 조용히 불러냈습니다.
어쩌면 그때는 느끼는지도 몰랐던 마음들을 이제야 하나하나 쓰다듬고, 천천히 바라보고, 따뜻하게 안아주었습니다.
이 글은 나의 마음을 더듬는 작은 기도이자, 나를 위한 위로의 여백이며 내 인생에게 건네는 조용한 사랑의 고백입니다.

이선아

꼭지마다 마음속 실타래 하나씩을 꺼내야 했어요. 어떤 건 마구 뒤엉켜 천천히 풀어내야 했고 어떤 건 너무 삭아서 조심히 풀어내야 했어요. 매번 나름의 애가 필요했지요.
구불구불해진 가락들이지만 한껏 가벼워 보이고 어여쁘기까지 합니다. 이제 이 실들로 널찍한 요술 보 하나를 짜, 나에게 선물해야겠어요. 곁에 두고 더위에는 모시이불로, 추위에는 양털 담요로 요긴하게 사용하고 싶거든요.

이재향

글을 쓰는 동안 나의 글이 나를 상담해 주었습니다. 그 어떤 상담보다 더 완벽했습니다. 지나온 시간을 조심스레 꺼내어 감정을 어루만지고, 그 속에서 천천히 나를 치유해 갔습니다. 이제는 알겠습니다. 글을 쓴다는 것은 나를 돌아보고, 이해하고, 결국 사랑하는 일이라는 것을. 무엇보다 마음 깊은 곳을 들여다볼 수 있었던 이 고요하고 따뜻한 시간이 참 고맙습니다.

허미정

글쓰기를 처음 시작했을 땐 보물찾기하듯 막막했습니다. 어디에 숨겨두었는지 모를 종이쪽지를 찾아 기억 속 여기저기를 헤매는 기분이었죠. 하지만 어느 순간, 잊고 있던 기억이 목소리를 내주었고, 그림책을 다리 삼아 '내 이야기'로 건너갈 수 있었습니다. 함께 공감하며 응원해 준 분들 덕분에, 꼬깃꼬깃 접어두었던 마음을 펼쳐 먼지를 털고 햇볕을 쬐는 귀한 시간을 보냈네요. 글을 쓴다는 것은 누구도 아닌 내가 나를 안아주는 일이었습니다. 사랑하는 방법 하나를 더 배웠으니, 앞으로 더 단단하게 나아갈 용기를 얻습니다. 이 글이 누군가에게도 오래된 기억으로 건너가는 작은 다리가 되길 바랍니다.